Tina Tschage

# Einzelstück

Solo leben.
Und zwar glücklich

# SCM

## Stiftung Christliche Medien

Der SCM Verlag ist eine Gesellschaft der Stiftung Christliche Medien, einer gemeinnützigen Stiftung, die sich für die Förderung und Verbreitung christlicher Bücher, Zeitschriften, Filme und Musik einsetzt.

2. Auflage 2017

© der deutschen Ausgabe 2015
SCM-Verlag GmbH & Co. KG · Max-Eyth-Straße 41 · 71088 Holzgerlingen
Internet: www.scm-verlag.de · E-Mail: info@scm-verlag.de

Soweit nicht anders angegeben, sind die Bibelverse folgender Ausgabe entnommen:
Bibeltext der Neuen Genfer Übersetzung – Neues Testament und Psalmen
Copyright © 2011 Genfer Bibelgesellschaft
Wiedergegeben mit freundlicher Genehmigung. Alle Rechte vorbehalten.
Weiter wurden verwendet:
Lutherbibel, revidierter Text 1984, durchgesehene Ausgabe in neuer Rechtschreibung, © 1999 Deutsche Bibelgesellschaft, Stuttgart.
Neues Leben. Die Bibel, © der deutschen Ausgabe 2002 und 2006
SCM-Verlag GmbH & Co. KG, Witten.

Umschlaggestaltung: Kathrin Spiegelberg, Weil im Schönbuch
Titelbild: Oliver Sold, www.oliversold-fotografie.de
Satz: typoscript GmbH, Walddorfhäslach
Illustrationen: shutterstock.com
Druck und Bindung: CPI books GmbH, Leck
Gedruckt in Deutschland
ISBN 978-3-7751-5678-3
Bestell-Nr. 395.678

FÜR MEINE ELTERN
Ihr seid maßgeblich an meinem Glück beteiligt. Gott sei Dank!

Ein großes DANKE geht an:

**Meinen Gott:** Du hast mein Herz erobert, mein Leben im Griff und dieses Buch initiiert.

**Meine Familie – Mama, Papa, Robby & Caro:** Ich bin unendlich dankbar für die liebevollen Hände, in die mich mein Schöpfer hat fallen lassen.

**Esther:** Mit dir fröhlich alle Berge hoch und durch jedes Tal zu marschieren, ist so ein Geschenk.

**Meine Freunde in nah und fern:** Ihr seid wunderbare Schätze meines Lebens.

**Die Mädels und Jungs von EmwAg:** Ich liebe es, mit euch das Leben zu feiern.

**Alle, die Input zu diesem Buch geliefert haben:** Ihr seid echt große Mutmacher.

# Inhalt

# Vorwort

*Ich habe einen Traum* und dieses Buch bringt diesen Traum der Wirklichkeit näher!

In meinem Traum geht es um das Leben von Singles.

Sie leben nicht (mehr) als Menschen 2. Klasse und fühlen sich nicht minderwertig. Sie schämen sich nicht, dass sie »noch keinen Deckel gefunden haben«. Sie lieben ihr Leben und freuen sich an dem, was ihr Leben reich macht, und das in der Zeit, in der sie (noch) nicht verheiratet sind. Es könnte ja doch noch geschehen. Ja, klar! Denn Ehe ist eine geniale Idee Gottes.

Sie spüren manchmal schmerzlich, was ihnen fehlt. Sie nehmen ihren Schmerz wahr und haben andere Menschen, die ihnen an schweren Tagen nahe sind. Sie können reden – auch über die ganz schwierigen Themen. Sie sind nicht einsam, sondern teilen ihr Leben mit anderen: mit Ehepaaren, Familien und Singles.

Sie leben nicht auf dem Bahnsteig und warten dort auf das große Glück. Nein, sie haben ein Zuhause, das sie mit Menschen teilen, zu denen sie gehören.

In meinem Traum geht es um das Reich Gottes.

Seit Jesus ist das große Glück nicht mehr an einen Familienstand gebunden, sondern an ihn, der gesagt hat: »Ich aber bin gekommen, um ihnen Leben zu bringen – Leben in ganzer Fülle« (Johannes 10,10; NGÜ).

In meinem Traum sehe ich, wie das Leben von Singles kein mühsamer Kampf mehr, sondern ein großes Fest ist – gemeinsam mit allen anderen – in großen und kleinen Gemeinschaften, die zusammen leben und wohnen oder über Entfernungen hinweg Leben miteinander teilen.

In meinem Traum sind Singles keine Randgruppe, die bemitleidet wird, sondern eine pulsierende Truppe, voller Initiative und Bewegung.

In meinem Traum sehe ich viele verschiedene Gemeinschaften mit vielen verschiedenen Menschen. Sie treffen sich nicht nur, wenn etwas los ist. Sie teilen nicht nur Veranstaltungen und Projekte, sondern das Leben, den Alltag, die Träume und Ängste, das Geld und die Arbeit, die Lasten und die Freuden. Sie haben die Kraft, auch anderen ein Zuhause zu geben.

In meinem Traum sehe ich viele Gemeinschaften, in denen Gott zu Hause ist.

Es ist einige Jahre her, als eine junge Frau mich anrief. Single. Fromm. Ende 20. Gemeinschaftsbegeistert. Wieder so eine naive Gemeinschaftsträumerin, dachte ich.

Wir vereinbarten eine Begegnung, und ich war überrascht über ihren Realismus, ihre Klarheit und ihre Entschiedenheit. Sie waren gerade zu zweit nach München gezogen, um dort eine Lebensgemeinschaft zu gründen. Wir blieben in Kontakt und Tina landete bei EmwAg.

Ganz klar war: Ihr ging es nicht um die Single-Themen. Es ging ihr um das andere Feuer, das bei EmwAg brannte: Gemeinschaft, Gemeinschaftsgründung. Gemeinsames Leben. *Das* war der Grund unserer Zusammenarbeit. »Nur nicht diese Single-Themen – das ist überhaupt nicht meins«, sagte sie.

Die Entstehung dieses Buches ist (wieder) so eine typische Geschichte unter der Überschrift »Und es begab sich ...«. Ich liebe diese Art von Geschichten. Zur richtigen Zeit am richtigen Ort die richtigen Menschen – da gibt es eine Idee ... eine Entscheidung ... und los geht's.

Jetzt halte ich dieses Buch in der Hand und bin begeistert.

Ich bin überzeugt, dass dieses Buch für viele Singles ein großer Gewinn sein wird. Hier werden die Themen angesprochen, über die wir sprechen müssen – und wir dürfen es auch.

Realistisch, klar, offen – wohltuend offen und provozierend offen – und das Ganze noch mit Witz und Verstand.

Wenn viele dieses Buch lesen, können viele aufbrechen in ein anderes Leben – als Einzelstück. Solo leben, und zwar glücklich. Wirklich!

Berlin, April 2015

*Astrid Eichler*, Bundesreferentin von EmwAg

www.emwag.net

# Vorwort zur zweiten Auflage

Seit ich im Herbst 2015 das EINZELSTÜCK veröffentlicht habe, biete ich Leserinnen und Lesern sozusagen einen »Tritt in den Hintern« an. Einige sind mit diesem Schwung zu einem mutigeren, aktiveren und glücklicheren Singlesein aufgebrochen: runter vom Bahnsteig, rein ins Leben. Sie warten vielleicht immer noch – das ist ja auch völlig in Ordnung. Aber sie warten *nicht mehr nur*. Und darum geht es: dass wir Singles neben unserem Warten auf Mr oder Mrs Right nicht vergessen, das Leben zu leben, das Gott uns schenkt. Und von dem er will, dass wir es leben. Denn mit jedem Leben, das nur wartet, gehen der Welt Kostbarkeiten verloren: Gaben, Talente, Fähigkeiten, die Gott in jedes Einzelstück hineingelegt hat – und die fehlen, wenn sie beim Warten auf dem Bahnsteig im Koffer versteckt bleiben.

Nun ist ein Tritt in den Hintern sicherlich in manch einer Situation ganz hilfreich. Nach eineinhalb Jahren Unterwegssein mit dem EINZELSTÜCK habe ich allerdings eine ganz neue Begeisterung gewonnen. Ich weiß jetzt, was wir Singles noch viel dringender brauchen als den Tritt in den Hintern: Wir brauchen andere, die uns mitziehen, die uns ermutigen, an die Hand nehmen, uns ein Vorbild sind. Wir brauchen einen Sog, der von Menschen ausgeht, die Gott lieben, ihr Leben aus seiner Hand nehmen und es gestalten – unabhängig von den Bedingungen, dem Beziehungsstatus und sonstigen Herausforderungen, vor denen sie stehen. Ich habe gelernt: So ein Sog ist viel attraktiver, gesünder und noch dazu effektiver. Große

Flugzeuge fliegen, weil ein Sog sie trägt. Wer fliegen möchte, braucht Thermik.

Für die zweite Auflage des EINZELSTÜCKs wünsche ich mir, dass sich noch viele andere in diesen Sog ziehen lassen – und dass noch viele mehr diesen Sog mitgestalten! Wir Singles dieser Welt können das an allen Orten und in allen Lebenslagen tun, weil wir merken, dass wir viele sind, dass keiner allein ist, sondern dass wir alle ähnliche Gefühle, Herausforderungen und Erfahrungen haben. Tun wir uns zusammen, können wir echt was am Klima verändern. Und dann kann eine Thermik entstehen, die uns beflügelt: Wertschätzung des eigenen Lebens und dessen Möglichkeiten. Erfülltes Leben macht das Warten einfacher. Und gemeinsam warten ist eh viel schöner!

Ich möchte all jenen danken, die mir in den vergangenen Monaten gezeigt haben: Es gibt diesen Sog bereits! Es gibt Singles, die froh sind, dass sie in ihrem Warten anderen glücklichen Einzelstücken begegnen. Mit diesem Buch will ich Einzelstücke zusammenbringen.

Viel Freude beim Lesen. Auf dass du dich in den Sog ziehen lässt und dann auch andere mitziehst! Und vielleicht gibst du selbst dann doch auch dem einen oder anderen Mitreisenden einen Tritt.

Tina Tschage, im Frühjahr 2017

# Prolog

Als Single bin ich in guter Gesellschaft. Seit vielen Jahren wächst unsere Zahl. Die Gründe dafür sind vielfältig, sagen die Statistiken[1]. Männer halten sich selbst für zu schüchtern, wir Frauen haben zu hohe Ansprüche, heißt es. Mehr als die Hälfte aller Singles sind glücklich mit ihrem Stand. Allerdings fühlen sich die meisten von ihnen an einem Abend unter Paaren auch nicht wirklich wohl. Das Single-Leben birgt also Mutmacher und Miesmacher.

Ich gehöre zu den gut 60 %, die als Single mit ihrem Leben zufrieden sind[2]. Denn ich habe schon früh eine Entdeckung gemacht, die wunderbar und erschreckend zugleich ist: Das Lernen hört im Leben nie auf. Das ist wunderbar, weil ich also immer die Möglichkeit habe, mich weiterzuentwickeln, Dinge zu ändern und im Zweifelsfall sogar neu anzufangen. Erschreckend ist es deswegen, weil ich lange gedacht hatte, dass diese unangenehmen und zuweilen auch sehr schmerzhaften Lernschleifen irgendwann einmal aufhören und ich mich entspannt zurücklehnen kann. Nun ja, einer meiner Lernerfolge der vergangenen Jahre ist, dass ich mich lieber aktiv mit mir und meinem Leben beschäftige, als mich passiv irgendwo zu suhlen – am Ende in meinem Meer aus Selbstmitleid. Denn das ist der Ort, wo viele meiner Spezies früher oder später landen. Leider.

Mich nerven die Miesmacher des Single-Lebens. Ich kenne sie alle. Nicht alle gleich gut, aber ich kenne sie.

Und mich ärgern die Menschen, die ich für diese Miesmacher verantwortlich mache. Die ich als Schuldige auserkoren habe, weil sie mir einreden, dass ich als Single-Frau nur eine halbe Portion sei und das Beste im Leben noch nicht erreicht hätte. Mit einem Schuldigen wird das Miese ja vermeintlich leichter. Aber auch hier durfte ich lernen: Das stimmt nicht. Es nutzt entgegen aller Hoffnungen gar nichts, Schuldige gefunden zu haben.

Deshalb nerven mich mittlerweile vor allem diejenigen, die in ihrer Badewanne voller Selbstmitleid schwimmen. Ich kenne diesen Ort, in den wir Menschen uns sehr gerne flüchten, wenn die Welt so gemein zu uns ist. Aber was nutzt es uns, dort einsam und allein unsere Bahnen zu ziehen, während wir auf die Miesmacher schimpfen? Genau: nichts.

Mich fragte kurz vor Abschluss dieses Buches jemand, um was es denn eigentlich genau ginge in diesen gut 200 Seiten. Meine Antwort überraschte, ehrlich gesagt, sogar mich selbst. Denn nachdem ich in einigen Sätzen ausgeführt hatte, dass ich die Singles dieser Welt zu einem glücklicheren Leben herausfordern möchte, dass ich die Miesmacher entlarven möchte, damit jeder sie selbst in Mutmacher wandeln kann und so weiter – danach hörte ich mich doch tatsächlich sagen: »Eigentlich ist dieses Buch ein einziger Tritt in den Hintern.«

Und das stimmt.

»Anstrengung ist die Gemüsebeilage zum Glück«, sprach der griechische Feldherr Xenophon vor vielen Hundert Jahren. Ich weiß nicht, wie wir heutzutage auf die Idee kommen, alles müsste immer ganz leicht und von selbst laufen. Die Schuldigen identifizieren, laut schimpfen und sich dann zurücklehnen in der ernsthaften Erwartung, dass jetzt alles besser würde. Oder stur in der festen Überzeugung verharren, dass eh nichts besser wird, weil man oder frau ja ein armer, kleiner Tropf ist, zu dem das Leben so ungerecht und gemein ist. Wie kommen wir bitte dazu, unsere lebenslange Fähigkeit zum Lernen einfach so zu ignorieren? Das ist sträflich. Und dumm.

Genau deshalb gibt es dieses Buch.

Denn ein bisschen was müssen wir schon tun. Das deftige Schnitzel des Lebens gibt's nicht ohne gesundes Grünzeug – da hatte unsere Oma schon recht und Xenophon auch.

Mit diesem Buch gebe ich gerne jedem, der möchte, einen sanften, aber deutlichen Tritt in den Hintern.

Ich will, dass jeder Single dieser Welt das Solo seines Lebens genießt – und zwar glücklich. Ich will, dass die Welt uns Singles als wunderbare Unikate entdeckt, die genauso mitten im Leben stehen wie alle anderen auch. Unser Beziehungsstatus entscheidet entgegen mancher Überzeugungen nicht über unser Glück. Das tun wir selbst.

Also macht euch bitte alle mit mir auf die Reise – Singles, Paare, Familien, Alte, Junge – und entdeckt das Leben. Die Miesmacher machen ja vor liierten Menschen nicht halt. Dieses Buch enthält Tipps und Tricks – Mutmacher –, die für uns alle hilfreich sein können. Hier kann jeder was lernen. Fürs Leben.

Mein Glaube an Gott nimmt in meinem Leben viel Raum ein – darum kommt er auch in diesem Buch maßgeblich vor. Dazu habe ich die hilfreichsten Erkenntnisse aus Neurowissenschaft, Hirnforschung und Psychologie gesellt. Denn ich bin von Herzen gerne Coach und weiß um die Ressourcen, die in jedem von uns stecken. Und weil ich so gerne lerne, schaue ich auch mit Vergnügen auf andere und staune, was sie alles schon erlebt und entdeckt haben. Deshalb stecken in diesem Buch viele Geschichten aus dem weisesten Buch, das ich je gelesen habe: der Bibel. Und Geschichten von anderen Menschen – Singles und wieder Singles, die es schon begriffen haben: Das Leben ist zum Lernen da. Und: Über mein Glück entscheide ich selbst!

Ich bin ein Einzelstück. Ledig. Unverheiratet. Ungebunden. Ohne Mann. Das hat sehr schöne Seiten. Aber auch sehr blöde. Wir Singles fühlen uns zuweilen als Restposten: übrig geblieben, wo alle anderen schon längst vergriffen sind. Einzelstücke eben. Dabei sind wir kostbare Unikate mit hohem Sammlerwert. Einzelstücke eben.

Dieses Buch will uns Einzelstücken einen himmlischen Glanz verleihen.

*Tina Tschage*
München, im Juni 2015

19

## Ein Single-Lied

Bin kein Topf ohne Deckel,
kein Fahrrad ohne Fisch,
sitze bei den Erwachs'nen
und nicht am Kindertisch.
Ich bin ledig-lich ich,
bin schon »fertig«, bin schon »groß«
und soll ich was verraten:
Jesus findet mich famos!

Stehe nicht auf dem Bahnsteig
und wart' wer-weiß-auf-was,
weil im Hier und im Heute
ich Schönes sonst verpass.
Renn auch nicht durch die Welt
und such hektisch nach Plan B,
sondern freu mich am Leben,
find die Gegenwart okay.

Bin kein Defizit-Wesen,
was fehlt mir denn zum Glück?
Bin ein Unikat Gottes,
ein echtes Einzelstück.
Bin alleinstehend, aber
ich stehe nicht allein:
Gott legt in mich die Sehnsucht,
an Gemeinschaft mich zu freu'n!

*Bin nicht krank, brauch kein Mitleid,*
*bin auch kein halbes Paar,*
*nicht das fünfte Rad am Wagen,*
*das ist fast allen klar.*
*Wart nicht nur auf den Prinz,*
*kann auch heut schon glücklich sein –*
*kommt er doch eines Tages,*
*sage ich vielleicht nicht »Nein«!*

*Text: Claudia Heise, 2015.*

# I.

# Mitte 30. Fromm. Single.

Es gibt eben diese blöden Tage,
an denen wir mal wieder an Haut und Haaren
erleben, wie unangenehm das Single-Leben
sein kann. Sie sollten uns aber nicht entmutigen,
sondern anstiften, bei uns selbst nachzuhaken
und Entdeckungen zu machen. Denn als
Singles haben wir ungeahnte Möglichkeiten.
Wir haben allen Grund, das Leben
zu feiern und zu genießen.

# Familientreffen

Es war das erste Adventswochenende vor einigen Jahren. Und es war das erste Mal in meinem Leben, dass ich wirklich zweifelte: Bin ich tatsächlich eine glückliche Single-Frau? Ich hatte einige Wochen mit vielen Terminen und viel Arbeit hinter mir. Das hier beschriebene Wochenende war gleichzeitig Ende und Höhepunkt dieser intensiven Zeit. Donnerstagabend schloss ich eine mehrtägige Fortbildung ab, die sich durch das gesamte vergangene Jahr gezogen hatte. Vom Veranstaltungsort eilte ich zum Flughafen, um von München nach Berlin zu fliegen. Am nächsten Morgen sollte dort meine Coaching-Ausbildung beginnen. Im Flugzeug bestellte ich mir ein Fläschchen Sekt, immerhin hatte ich gerade eine berufliche Qualifizierung erfolgreich abgeschlossen. Das musste gefeiert werden! Ich kam schließlich in meiner Heimatstadt Berlin an, meine Eltern holten mich vom Flughafen ab. Es war spät am Abend und ich fiel recht bald in mein Bett im Gästezimmer meiner Eltern.

Seit sie unser Haus verkauft hatten und in eine kleinere Wohnung umgezogen waren, gab es keine Kinderzimmer mehr. Nur noch das schnuckelige Gästezimmer, ausgestattet für maximal zwei Personen. Ich richtete mich ein.

Am nächsten Morgen begann das erste Modul meiner Coaching-Ausbildung. Zwei Tage überwiegend still sitzen und zuhören. Das fällt mir grundsätzlich schwer. In diesen Tagen merkte ich umso mehr, wie erschöpft ich von den Wochen zuvor war.

Aber ich freute mich sehr an meinem Entschluss, diese Zusatzausbildung in Angriff zu nehmen. Nun konnte ich meinen lange gehegten Traum endlich verwirklichen. Zudem freute mich an diesem Wochenende, dass wir als Familie endlich mal wieder zusammenkommen sollten. Mein Bruder hatte im Sommer geheiratet und kam am Samstag mit seiner Frau nach Berlin. Der Plan war, dass wir – wie immer an solchen Familienwochenenden – im schönsten Hotel Berlins frühstücken gehen. Ich freute mich darauf.

Als ich am Samstag spätnachmittags von meiner Fortbildung kam, war ich noch sehr beschwingt. Dieser Start war gut! Gleichzeitig musste ich feststellen, dass mein Gepäck im Flur stand. Ich war offensichtlich aus dem Gästezimmer ausquartiert worden. Denn mein Bruder und meine Schwägerin brauchten ja den Platz. »Klar«, dachte ich in diesem Moment, »die sind ja zwei.« Selbstverständlich sollten sie im Gästezimmer wohnen. So selbstverständlich fühlte sich das aber in meinem Herzen dann doch nicht an.

Am Abend suchte ich mir mit meiner Matratze einen Platz in der Wohnung. Ich endete im Schlafzimmer meiner Eltern. Ich lag am Fußende ihres Bettes. Wie früher. Die Nacht zum Sonntag war ganz furchtbar. Mein Vater schnarchte so laut, dass ich trotz Ohrstöpseln nicht schlafen konnte. Um niemanden zu stören – ich bin ja so ein verständnisvoller Mensch – zog ich aus. Ohne Matratze. Die mitzuschleifen, hätte bestimmt alle wach gemacht. Das wollte ich keinesfalls. Also griff ich nur Decke, Kissen und Teddybär und wanderte durch die Wohnung. Viele Möglichkeiten gab es nicht. Das Gästezimmer war belegt, der Saunaraum ungemütlich, Flur, Küche und Bäder schieden per se aus. Blieb das Wohnzimmer. Das Sofa dort eignete sich leider nicht sehr gut zum Schlafen. Also legte ich mein Haupt auf dem flauschigen Teppich nieder. Zwar schnarchte jetzt niemand mehr, und es war zwar hart, doch irgendwie gemütlich, aber an Schlaf war trotzdem nicht zu denken. Als ich so dalag und versuchte, mich einzukuscheln, brodelten in mir ganz plötzlich Gedanken und Gefühle hoch: »Warum musste ich nach zwei Nächten im Gästezimmer eigentlich plötzlich ausziehen? Warum ist mein Bruder mit seiner Frau des Gästezimmers mehr wert als ich? Wie kann es sein, dass ich als erwachsene Frau im Schlafzimmer meiner Eltern nächtigen muss? Ich arme Maus liege hier mutterseelenallein im Wohnzimmer auf dem Fußboden und keiner bemerkt mein Elend!«

Da lag ich nun und tat kein Auge zu. Stattdessen entluden sich meine Trauer und die aufgestaute Wut in Weinkrämpfen. Stundenlang. Wirklich! Irgendwann erschrak ich über mich selbst. So etwas hatte ich schon sehr lange nicht mehr erlebt.

Als die Wohnung Tschage am Sonntagmorgen zum Leben erwachte, fühlte ich mich wenig lebendig. Der erste Advent sollte eigentlich ein sehr schöner Tag werden. Ich hingegen war stocksauer, und das bekam an diesem Morgen jeder zu spüren.

Man sagte mir, ich solle mich nicht so anstellen und wir wollten doch jetzt gemeinsam einen schönen Tag erleben. Ich ließ mich breitschlagen, überwand meine Bockigkeit und kam mit zum vereinbarten festlichen Frühstück.

Im Hotel und Restaurant angekommen, bekamen wir leider nicht den schönen runden Tisch wie sonst. Stattdessen platzierte uns das außergewöhnlich freundliche Servicepersonal an einem rechteckigen Tisch, drei Plätze auf der einen Seite, drei auf der anderen. Wir waren zu fünft. Es kam, wie es an diesem Tag kommen musste: Meine Eltern saßen nebeneinander. Ihnen gegenüber und nebeneinander saßen mein Bruder und seine Frau. Und dann kam ich. Am Rand. Niemand saß mir gegenüber. Schlagartig realisierte ich genau das. Und es folgte eine zweite Welle aus Wut und Tränen.

Zum ersten Mal in meinem Leben war ich sauer, dass ich allein da sein musste, dass kein Partner an meiner Seite war. Dazu kam die Enttäuschung, dass scheinbar niemand meine Situation erkannte und meine Leute mich einfach einsam und allein ans Tischende verbannt hatten. Der fehlende Schlaf der Nacht und die generelle Erschöpfung, die ich schon mitgebracht hatte, taten ihr Übriges. Ich war völlig am Ende und heulte los. Mitten im Restaurant des schönsten Hotels in Berlin. Fünf Sterne plus. Alles egal. Die Welt war herzlos und gemein.

Das blieb meiner Familie natürlich nicht verborgen. Sie stellten Fragen. »Tinchen, was ist denn los?!«

Ich versuchte zu erklären, dass ich es einfach so fies finde, aus dem Gästezimmer auszuziehen, weil mein verheirateter Bruder mit seiner Frau kommt. Dass ich es als total blöd empfinde, mich ans

Ende des Tisches ohne Gegenüber zu setzen, und keiner es merkte. Ich erinnere mich auch noch daran, wie meine Familie mir gut zuredete und wie meine Schwägerin mir zusicherte, wie gut sie mich verstehen könne. Ich habe auch noch den gleichzeitig erschrockenen und mitfühlenden Blick meiner Mutter vor Augen. Und die Fassungslosigkeit meines Vaters. Ich glaube, er war am meisten erschrocken über meinen Ausbruch. Ich sei doch immer so ein unkomplizierter Kumpel-Typ, und er wollte wissen, was denn nun eigentlich genau los war.

Ich wusste es nicht.

Ich vermute rückblickend, dass die hohe Belastung und große Erschöpfung der Wochen zuvor etwas haben aufblitzen lassen, was tief in mir eben doch leise – und die meiste Zeit auch sehr still und heimlich – schlummert: Die Angst, keinen Mann zu bekommen und ewig Single bleiben zu müssen.

Ich versuchte an diesem Tag trotzdem, mir selbst und allen anderen glaubhaft zu vermitteln, dass ich überhaupt kein Problem damit hätte, noch Single zu sein.

Ehrlich gesagt, gelang das überhaupt nicht. Angesichts meiner heftigen Reaktion konnte an diesem ersten Adventssonntag keiner der Beteiligten glauben – nicht einmal ich selbst –, dass ich ein glücklicher Single sei.

Aber ich bin es doch!

So einen Tag wie damals im Advent gab es vorher nicht und hat es seitdem auch nie wieder gegeben. Aber gut, dass es ihn gab. Dieser Vorfall hat mich nachdenken lassen über meinen Stand. Er hat mich zu einem Fakten-Check gezwungen. Das Ergebnis: Ich, Mitte 30, tolle Frau, mitten im Leben, zwar Single, aber weder einsam noch allein, dafür sehr glücklich. Punkt.

# Gott und ich: Eine Liebesgeschichte

Ich bin sehr behütet aufgewachsen. In Berlin geboren und als kleines Mädchen ins Mittelhessische gezogen worden. Wir sind nicht ganz freiwillig von der Großstadt in die Provinz gegangen. Die politische Gesamtlage und eine unbeschwerte Zukunft als junge Familie im Zentrum Westberlins waren Anfang der 1980er-Jahre nur schwer miteinander zu vereinbaren. Mein Bruder ist gute drei Jahre älter als ich. Zu viert waren und sind wir als Familie unschlagbar. Mein Großvater, den ich leider nie kennengelernt habe, weil er sehr früh starb, war Kantor. Kirchenmusik und Kirche überhaupt gehörten zu unserem Leben, standen aber immer in Konkurrenz zu unserer sportlichen Begeisterung. Der Kindergottesdienst fiel oftmals zugunsten von Sportwettkämpfen aus. Bei mir war es erst die Leichtathletik, später das Turnen.

Noch in Berlin war ich evangelisch getauft worden. Und so wurde ich als Teenager auch konfirmiert. Während dieser Zeit merkte ich, dass an dieser Sache mit Gott und Jesus doch mehr dran sein musste, als ich bis dato gedacht hatte. Ich machte mich auf die Suche und landete in der Freien Gemeinde meiner damals besten Freundin. In Teen- und Jugendkreis lernte ich, dass dieser Jesus vom Kreuz mein bester Freund sein wollte. Also freundeten wir uns an. Ich war damals die Einzige in unserer Familie, die diesen Weg mit Jesus ging. Mein Bruder folgte bald, erst aus Neugierde, später aus Begeisterung, bis heute aus tiefem Glauben. Auch die Gottesbeziehung meiner Mutter erlebte eine Neubelebung. Bei meinem Vater dauerte es etwas länger und brauchte von Gottes Seite etwas mehr Aufwand, aber Jesus schaffte es, auch sein Herz zu erobern.

Statt das eigentlich mal anvisierte Sport- und Politikstudium zu beginnen, um später in der Medienbranche Erfolge zu feiern, flog ich nach meinem Abitur für ein Jahr nach Kanada. Mein Ziel war, dort in aller Ruhe die Bibel zu studieren und meine Beziehung zu Gott zu festigen. Bei den »Fackelträgern« in der Nähe von Vancouver habe ich dann monatelang diese eine Botschaft aufsaugen dürfen: »Christus in euch – die Hoffnung der Herrlichkeit« (Kolosser 1,27; L).

Was es heißt, dass Jesus Christus in mir lebt, vertiefte ich nach diesem Jahr in Kanada an der Freien Theologischen Akademie (heute »Hochschule«) in Gießen. Ich weiß bis heute nicht genau, warum er mir das antat: Aber Gott schickte mich zum Theologie-Studium. Nach zwei Jahren in Gießen wollte ich abspringen. Das war mir alles zu konservativ und zu steif. Ich war eine der wenigen Frauen dort. Und ein kleiner Rebell. »Wieso soll ich Predigtlehre studieren, wenn ich als Frau niemals selbst predigen werde?« Das zumindest wurde dort im Kern gelehrt. Ich war zum Aufstand bereit, ergab mich aber der Studierendengemeinschaft und verhielt mich so, wie es noch nie zu mir gepasst hatte: brav. Selbst die Dozenten bescheinigten mir, dass ich ja »ein ganz schön bunter Vogel« sei. Also was sollte ich dort? Was sollte Gott mit mir da wollen? Aber abbrechen passte nicht zu mir, also zog ich das Studium durch. Vier Jahre lang. Ich bereue es bis heute nicht, denn ich habe viel gelernt. Ich war fit für den Dienst und startete dann zwar nicht als Pastorin, aber immerhin als Pastoralassistentin fröhlich durch und gründete mit Kommilitonen eine Gemeinde in Frankfurt am Main. Irgendwann quälte mich die fehlende Herausforderung. Da ich in dieser Gemeinde als Frau niemals Pastorin hätte werden können (das zumindest war damals der Stand), orientierte ich mich um und ging endlich in die Medien. Nach einem journalistischen Volontariat und der Ausbildung zur Redakteurin landete ich als Redaktionsleiterin bei Bibel TV, einem christlichen Fernsehsender.

Ich erinnere mich an eine Redaktionssitzung, an deren Anschluss mich ein frommer Geschäftspartner fragte, ob ich eigentlich verheiratet sei. »Nein«, sagte ich und erntete ein verblüfftes Gesicht. »Wirklich nicht? Sie sind doch so eine tolle Frau!«, entgegnete er, ein Mann Mitte fünfzig. »Ich werde für Sie beten.« Bis heute frage ich mich, was er dann wohl gebetet haben mag.

Danach regten sich seltsame Fragen in mir. War ich fit fürs Leben? Hatte ich erreicht, was ich erreichen wollte? Oder hatte ich etwas Wesentliches verpasst? Irgendwann wurde mir klar, dass offensichtlich etwas schiefgelaufen sein musste. Denn nach einem Jahr Bibelschule, vier Jahren Theologiestudium, zwei Jahren vollzeitlichem Gemeindedienst und vier Jahren bei einem großen christlichen Werk hatte sich an meinem Stand nichts geändert. Ich war mit Ende zwanzig immer noch Single. Das hatten noch nicht viele meiner Kommilitoninnen geschafft! Ich war mir bei der Entdeckung dieser Tatsache nicht sicher, ob ich sie als Erfolg oder Misserfolg verbuchen sollte.

## Die Powerfrau und ihre Suche nach einem Mann

»Du bist zu stark für die Männer« ist bis heute die Überzeugung meines Vaters, wenn es um meinen Beziehungsstatus geht. Tatsächlich bin ich eine Frau, die weiß, was sie will. Ich stehe mit beiden Beinen fest und fröhlich im Leben und mache nicht den Anschein, als fehle mir etwas. Nichtsdestotrotz habe ich versucht, an meinem Stand etwas zu ändern und einen Mann zu finden. Mein Bruder war über eine christliche Internetplattform fündig geworden, meine Schwägerin ist eine wunderbare Frau, also versuchte ich auf diese Weise auch mein Glück. Das war spannend! Ich checkte Profile, die mir gefielen, und schrieb junge, attraktive Männer an. Oft kam keine Antwort. Manchmal hingegen kam Post an mich von Männern, woraufhin ich nicht antworten wollte. In drei Fällen dachte ich, ich könnte ja mal richtig aktiv werden. Also traf ich nacheinander drei junge Männer. Das sind alles Geschichten für sich. Die eine skurriler als die andere. Nur so viel möchte ich an dieser Stelle verraten: Ich fühlte mich jedes Mal wie ein Kleidungsstück im Laden, das eine Weile anprobiert und dann zurückgehängt wird mit dem Urteil: »Gefällt mir nicht.« In einem Fall allerdings habe ich selbst das »Kleidungsstück« sehr schnell wieder zurückgehängt.

Ich beschloss sehr bald, dass die Partnersuche übers Internet nicht mein Ding sein würde. Ich meinte manches Mal, dass sowohl Bild als auch Profilbeschreibungen 1a zu mir passen müssten. Doch irgendwann kam die große Ernüchterung. Dieses Spielchen von Spannung und Begeisterung hin zur großen Enttäuschung und auch Verletzung meines Egos hielt ich nicht lange aus. Ich dachte mir immer wieder, dass ich einen Mann gerne einfach so treffen möchte. Ich wollte jemanden sehen und denken: »Wow, was für ein cooler Typ«, und ihn dann kennenlernen. Tatsächlich passierte auch dieses immer mal wieder. Aber meine Avancen – falls sie überhaupt angebracht waren, denn viele dieser Männer waren längst vergeben – gingen immer ins Leere. Dabei traute ich mich eine Menge! Ich gehörte auch, was das angeht, nie zu den Frauen, die auf den Mund gefallen sind oder die Klartext scheuen. Im Gegenteil. Aber wie gesagt: immer ohne Erfolg. Ich habe bis heute nicht aufgegeben und freue mich jedes Mal, wenn ich Schmetterlinge im Bauch spüre. Das wird seltener, aber es kommt tatsächlich noch vor. »Ein Zeichen meiner Lebendigkeit!«, denke ich dann immer.

Mit meinem Stand als Single-Frau haderte ich nie. Klar, Liebeskummer ist keine schöne Sache. Aber der führte mich nie in die Verzweiflung oder in die ganz große Sinnkrise. Trotzdem kenne auch ich Fragen wie »Warum verliebt sich denn nie jemand in mich?« (tatsächlich habe ich noch nie eine Liebeserklärung bekommen!), »Bin ich nicht attraktiv genug?« oder »Bin ich womöglich wirklich zu stark für die Männer?«

Als Single erlebt man ab einem gewissen Alter zuweilen auch sehr lustige Situationen. Dabei bin ich für meinen ausgeprägten Sinn für Humor unendlich dankbar. Meine Frauenärztin fragte mich einmal, ob ich schon Verkehr hätte. Ich verneinte und erntete einen erstaunten Blick, gefolgt von dem Ausspruch der Ärztin: »Komisch, Sie sehen doch eigentlich ganz nett aus!« Seitdem achte ich bei meinen Frauenarztbesuchen immer sehr genau auf die Fragen und Reaktionen von Ärzten. Der Clown ist meine wichtigste Mahlzeit am Tag. Mit ihm im Magen können mir auch solche Situationen wenig anhaben.

## Das Wir meines Lebens

Manchmal bin ich ein bisschen traurig, dass ich meinen Eltern noch keine Enkel schenken konnte. Sie wären wunderbare Großeltern. Und ich hoffe immer noch, dass sie es werden dürfen. Aber ich bin tatsächlich so glücklich in meinem Leben, dass wenig Platz ist für die Frage und die aktive Suche nach einem Mann. Wenn einer kommt, freue ich mich. Wenn nicht, dann habe ich weder etwas verpasst noch werde ich jemals traurig und verbittert sein. Da bin ich mir sicher.

Der Grund dafür ist, dass Gott mein Herz erobert hat und mich in eine Gemeinschaft gestellt hat, die trägt.

Du wirst an vielen Stellen dieses Buches merken, dass ich im Plural schreibe. In meinem Leben spreche ich sehr viel von »wir«. Das irritiert zuweilen. Als ich während einer christlichen Sommerfreizeit, auf der ich Mitarbeiterin war, von »unserem« Umzug, »unserer« neuen Wohnung und »unserem« Neustart in München erzählte, fragte mich ein Kollege, wann er meinen Mann mal kennenlernen würde. Ich musste so lachen! Gleichzeitig wurde mir bewusst, wie wunderbar und vermutlich auch einzigartig mein Leben ist, denn ich lebe als unverheiratete Single-Frau in einer engen Gemeinschaft. Gott hat mir eine Freundin und Glaubensschwester zur Seite gestellt. Wir sind kein lesbisches Paar, das wird tatsächlich nicht selten über uns gedacht. Wir sind im besten Sinn dieses Wortes: Lebensgefährtinnen. Gefährtinnen fürs Leben. Wir teilen die Wege, die Gott uns entlangschickt.

Esther kam in die Kleingruppe, die ich während meines Theologiestudiums leitete. Das war Teil meines »christlichen Dienstes« im Rahmen meines Studiums. Entsprechend ernst nahm ich die Sache. Als Esther nach ein paar Wochen auf mich zukam und meinte, sie wolle meine Freundin sein, schlossen sich alle meine Pforten. »Das geht nicht«, sagte ich ihr klipp und klar. »Du bist schließlich mein spirituelles Schäfchen, da muss ich weiteren persönlichen Kontakt vermeiden.« Wie sehr sie das damals verletzte, weiß ich heute. Aber ich hatte das tatsächlich damals so gelernt … bloß nicht zu viel Nähe zulassen, sonst schwindet meine lehrende Stellung.

Esther und ich haben eine sehr ähnliche Biografie. Wir mussten im Kindes- und Jugendalter beide viel mit Mobbing und Ablehnung kämpfen. Ich, weil ich aus der Großstadt ins Dorf kam. Esther, weil sie immer etwas kleiner und schmächtiger war als die anderen und eine Brille trug. Es war für uns schwer, Freunde zu finden. Wir wussten, wie es ist, ausgenutzt und abgelehnt zu werden. Dann ließ Esther sich auf Gott ein, traf mich, schöpfte Hoffnung – und erlebte meine Abfuhr.

Aber sie gab nicht auf. Schließlich genossen wir jede Woche die gemeinsame Kleingruppenzeit. Daraus ergaben sich dann doch auch gemeinsame Aktivitäten. Wir entdeckten Leidenschaften, die wir teilten, Skifahren zum Beispiel. Und so ließ der erste Skiurlaub miteinander und mit ein paar anderen nicht lange auf sich warten. Nach meinem Studium zog ich von Gießen nach Frankfurt. Esther zog kurz danach von Gießen nach München. Ich zog von Frankfurt nach Hamburg. Wir hielten über die Jahre Kontakt und genossen die seltenen, aber so gesegneten Zeiten miteinander. Vor allem die Skiurlaube jedes Jahr im Januar. Nach einigen Jahren der räumlichen Trennung zog Esther nach Hamburg, wo ich zu diesem Zeitpunkt schon zwei Jahre lebte. Sie kam nicht meinetwegen, sondern wegen eines tollen Jobs. Diese zwei Jahre in der gleichen Stadt veränderten alles.

Heute teilen Esther und ich nicht nur unser Leben, sondern vor allem eine Vision.

# Das SegensReich

Es war ein Sonntagnachmittag im Winter. Esther und ich kamen gerade aus dem Skiurlaub zurück und sinnierten beim Kaffeetrinken in meiner Küche über unser Leben. Sie war nach eineinhalb Jahren in Hamburg unzufrieden, fand – auch als Gotteskind – nur schwer Anschluss und sehnte sich trotz eines tollen Jobs nach ihrer alten Heimat München. Ich spürte nach über drei Jahren im Norden die Sehnsucht nach einem neuen Abenteuer, nach neuen Herausforderungen. Und beide fühlten wir, dass es für uns als Single-Frauen Anfang dreißig mehr geben musste, als immer nur auf den Traummann zu warten (wir warten heute beide immer noch, aber wir haben uns dagegen entschieden, mit diesem Warten unsere Zeit zu verplempern).

Wir erzählten uns an diesem Nachmittag unsere Träume, wir sprachen von gemeinsamen Bekannten, die in München gemeinschaftlich auf einem Bauernhof wohnten, dass wir so etwas auch gerne hätten, diese Gemeinschaft, auch als Zeichen und Ausdruck der Liebe Gottes. Wir träumten von einem Ort der Geborgenheit für uns und andere, von Familienleben, das über Vater-Mutter-Kind hinausgeht, von geistlicher Familie, die Verantwortung füreinander trägt, sich gegenseitig fördert und fordert – und liebt.

Was dann geschah, übertrifft bis heute das, was wir je von Gott erwartet haben: Es fühlte sich an, als schüttete er selbst alle diese Gedanken über uns aus, in unsere Herzen hinein, verbunden mit dem hörbaren Ruf: »Zieht los, euer Platz ist in München und diese Träume mache ich wahr!«

Es ist, als hätte der Herr dieser Welt die zarten Pflänzchen unserer Wünsche und Sehnsüchte, die wir jede für sich allein lange gehegt hatten, zu einer wunderbaren Blüte zusammenwachsen lassen. Wir sahen sie ganz klar vor unseren inneren Augen und brachten sie schließlich zu Papier. Diesen Nachmittag beendeten wir betend auf unseren Knien.

Mehrere Wochen begleiteten uns diese Gedanken und Gebete. Bis Esther irgendwann Gottes klare Zusage vernahm. Unser Traum wurde Gottes Vision für unser Leben.

Wir kontaktierten in jenem Frühjahr unsere Freunde und Bekannten in München. Wir begaben uns auf Job- und Wohnungssuche. Wir vernetzten uns mit anderen und lernten sie und auch ähnliche Projekte in München kennen. Irgendwann erhielt Esther ihre Zusage für einen Job, aber ich noch nicht. Sie sagte ab, und wir hofften, dass es richtig war. Was, wenn später ich einen Job hätte und sie nicht? Wir waren unsicher, aber wollten vertrauen, dass Gott den richtigen Zeitpunkt treffen würde – mit allem. Theologen nennen diesen Zeitpunkt Gottes »kairos«. Alles nicht so einfach! Im Frühsommer ging es dann auf einmal ganz schnell: Wir bekamen beide einen Job und auch eine Wohnung legte uns Gott im wahrsten Sinne des Wortes vor die Füße. Wir hatten nicht wirklich gesucht, unsere Parameter erklärten alle für ambitioniert und für München unmöglich. Aber wir kannten unseren Gott, der gerne Unmögliches möglich macht: Esther und ich zogen schon im Sommer zeitgleich nach München, in eine wunderschöne Wohnung mit ausnahmslos allem, was wir uns gewünscht hatten – inklusive des Mietpreises.

Im Herbst mussten wir uns dann in die neue Umgebung einfinden, in den neuen Job – und ins Zusammenleben. Wir fanden uns schließlich auf einmal in einer WG wieder. Eine ganz neue und stellenweise auch sehr herausfordernde Geschichte. Ich hatte schon in vielen WGs gelebt. Esther in keiner. Wir sind zwei Persönlichkeiten, die zwar gerne teilen, aber jede brachte auch ihre ganz eigene Geschichte und Prägung mit. Vieles kannten wir schon voneinander, aber bei Weitem nicht alles. Wir erlebten, wie unermesslich Gottes Gnade ist (und auch sein muss) und wie sie uns allzu oft auch von uns selbst befreit und zum Zusammenleben befähigt.

Wir wussten schon in Hamburg, dass dieser Zeitpunkt kommen würde: dass wir auf unserem Sofa in München sitzen würden mit dem Gebet: »So, Gott, wir wären dann da … und jetzt?«

Damit begann der nächste Teil unserer Reise. Wieder – oder immer noch – beteten wir, dass wir ein Segen sein mögen, dass Gott unseren Traum weiter formen und konkretisieren solle. Für uns fühlte es sich an, als passierte ... nichts. Wir wissen heute, dass dies nicht stimmt: Denn wir erlebten Gemeinschaft, wie wir sie bis dato nicht kannten. Leute besuchten uns, aßen mit uns, waren mit uns, genossen mit uns. Ob alte oder neue Freunde, Nachbarn oder die Familie – alle fühlten sich so wohl bei und mit uns. Wir starteten mit neuen Freunden aus der Nachbarschaft Gebetstreffen und beteten auch darum, dass Gott unsere weiteren Schritte weiter lenken und prägen möge. Alle Details würden Bücher füllen, unterm Strich stand aber diese einfache Wahrheit: Gott wirkt! Ehemalige Arbeitskollegen wohnten wundersam nur ein paar Straßen entfernt. Ein Gemeinschaftshaus, das wir vor unserem Umzug nach München bereits kennengelernt hatten, konnten wir mit dem Fahrrad erreichen. Auf einer Freizeit in Österreich hatten wir eine junge Frau kennengelernt, die nur einen Straßenzug entfernt wohnte und ähnlich träumte wie wir. Zufälle? Nein. Gott hatte von langer Hand geplant, da sind wir uns sicher.

Und trotzdem erfassten uns immer wieder auch große Wellen der Unsicherheit. Es gab Dinge, da sahen wir aus unserer Sicht ganz klar Gott am Werk – aber es kam ganz anders ... und dann waren wir tieftraurig und enttäuscht. In diesen Momenten fragten wir auch, ob wir überhaupt in der Lage seien, Gottes Wirken wahrzunehmen – oder ob alles nur eine große Täuschung sei? Diese Zeiten kamen (und kommen) immer wieder, und das machte uns klar, dass sie wohl zu unserem Glauben und zu unserem Leben gehören. Wir kämpften uns immer wieder hoch und fassten neues Vertrauen.

Ein gutes Jahr nach diesem Sonntagnachmittag im norddeutschen Winter und wenige Monate nach unserem Umzug nach München starteten wir unseren Traum unter dem Namen »SegensReich« mit einer Website, die Plattform für das sein sollte, was wir wollen: empfangen & genießen, geben & freuen. Wir wollten voll dabei sein, wenn Gott hier ein Reich des Segens schafft!

Mittlerweile sind wir viele Schritte weiter. Wir sind jetzt ein Kernteam von Leuten, das als christliche Gemeinschaft Leben teilt. Und wir haben eine Truppe drumherum, Menschen, die interessiert sind und vielleicht irgendwann mal aktiv dabei sein werden. Paare, Familien, Singles. Wir sind auf der Suche nach einem großen Haus, in dem wir unseren Traum verwirklichen können.

Zwei Verse aus dem Hebräerbrief begeistern uns und lassen uns an unserer Vision festhalten: »Ferner wollen wir unbeirrbar an der Hoffnung festhalten, zu der wir uns bekennen; denn Gott ist treu und hält, was er zugesagt hat. Und weil wir auch füreinander verantwortlich sind, wollen wir uns gegenseitig dazu anspornen, einander Liebe zu erweisen und Gutes zu tun« (Hebräer 10,23-24, NGÜ).

Für die Zukunft erwarten wir Großes! Wir träumen immer weiter von einem Haus mit vielen Wohnungen für Singles, Familien, Alte und Junge, von einem Tagungszentrum, einem Gästehaus, einem Unterschlupf für Menschen, die eine Auszeit brauchen, einem Café, einer Kindertagesstätte mit Familienzentrum, einer Beratungsstelle für Mütter und Väter – von einem Ort der Geborgenheit, an dem wir das erleben und geben, was Gott so gerne gibt: Glaube, Liebe, Hoffnung.

## Leben in Fülle statt Single-Tristesse

Esther und ich sind begeistert von gemeinschaftlichem Leben. Wir teilen unser Leben miteinander und mit anderen – und das nicht, um unser Single-Sein in den Griff zu bekommen. Wir haben beide lange genug allein gelebt und sind sehr gut zurechtgekommen. Wir haben entdeckt, dass Leben in enger Verbundenheit mit anderen mehr sein kann.

Christliche Gemeinschaft bereichert uns Gotteskinder – und sie bewahrt nicht nur Singles vor Einsamkeit und Alleinsein. Leben in einer tragfähigen Gemeinschaft kann für alle heilsam und wunderbar sein. Die Familie erhält genauso Unterstützung wie Senioren und Singles.

Wir beide haben uns einander nicht ausgesucht. Gott hat uns zusammengeführt, um unser Leben und schließlich in Gottes Namen auch einen Auftrag, eine Vision, einen Traum zu teilen. Wir leben in Beziehung. Esther und Tina – ein gutes Team. Immer mal wieder hören wir, wir seien ja wie »ein altes Ehepaar«. Anfangs war uns das sehr unangenehm. Mittlerweile freuen wir uns über solche Aussagen. Denn sie bezeugen das, was Gott in uns bewirkt und wozu er uns befähigt hat: zu enger und segensreicher Gemeinschaft. Wir wissen, was es heißt, in Beziehung zu leben. Wir fechten unsere Kämpfe aus, nähern uns in manchen Punkten an und bleiben in vielen anderen sehr unterschiedlich – was nicht immer ohne Streit, Ärger und Enttäuschung bleibt. Aber wir wissen, dass wir nicht allein durchs Leben gehen, und sind sehr dankbar für das Geschenk, das Gott uns miteinander und aneinander gemacht hat. Wir wissen, dass das weder alltäglich noch selbstverständlich ist.

Und wir merken, dass uns dieser Lebensstil fit macht und fit hält fürs Leben mit anderen. Allzu oft erlebe ich Singles, die während Tagungen oder Freizeiten unbedingt ein Einzelzimmer haben müssen. Sie haben häufig verlernt, mit der offenen Zahnpastatube, den Haaren im Waschbecken, der Unordnung oder der speziellen Ordnung eines Mitmenschen zurechtzukommen. Nicht einmal für ein Wochenende würden sie sich der Andersartigkeit von jemandem aussetzen. Dabei verpassen sie dann möglicherweise das wunderbare Erlebnis der Gemeinschaft und nicht selten ja auch der Gemeinsamkeiten.

Aber ich gebe zu, dass es auch echt frustrierend sein kann, wenn man als Single bewusst in eine Wohngemeinschaft einzieht und dann erlebt, wie die anderen Mitbewohner oder Mitbewohnerinnen »wegheiraten«. Vielen meiner Freundinnen ging das schon so. Nicht wenige von ihnen hat das sehr bitter gemacht. Sie resignierten irgendwann. Auf die Nachricht einer Verlobung reagierten sie mit Wut und

Verzweiflung. Die Einladung zur Hochzeit wollten sie dann am liebsten ganz ausschlagen.

Diese Frage beschäftigt auch Esther und mich. Und sie wird uns verblüffenderweise auch immer wieder gestellt: »Was ist, wenn bei einer von euch doch noch ein Mann ins Leben kommt?« Unsere Antwort ist klar: Dann feiern wir gemeinsam! Und: Wir bleiben trotzdem zusammen. Dann eben zu dritt oder zu viert. Und das weniger wegen uns beiden, sondern wegen der Vision, die Gott uns gemeinsam aufs Herz gelegt hat. Und weil wir überzeugt sind, dass es uns als Ehefrau und auch als Familie genauso guttun würde, in einer tragfähigen Gemeinschaft zu leben wie als Single.

Gott steht in meinem Leben an erster Stelle. Deshalb ist mein Familienstand »ledig« weder eine traurige Tatsache noch das bemitleidenswerte Defizit meines Daseins. Manchmal leide ich daran, dass ich keinen Ehepartner habe. Da gibt es eine Menge Fakten und Situationen und Gefühle, die mich immer mal wieder schwermütig machen. Ich habe gelernt, dass ich diese ernst nehmen darf, sogar sollte. Es gibt eben diese Tage wie jenen Adventssonntag. Sie sollten uns Singles aber nicht entmutigen, sondern zum Nachdenken anstiften. Denn als Singles haben wir ungeahnte Möglichkeiten. Wir haben allen Grund, das Leben zu feiern und zu genießen. Das hat viel mit meiner Lebenseinstellung zu tun. »The grass is always greener on the other side« (frei übersetzt: »Die Wiese vom Nachbarn sieht immer saftiger aus als meine eigene«) heißt ein englisches Sprichwort. Wir Singles sollten lernen, unsere eigene Wiese zu entdecken und zu genießen. Da gibt's bei jedem eine Menge bunter Blumen, würziger Kräuter und starker Bäume. Jesus hat gesagt, dass er gekommen ist, das Leben zu bringen, und zwar das Leben in ganzer Fülle (vgl. Johannes 10,10; NGÜ). Das ist eine von zig Verheißungen Gottes. Und ich sage dir: Nicht nur wir Singles haben ein Problem damit, Gottes Verheißungen einzufordern und ins Leben zu holen! Dem Nachbarn seine Wiese neiden und immer darauf schauen, was ich nicht habe – ein Dilemma in vielen Menschenseelen. Das haben wir nicht nötig. Jesus hat das Leben in ganzer Fülle nicht nur den Ehepaaren geschenkt. Er hat es uns allen geschenkt.

Hör doch einfach mal auf, immer nur auf mehr und auf Besseres zu warten. Schau weg vom Nachbarn auf deinen eigenen Garten. Entdecke deinen Reichtum. Auf dem Weg dahin gerätst du vielleicht auf einige Abwege, musst Hindernisse überwinden oder durch verdorrtes Gelände wandern. Das ist ganz normal. Wir Singles haben es nicht immer leicht. Wir christlichen Singles haben es vielleicht sogar noch ein bisschen schwerer. Aber das ist doch kein Grund, die Zusagen Gottes einfach links liegen zu lassen. Im Gegenteil. Um unserer selbst willen sollten wir Gott beim Wort nehmen und an seiner Hand den Bahnsteig verlassen und ins Leben gehen. In ein segensreiches Leben in ganzer Fülle.

# 2.

## ... es geht ums Leben!

Wenn mein Zug nicht kommt,
könnte ich doch auf den Bahnhofsvorplatz gehen und die Blumenwiesen
bewundern. Oder mich in ein schönes Café
setzen und ein Stück Torte genießen.
Ich könnte auch Freunde anrufen und bitten,
dass sie mich abholen. Menschen,
die warten, vergessen,
ihr Leben zu leben.

# Farbkleckse auf grauem Grund

Vor ein paar Jahren fand ich mich in einer Horde von Singles wieder. Eine für mich ganz neue Erfahrung! Es war eine große Tagung von EmwAg[3], einem Netzwerk für Singles und gemeinschaftliches Leben. Esther und ich reisten wegen Letzterem an. Wir waren gerade nach München gezogen, um unsere Lebensgemeinschaft zu gründen, und dachten, dass es schlau wäre, sich mit anderen zu vernetzen. Das war es auch. Denn seitdem sind wir mit EmwAg verbunden und das SegensReich gehört zu diesem wunderbar bunten und stetig wachsenden Netzwerk.

Aber wir waren nicht vorbereitet. Zumindest nicht auf das, was uns dort mit voller Wucht traf. Als wir ankamen, stellte sich recht schnell heraus, dass wir mit Abstand zu den jüngsten Teilnehmenden gehörten. Esther im pinkfarbenen und ich im roten Blazer stachen wie bunte Farbkleckse auf grauem Hintergrund hervor. Wir waren nicht zu übersehen. Weder Esther noch ich fühlten uns richtig wohl. »Irgendwie sind wir hier deutlich fehl am Platz«, war unser erster Eindruck.

Was uns erschütterte und zutiefst irritierte, war die Wand aus Trauer, die wir sofort über alle Sinne wahrnahmen. Da waren über einhundert Menschen, überwiegend Frauen. Nur wenige lebten in Gemeinschaft. Viele von ihnen, so haben wir über die Tage herausgefunden, fristeten wohl eher ein einsames Dasein.

Da waren wir nun, begeistert von gemeinschaftlichem Leben, völlig glücklich als Single-Frauen – in einer Truppe von älteren Damen, die mit ihrem Leben haderten.

Was ich hier schildere, ist mein sehr persönlicher erster Eindruck dieser Tagung. Ich werde damit weder EmwAg noch den Teilnehmenden dieses Wochenendes gerecht. Es liegt mir fern, jemanden zu verletzen oder gar abzustempeln. Tatsächlich höre ich so etwas in der Art immer mal wieder: »Bei EmwAg sind doch nur diese Birkenstock-Frauen, die mit ihrem Leben nicht klarkommen.«

Das stimmt so nicht. Ich weiß das heute und bezeuge es von Herzen gerne. Dieser Stempel passt weder zu EmwAg noch zu den vielen Single-Frauen und -Männern, Paaren und Familien, die zu diesem Netzwerk gehören. Sie alle suchen Lebensperspektiven für Singles und gestalten einen Aufbruch zur Gemeinschaft. Das ist cool!

Die damalige Erfahrung mit EmwAg war allerdings meine erste in Sachen Single-Arbeit überhaupt. Ich war dort, weil mich gemeinschaftliches Leben begeistert. Am Single-Thema komme ich seitdem aber nicht mehr vorbei. Klar, ich bin selbst Single-Frau. Eine von der glücklichen Sorte. Während dieser Tagung habe ich gelernt, dass es auch andere Sorten von Singles gibt. Es gibt schon solche wie mich, die ihr Leben trotz des fehlenden Partners oder der fehlenden Partnerin fröhlich in die Hand genommen haben und es in vollen Zügen genießen. Es gibt aber eben auch diejenigen, die mit ihrem Leben hadern, die furchtbar unglücklich sind, die sich von Gott und den Menschen – vor allem von denen des anderen Geschlechts – vergessen fühlen, die einsam und allein ihrer Wege gehen. Und es gibt so ziemlich alles dazwischen. Wo du dich wohl einsortierst?

Seit dieser Tagung denke ich immer mal wieder nach: Wo sind mir eigentlich mal Singles begegnet? Ich bin ja mittlerweile seit über zwei Jahrzehnten in christlichen Kreisen unterwegs. Aus meiner Jugendzeit in einer Freikirche erinnere ich mich noch an eine ledige Krankenschwester, die Rosl. Sie war einer der warmherzigsten und lebensfrohesten Menschen, die ich je kennengelernt habe. Aber erinnere ich mich auch an frustrierte Singles? Gab es die überhaupt? Ich musste wirklich lange nachdenken, bis mir solche in den Sinn kamen. In mir wuchs die Ahnung, dass sie sich verstecken und nicht raustrauen aus ihren sicheren Höhlen. Das macht mich bis heute traurig. Meine Entdeckung hat sich über die Jahre leider bestätigt: Die traurigen Singles finde ich in Gemeinden selten. Sie tauchen einfach ab. Vermutlich, weil sie das Glück der anderen angesichts ihres eigenen Unglücks nicht ertragen. Und auch, weil es für sie einfach keinen Platz zu geben scheint im großen Reigen von Ehe und Familie.

# Die Rebellin

Seit dieser Tagung steht mein Entschluss, dass ich mich als fröhliche Ermutigerin und liebevolle, aber kräftige In-den-Hintern-Treterin unter die Singles dieser Welt mischen möchte. Trotzdem weiß ich manchmal nicht so recht, warum. Zugegebenermaßen fühle ich mich als dieser fröhliche Farbklecks auch allzu oft sehr unwohl. Aber ich sehe es als Geschenk und Privileg an, dass Gott mich mitten reinplatziert hat in die Single-Gemeinde dieser Welt.

Es liegt nun an mir, dass ich mein Glück sensibel teile. Ich weiß, dass ich manches Mal Leute überfordere. Das war schon immer so – bei den Singles ist es aber sehr viel offenkundiger und kann sehr viel schneller sehr viel größeren Schaden anrichten. Ich lerne da bis heute eine gute Portion Demut und Einfühlungsvermögen. Aber ich lasse mich auch nicht verbiegen. Denn das bin ich nun einmal: Mitte 30, fromm, Single – und glücklich! Und eine kleine Rebellin.

Seit einiger Zeit unterstütze ich das Leitungsteam von EmwAg mit meinen Fähigkeiten in Sachen Presse- und Öffentlichkeitsarbeit. Ich darf da auch inhaltlich mitgestalten. Die Kolleginnen im Team bezeichnen mich dann schon gerne mal als »spitzen Stein im Schuh«, weil ich Dinge anspreche, die heikel sind oder unangenehm. Die Aussage »Das haben wir schon immer so gemacht«, zählt bei mir nicht, wenn ich das Gefühl habe, dass Veränderung guttun würde. Ich führe das auf meine – zumindest meinerseits – längst erkannte rebellische Begabung zurück und freue mich, wenn Gott diese benutzt, um uns alle in seinem Namen gute und wichtige Schritte weiterzubringen.

Als ich zum Team stieß, war EmwAg bereits einige Jahre alt. Der Name »EmwAg« als Abkürzung von »Es muss was Anderes geben« hatte sich etabliert. Ich war und bin trotzdem nie glücklich über dieses Akronym*. Es ist sperrig, es ist nicht selbsterklärend,

---

\* Ein Kurzwort, das aus den Anfangsbuchstaben mehrerer Wörter zusammengesetzt ist.

es passt einfach nicht so recht. Als Marketingfrau weiß ich aber, dass so ein etablierter und von der Kundschaft gelernter Name keinesfalls einfach ersetzt werden sollte. Es musste eine Lösung her. Meine Idee war, eine erklärende Unterzeile unter EmwAg zu setzen. Aber die wollte erst mal gefunden werden. Beim Treffen des Leitungsteams – ich war das erste Mal dabei – sinnierten wir also ein ganzes Wochenende darüber, wie dieser Slogan heißen könnte. Es waren wunderbare Diskussionen, die maßgeblich dazu beitrugen, dass ich viel von EmwAg, seiner Botschaft, seiner Ausrichtung, seinen Zielen und Beschränkungen lernte. Und über Singles. Für mich passten die zwei Brennpunkte von EmwAg nie zusammen:»Lebensperspektiven für Singles« und »Aufbruch zur Gemeinschaft«. Wie sollte ich diese zwei so unterschiedlichen Themen kommunikativ miteinander verbinden? Der erklärende Slogan sollte das schaffen. Was für eine Aufgabe! Mir wurde in der Diskussion klar, dass in diesen beiden Zielen eine Menge Spannung steckt. Aber die kann ja zwei Dinge bewirken: Entweder es gibt einen Kurzschluss – oder es geht das Licht an. Uns als Team war klar, dass durch die Arbeit des EmwAg-Netzwerkes das Licht angehen soll. Bei Singles genauso wie bei Menschen, die gemeinschaftliches Leben suchen – was ja auch oft Singles sind. Irgendwann sprachen wir auf der Suche nach dieser erklärenden Unterschrift darüber, dass es bei EmwAg ja nicht um Teilbereiche des Lebens geht. Das Ziel ist nicht, das Single-Sein in den Griff zu bekommen oder Menschen in Gemeinschaften unterzubringen. Nein, es geht um mehr. »Es geht doch ums ganze Leben!«, meinte dann plötzlich eine von uns. Mir war sofort klar, dass wir es geschafft hatten: Es geht ums Leben! Da war er, unser Slogan. Ich war überzeugt, dass dieser kluge Satz längst werbemäßig vergeben sein musste, und recherchierte im Internet. Zu meiner großen Überraschung fand ich ihn aber nicht. Markenrechtlich geschützt war er schon gar nicht. Unserem Vorhaben stand also nichts im Weg. Seit dem Frühjahr 2014 schmückt dieser Slogan nun das EmwAg-Logo und macht klar: ... es geht ums Leben! Ums ganze Leben. Und da muss es doch eben noch was anderes geben! Für Singles was anderes als das einsame Leben zwischen Beruf und Kirche, zwischen Hobby und Ein-Personen-Haushalt. Und für Singles, Paare und Familien gemeinsam etwas anderes, das alle bereichert. Mit dem EmwAg-Netzwerk suche ich heute nach innovativen und alltagstauglichen Formen, das Leben miteinander zu teilen, sodass es kein einsamer Kampf bleibt, sondern zunehmend ein gemeinsames Fest wird. Denn ich liebe Feste! Und Gott auch.

## Die Warterei am Bahnsteig

Unser Warten hält uns definitiv vom festlichen Leben und allzu oft auch von Gott ab. Du kennst sicherlich die Situation, wie du am Bahnsteig stehst und auf deinen Zug wartest. Meistens haben wir ein Ticket, auf dem die Verbindung steht, und wir wissen, zu welcher Uhrzeit die Bahn eintrudeln sollte. Das klappt auch manchmal. Oft gibt es jedoch Verspätungen. Und manchmal fallen Züge ganz aus. Ob die Verspätung oder der Ausfall an Streik, einer Weichenstörung oder gar einem Unfall liegen, ist für mein Gefühl dann völlig egal: Ich stehe da, warte, und es tut sich ... nichts. Mein Koffer steht neben mir, manchmal lastet auch ein schwerer Rucksack auf meinen Schultern. Alle meine Reisepläne lösen sich plötzlich in nichts auf. Das fühlt sich einfach nur blöd an. Ich bin in diesem Moment völlig machtlos, denn ich kann den Zug ja nun mal nicht herbeizaubern.

In dieser Situation gibt es unterschiedliche Möglichkeiten, die wir tun oder lassen können. Die einen kommen mit anderen Wartenden am Bahnsteig ins Gespräch, beschweren sich lautstark über die Unpünktlichkeit und lassen ihren Ärger und ihre Wut raus. Der Zug kommt trotzdem nicht. Wieder andere erschrecken sich sehr, dass sie ihre wohl und lange gehegten Pläne nicht umsetzen können und beginnen womöglich an Ort und Stelle zu weinen. Ob jemand zum Trösten kommt, ist ungewiss, eher ziehen solche Reaktionen beschämte und irritierte Blicke auf sich. Und dann gibt es noch die, die sich irgendwann auf den Weg zu einem der Info-Schalter am Bahnhof machen. Sie stellen sich in die lange Schlange der gestrandeten Reisenden, um zu erfahren, wie sie ihre Reisepläne doch noch umsetzen könnten und sie schlussendlich doch noch sicher ans Ziel kommen. Vielleicht mit etwas Verspätung, aber das ist nicht wichtig. Hauptsache, man kommt an. Ach ja, und dann gibt es natürlich noch die, die einfach am Bahnsteig stehen bleiben und weiter ... warten.

Du ahnst es sicher schon: Der Bahnsteig ist ein gutes Bild, um die Situation von uns Singles zu beschreiben. Ich kenne tatsächlich nur sehr wenige Menschen, die von sich sagen, dass sie sich keinen Partner oder keine Partnerin wünschen. Die allermeisten – das bestätigen auch die Statistiken – geben »Ehe und Familie« als hohes Lebensziel an.

Aber was ist, wenn es nicht klappt? Was, wenn ich vergeblich warte? Wenn dieser Zug erst sehr spät oder gar nicht kommt?

Es gibt Singles, für die ist klar: Mit 30 bin ich verheiratet und Kinder folgen auch planmäßig. Wenn sie dann mit 40 merken, dass sie noch immer warten – dass sie am Bahnsteig stehen, um bei meinem Bild zu bleiben –, dann haben sie unterschiedliche Möglichkeiten. Mit anderen ins Gespräch kommen und Frust rauslassen. Losheulen. Reisepläne ändern. Oder stehen bleiben und weiter warten. Der Druck wächst.

Alle diese Möglichkeiten sind in Ordnung und legitim. Aber nicht alle tun uns gut. Und die wenigsten davon helfen uns beim Leben. Aber darum geht es doch – ums Leben.

Warten ist übrigens keine Marotte nur von Singles. Klar, Singles warten nicht selten auf den passenden Partner oder die passende Partnerin. Aber sicher nicht nur. Denk mal kurz nach, auf was oder wen du gerade wartest. Meine Erfahrung ist eine sehr erhellende, wenn es ums Thema Warten geht: Die Singles warten auf ihre Prinzessin oder ihren Prinzen. Wenn der da ist, dann wartet man auf den Heiratsantrag. Dann ist man vielleicht verheiratet und wartet auf Kinder.

Das kann ein sehr unangenehmes und schmerzvolles Warten sein. Wenn die Kinder dann da sind, wartet man auf Nächte, in denen man endlich mal wieder durchschlafen kann. Etwas später darauf, dass es mit dem Babysitter klappt und Mann und Frau endlich mal wieder einen Abend für sich haben. Als Frau warte ich womöglich darauf, dass ich endlich wieder arbeiten gehen kann. Oder auch als Mann, das ist heute ja Gott sei Dank möglich. Dann wartet man, dass die Kinder endlich in der Schule sind, um anschließend darauf zu warten, dass die nervige Schulzeit endlich vorbei sein möge. Ach ja, und dann warten wir in der Regel auch immer darauf, dass die Partnerin oder der Partner alle unsere Wünsche und Erwartungen und Bedürfnisse erfüllt. Du merkst, dass ich diese Aufzählung weiterführen könnte bis zur Rente und darüber hinaus.

## Warten ist kein guter Plan

Esther ist Ergotherapeutin. Sie arbeitet ambulant mit neurologischen Patienten. Das sind Menschen, die durch einen Schlaganfall, eine Hirnblutung, einen Tumor oder anderes einen bleibenden Hirnschaden erlitten haben. Esther ist sehr nah dran an den Schicksalen ihrer Patienten und deren Angehörigen. Und so oft hört sie das gleiche Leiden: »In zwei Jahren wäre ich in Rente gegangen ... und dann wollten wir doch noch ...« Mir tun diese Geschichten immer von Herzen leid. Das sind zerschmetterte Träume. Nicht gelebte Wünsche. Immer wieder nach hinten verschobene Pläne. Und dann ist mit einem Mal alles aus und vorbei. Es geht nicht mehr.

Ich erinnere mich auch an eine TV-Dokumentation, die ich kürzlich gesehen habe. Da wurde ein Gerichtsmediziner portraitiert. Ein Arzt, der Verstorbene obduziert, um die genaue Todesursache herauszufinden. Er hat es oft mit Opfern von Gewaltverbrechen oder Unfällen oder mysteriösen Todesfällen zu tun. Seine Botschaft hat mich echt berührt. Er sagte, dass er durch diese Arbeit eine ganz neue

Einstellung zum Leben gewonnen habe. Denn tagtäglich würde er damit konfrontiert, dass alles ganz schnell vorbei sein kann. Daher habe er sich entschlossen, das Hier und Jetzt immer ausgiebig zu genießen und nichts zu verschieben.

Es geht ums Leben. Und warten – auf wen oder was auch immer – kann uns das Leben ganz schön schwer machen. Ich möchte sogar so weit gehen, dass ich sage: Manches Warten verhindert echtes Leben, Leben in Fülle.

Menschen, die immer nur völlig verkrampft warten, verpassen eine Menge. Wer wartet, lebt sein Leben in der Zukunft, obwohl er oder sie da längst noch nicht angekommen ist. Wartende übersehen nicht selten das Gute und Schöne, das sie im Hier und Jetzt umgibt. Um bei meinem Bild vom Bahnsteig zu bleiben: Wenn mein Zug nicht kommt, könnte ich doch auf den Bahnhofsvorplatz gehen und die Blumenwiesen bewundern. Oder mich in ein schönes Café setzen und ein Stück Torte genießen. Ich könnte auch Freunde anrufen und bitten, dass sie mich abholen. Menschen, die warten, vergessen, ihr Leben zu leben.

## Wenn du glücklich sein willst, dann sei glücklich

Mir ist irgendwann klar geworden, dass meine Reaktion auf den Zug, der verspätet ist oder gar ausfällt, von meiner Lebenseinstellung abhängt. Kennst du diese Leute, bei denen immer garantiert irgendetwas nicht passt? Denen scheint es nie gut zu gehen. Sie sind grundsätzlich unzufrieden. Nach dem Motto: »War ja eh klar, dass mein Zug nicht kommt!« Solche Leute sind nie zufrieden – und glücklich schon gar nicht. Das sind oft die, die am Bahnsteig stehen und lautstark rumoren. Die sich mit Leidensgenossen leidenschaftlich auslassen über diese bodenlose Unverschämtheit. Oder die losheulen. Bei diesen Menschen ist das Glas grundsätzlich halb leer. Sie halten sich ständig vor Augen, was ihnen fehlt. Sie fühlen sich als Opfer. Auf der buntesten Blumenwiese entdecken sie nur die fehlende rote Rose und übersehen dabei die große Farbenpracht aus gelben Gerbera, weißen Margeriten, lilafarbenen Hortensien und sattgrünem Gras. Sie warten immer darauf, dass ihr Glas voller wird – und sind dabei chronisch unzufrieden.

Ich bin ganz ehrlich: Mit solchen Leuten bin ich nicht gerne zusammen. Mich nervt das oft. Diese Miesepeter sind so anstrengend! Meist ist es dann auch so, dass nicht einmal ich ihnen alles recht machen kann. Niemand könnte das. Und das macht das Zusammensein echt schwierig.

Es gibt aber auch Menschen, die betrachten dasselbe Glas als halb voll. Der Inhalt ist derselbe, aber die Betrachtungsweise ist eine ganz andere. Diese Leute wissen, was ihnen geschenkt ist. Sie sind sich bewusst, dass sie einen reichen Schatz haben. Sie sind eher zufrieden und leben bewusster. Sie warten weniger – auch wenn sie nicht alles haben, was sie sich wünschen.

Ich gehöre zu letzterer Gruppe. Meine Gläser sind grundsätzlich halb voll. Ich bin zwar nicht wunschlos, aber doch sehr glücklich. Ich lebe ziemlich aktiv im Hier und Jetzt. Und weil Esthers Patientengeschichten mich immer wieder daran erinnern, nutze ich meine Zeit und verschiebe die wichtigen Dinge nicht auf später. Ich bin Meisterin darin, mir Wünsche und Träume zu erfüllen. Das Geld, das ich habe, haue ich gerne für genau diese Dinge auf den Kopf. Mein Spruch dazu ist immer: »Wer weiß, was später ist!«. Das heißt nicht, dass ich unklug mit meinen Ressourcen umgehe. Auch ich habe meine Alterssicherung. Aber ich gehöre definitiv nicht zu denen, die alles auf die Zukunft hin anlegen und sich für irgendwann einmal aufsparen. Ich möchte mein Leben jetzt genießen, mit dem, was ich habe und was mir möglich ist.

Ein großes Vorbild ist mir Samuel Koch. Er verunglückte vor einigen Jahren vor live laufenden Kameras in der Sendung »Wetten dass …?!« und bewegt sich seitdem vom Hals abwärts gelähmt im

Rollstuhl durchs Leben. Von einer Sekunde auf die andere waren seine Träume zerschmettert. Aus. Alles aus. Die sportliche Karriere – er war erfolgreicher Turner – und auch die Schauspielkarriere. Gerade hatte er sich als Schauspielschüler eingeschrieben. Samuel Koch hat in einem Interview einmal einen Satz gesagt, der mich hat aufhorchen lassen. Er sagte – und so steht es auch im Klappentext seines Buches: »Man kann auf jedem Niveau klagen, aber auch glücklich sein.«⁴ Ob ich klage oder glücklich bin, ist meine Entscheidung. Ob mein Glas halb voll oder halb leer ist, obliegt meiner Einschätzung. Kürzlich habe ich auf einer Postkarte gelesen: Wenn du glücklich sein willst, dann sei glücklich.

Ich weiß, dass diese Lebenseinstellung ein großes Geschenk ist und ich sie meiner Erziehung, meinen Erfahrungen und meiner Persönlichkeit verdanke. Wenn du jetzt denkst, dass bei dir dann Hopfen und Malz verloren sind und du wohl als ewig traurig wartende Person dein Dasein fristen wirst – das stimmt nicht. Als Coach weiß ich, dass in jedem von uns Ressourcen zur Veränderung stecken. Ausnahmslos und verlässlich und jederzeit bis an unser Lebensende. Es gibt Wege und Methoden, diese Ressourcen anzuzapfen. Du musst nur wollen. Also lies bitte mutig weiter und lass dich ein auf das Abenteuer, dein Leben in einen anderen Modus als »warten« zu überführen.

## Das Warten reduzieren

Der Weg zu einer anderen Lebenseinstellung beginnt mit der Begeisterung über das, was ich habe. Schreibe doch mal auf, was dir alles so geschenkt ist und was du dir schon so alles erarbeitet hast. Geh das chronologisch an. Beginne mit der Tatsache, dass du geboren worden bist. Mach dann bei deinem Elternhaus weiter, vielleicht bei Geschwistern. Erinnere dich an Familienurlaube oder Freizeiten. An tolle Momente während deiner Schulzeit. Dann blicke auf deine Ausbildung oder dein Studium zurück. Auf Fortbildungen, Abschlüsse, Weiterbildungen. Vergiss die Freunde nicht oder wichtige Wegbegleiter deines Lebens. Da kommt mit Sicherheit eine ganze Menge. Ich bin mir sicher, dass du dein Glas nun nicht mehr als halb leer, sondern als halb voll wahrnimmst.

Ziel unseres Lebens sollte sein, das Warten auf ein Minimum zu reduzieren und das Hier und Jetzt zu genießen und zu gestalten. Das Glas ist bei jedem von uns nicht nur halb voll, sondern randvoll.

## Jesus hat's versprochen

Es gibt viele Geschichten in der Bibel, die mich begeistern. Am meisten schaffen das aber die, die beschreiben, wie Jesus sich um mich bemüht.

Eine davon ist aufgeschrieben im Evangelium des Johannes, Kapitel 10. Jesus ist mal wieder im Gespräch mit Leuten, auch mit Pharisäern, die ihn ja grundsätzlich hinterfragen. In dieser Geschichte macht Jesus klar, dass wir seine Schafe sind und dass er der Hirte ist. Der gute Hirte, der sich um uns kümmert. Er kennt uns und wir kennen ihn. Jesus sagt in dieser Erzählung auch, dass es Diebe und Räuber gibt, die seinen Schafen Böses wollen. Also uns. Aber, so sagt Jesus am Ende: »Der Dieb kommt nur, um die Schafe zu stehlen und zu schlachten und um Verderben zu bringen. Ich aber bin gekommen, um ihnen Leben zu bringen – Leben in ganzer Fülle« (Johannes 10,10; NGÜ).

Wow. Jesus sagt hier ganz klar: Euer Glas ist voll. Nicht nur halb voll, sondern randvoll. Das mit der Fülle ist also keineswegs meine Idee, sondern Gottes. »Ganze Fülle« stellt Jesus als wunderbare Verheißung über unser Leben. Allerdings steht hier nicht: »Ich werde ihnen irgendwann einmal, wenn es passt und ich denke, dass es gut wäre, Leben in ganzer Fülle bringen.« Nein, Jesus beschreibt hier einen Status quo. Er hat uns Leben in ganzer Fülle geschenkt. Hier, heute, jetzt, sofort.

Was das genau heißt, erforsche ich seit Jahren. Ich bin froh, dass ich einen guten Blick für die Schönheit und die Fülle meines Lebens habe. Und trotzdem, selbst ich als sehr positiv denkender, grundzufriedener Mensch mit halb vollem Glas komme manches Mal ins Straucheln.

Ich habe mich damals im Advent gefragt – und frage mich das heute noch –, wie es bei Single-Frauen und -Männern zu so viel Unzufriedenheit, Verletzung, Bitterkeit, Lethargie und Lebensunlust kommen kann. Mir ist klar, dass bei jedem von ihnen die Gleichung »Erziehung plus Erfahrung plus Persönlichkeit« zu einer eher negativen Lebenseinstellung geführt haben muss. Aber als Coach und auch als Theologin und begeistertes Gotteskind bin ich fest entschlossen, hier eine Veränderung anzustoßen. Ermutigen und in den Hintern treten – das ist wohl meine Aufgabe. Und zwar bei uns allen (ich brauche das ja selbst auch manchmal).

Zum Valentinstag vor einiger Zeit fiel mir ein Artikel eines US-amerikanischen Online-Magazins in die Hände. In dem Artikel bittet eine Single-Frau, dass sie zum nahe bevorstehenden Valentinstag als »Tag der Liebenden« bitte nicht bemitleidet werden möchte. Im letzten Absatz schreibt sie:

»Ich bin Single. Ich bin nicht krank, habe kein Problem und bin auch nicht zurückgeblieben. Also bitte bemitleidet mich am Valentinstag nicht. Stattdessen helft mir heute genauso wie an jedem anderen Tag, zu erkennen, dass mein Wert nicht von meinem Beziehungsstatus abhängt, auch nicht von einer Schachtel Pralinen oder von einer roten Rose. Mein Wert beruht in dem Fakt, dass – egal was noch alles so vor mir liegen mag – ich Gottes geliebtes Kind bin und seine Pläne für mich viel weiter gehen als die Gefühle dieses einen Tages.«[5]

»Applaus, Applaus«, dachte ich mir. So ist es doch! Wir Singles sind keine bemitleidenswerten Menschen zweiter Klasse, denen noch die zweite Hälfte fehlt. Es mag sich mancherorts so anfühlen. Aber es stimmt nicht. Wir sind wunderbare Einzelstücke. Unikate aus der Hand Gottes. Liebevoll gemacht, bis ins Detail.

# Es liegt an mir

Jesus selbst spricht uns allen zu, dass wir Leben in ganzer Fülle haben. An dieser Wahrheit kommst du nicht vorbei! Und Jesus selbst sagt auch, dass unverheiratete Menschen völlig in Ordnung sind. Die hartnäckigen Pharisäer hatten ihn mal wieder zum Gespräch herausgefordert und fragten nach, wie das wohl sei mit Mann und Frau und Singles. Seine Antwort: »Manche sind nämlich von Geburt an zur Ehe unfähig, manche werden durch den Eingriff von Menschen dazu unfähig gemacht, und manche verzichten von sich aus auf die Ehe, um ganz für das Himmelreich da zu sein. Wer es begreifen kann, der möge es begreifen« (Matthäus 19,12; NGÜ).

Auch Paulus, den ich für seine ehrliche und herausfordernde Theologie sehr schätze, nimmt zu diesem Thema klar Stellung: »Am liebsten wäre mir ja, wenn jeder wie ich die Befähigung hätte, ledig zu bleiben. Aber es haben nicht alle die gleiche Gabe; dem einen gibt Gott diese, dem anderen eine andere« (1. Korinther 7,7; NGÜ). In der Bibelübersetzung von Martin Luther steht am Ende: »der eine so, der andere so«.

Allein diese beiden Bibelstellen verdeutlichen, dass Singles keinen Plan B leben, nichts verpasst und vermutlich auch nichts falsch gemacht haben. Und dass unsere Warterei absolut nicht angebracht ist, weil Jesus uns immer – egal, in welchem Beziehungsstatus wir uns gerade befinden – Leben in ganzer Fülle schenken will.

Trotzdem vernebeln uns eine Menge Dinge den Blick auf die Fülle, die uns unabhängig von unserem Beziehungsstatus gegeben ist. Einige Miesmacher wollen sich beharrlich in unser Leben schleichen. Es gibt zu viele Singles, die wirklich unter ihrer Situation leiden. Sie haben oft seltsame Wahrheiten gelernt und schlimme Verletzungen erlitten. Die gute Nachricht ist, dass wir all das überwinden können. Weil unser Wert eben nicht von unserem Beziehungsstatus abhängt. Sondern einzig und allein von der Tatsache, dass wir unendlich geliebte Kinder eines Gottes sind, der uns mit der ganzen Fülle des

Lebens beschenkt hat. Und das gilt für alle Menschen – Singles, Paare, Familien.

Jeder ist seines eigenen Glückes Schmied. Der griechische Politiker, Feldherr und Philosoph Xenophon sagte einige Jahrhunderte vor Christus: »Anstrengung ist die Gemüsebeilage zum Glück.« Glück kommt nicht von allein, aber es kommt – wenn wir ein bisschen was dafür tun. Es mag anstrengend sein, aber es lohnt sich.

Begib dich auf die Reise. Runter vom Bahnsteig, rein ins Leben. In dein Leben in ganzer Fülle. Vorbei an harten Keksen, an denen du als Single zu knabbern hast. Über Wege, die uneben sind und womöglich steil aufwärtsgehen. Baue doch aus den Steinen, die im Weg liegen, einfach ganz viele schöne Dinge!

Was wir daraus machen, wenn der Zug nicht oder mit Verspätung kommt, liegt an uns. Ob unser »Zug« der Partner, die Partnerin, das sehnlichst gewünschte Kind oder ein anderer Wunsch oder Traum ist, ist im Grunde völlig egal. Egal ist aber nicht, wie du dich am Bahnsteig verhältst, wenn der Zug nicht kommt. Ob du beleidigt stehen bleibst, losheulst, zum Info-Schalter rennst oder ins nächste Café, wirkt sich auf dein Leben aus. Und weil es um nichts weniger und um nichts Wichtigeres als um dein Leben geht, lockt Gott selbst dich runter von deinem Bahnsteig.

## Warten auf den Herrn

Der Einzige, auf den es sich wirklich und immer lohnt zu warten, ist Gott selbst. Früher gab es wohl mal eine schöne Tradition: Man setzte hinter die Jahreszahl die Buchstaben A und D. Diese stehen für »Anno Domini« und das heißt »im Jahr des Herrn«. Damit erinnerte man sich, wem unsere Jahre gehören: dem Herrn Jesus Christus – mal ganz fromm gesprochen. Den Menschen war klar, dass für dieses Jahr nicht die eigenen Pläne, Wünsche und Vorsätze wichtig waren, sondern was Jesus daraus machen wollte. Was der

Herr dieser Welt mit diesem Jahr vorhatte, sollte einzig und allein seine Sache sein.

Wenn du in deinem Leben, vielleicht speziell in deinem Single-Sein, an einem Punkt bist, wo du nicht mehr kannst, wo du des Wartens satt bist und du einfach keine Lust mehr hast, da gebe ich dir diese Zusage Gottes mit auf den Weg: »Männer werden müde und matt, und Jünglinge straucheln und fallen; aber die auf den Herrn harren, kriegen neue Kraft, dass sie auffahren mit Flügeln wie Adler, dass sie laufen und nicht matt werden, dass sie wandeln und nicht müde werde« (Jesaja 40,30-31; L).

Vielleicht hast du dich gemüht, hast ein Problem immer und immer wieder gewälzt. Vielleicht hast du auch alles getan, die Partnerin oder den Partner zu finden, hast dich auf Dates eingelassen und vielleicht sogar auf Beziehungen. Aber nie ist mehr daraus geworden. Oder du gehörst wie ich zu denen, wo in dieser Richtung überhaupt noch nie auch nur irgendetwas gelaufen ist. Oder du bist geschieden oder verwitwet. Vielleicht kämpfst du seit Langem gegen oder für alles Mögliche. Der Vers des Propheten Jesaja sagt uns: Wo wir aufhören, da fängt Gott an. Spätestens und mindestens. Ich nehme wahr, dass Gott meist viel früher kommt, sich still und leise, aber immer deutlich in mein Leben schleicht und wartet, dass ich ihn bemerke und genau dafür liebe.

Wenn du ihm jetzt folgst, runter vom Bahnsteig, auf dem Weg rein in dein Leben, dann ist das der wichtigste Tipp: auf den Herrn zu warten. Denn er ist es, der unser Leben füllt. Auf den Herrn warten, hat in der Bibel immer damit zu tun, ihm von ganzem Herzen zu vertrauen. Und Vertrauen ist weniger Gefühlssache, sondern das Ergebnis von Wissen und Gewissheiten, die in die Seele gefallen sind. Ich weiß, dass Gott es gut mit mir meint, ich weiß, dass er mir Leben in ganzer Fülle schenkt.

Als Tina stehe ich letztlich ganz allein vor meinem Gott, meine Beziehung zu ihm muss stimmen, damit mein Leben gelingt. Du wirst bei der Lektüre dieses Buches immer wieder merken, dass ich großen Wert darauf lege, dass wir als von Gott geschaffene Individuen selbstverantwortlich vor ihm stehen. Dass wir uns nicht ausruhen sollten auf dem, was andere uns über ihn sagen, sondern dass wir ihn selbst zu uns reden hören, dass wir ihn selbst immer besser kennenlernen. Menschen können uns alles Mögliche predigen, lehren, erzählen. Die allermeisten tun das in großem Gottvertrauen und ehrlich. Dafür bin ich sehr dankbar. Trotzdem hat jeder und jede von uns auf der Basis von Gottes Wort seine/ihre eigenen Einsichten, aus denen er oder sie den eigenen Lebensstil und auch die eigene Glaubensrichtung zusammenstellt. Das ist menschlich. Und das ist – zumindest aus meiner Sicht – völlig in Ordnung und meistens auch sehr gut und bereichernd. »Gottes Zoo ist bunt«, sagt eine gute Freundin immer. Und sie hat recht. Ich muss nicht alles glauben, ich muss nicht alles nachmachen. Wichtig ist, dass ich selbst vor Gott aufrecht stehen kann und dass ich treu auf ihn warte. In dem Bewusstsein, dass seine Pläne für mein Leben genau die richtigen sind. Weil sie maßgeschneidert sind, nur für mich.

Und weil Gott sich nichts mehr wünscht, als dass er immer und in jeder Situation und Gefühlslage – und auch in jedem Beziehungsstatus! – mein Retter, Herr und Freund sein darf.

## Jesus und ich auf stiller See und im Sturm

Für mich mit die schönsten Geschichten der Bibel sind im Neuen Testament die Berichte von Jesus und seinen zwölf Jüngern. Die Jünger waren eng an Jesus dran. Sie haben ihn tagtäglich erlebt, haben ihn gesehen, gespürt und seine Wunder live miterlebt. Da bin ich manches Mal neidisch. Allzu oft lese ich die Geschichten, wenn die Jünger es mal wieder gar nicht gerafft haben, und denke: »Mei, Jungs, das hättet ihr doch jetzt wissen können!«

Eine dieser wunderbaren Geschichten steht im Markusevangelium, Kapitel 4. Nach einem vermutlich anstrengenden Tag begeben sich die Jünger samt Jesus in ein Boot, das sie ans andere Ufer eines Sees bringen soll. Jesus ist offensichtlich erschöpft und legt sich schlafen. Er pennt gemütlich auf einem Kissen irgendwo in einem ruhigen Eck des Schiffes. Anfangs ist alles in Ordnung. Die Jünger sind voll in ihrem Element, schließlich sind einige von ihnen ja Fischer von Beruf. Mit Booten und auf dem See kennen sie sich aus. Sie haben alles im Griff. Auch dann, als der Wind auffrischt. Kein Grund zur Panik, die Jungs sind Profis. Aber mit der Zeit entwickelt sich der Wind zum handfesten Sturm. Die Wellen schlagen hoch, das Boot füllt sich mit Wasser und droht zu kentern. Die Jünger haben Todesangst. Das ist der Moment, in dem sie Jesus ins Spiel holen. Mit einem vorwurfsvollen »Hey Jesus, ist es dir eigentlich egal, dass wir hier gerade umkommen!?«, wecken die Jünger ihren Jesus auf. Und der tut das, was er am liebsten tut: Er rettet. Im Originaltext heißt es: »Jesus stand auf, wies den Wind in seine Schranken und befahl dem See: ›Schweig! Sei still!‹ Da legte sich der Wind, und es trat eine große Stille ein« (Markus 4,39; NGÜ).

Ein Wort von Jesus genügt, um Ruhe zu schaffen.

Das ist der Moment, in dem ich mir denke: »Jungs, das hättet ihr wirklich wissen können! Jesus ist die Lösung! Warum habt ihr denn so lange gewartet?«

Jesus stellt eine ähnliche Frage: »›Warum habt ihr solche Angst?‹, sagte Jesus zu seinen Jüngern. ›Habt ihr immer noch keinen Glauben?‹« (Markus 4,40; NGÜ).

Die Jünger sind völlig von den Socken und staunen nicht schlecht: »Wer ist nur dieser Mann, dass ihm sogar Wind und Wellen gehorchen?« (Markus 4,41; NGÜ).

Dieser Mann ist Jesus, der Herr dieser Welt, unser Bruder, Retter, Liebhaber, Freund. Der, der in unserem Leben nicht nur eine Rolle spielen will, sondern der die Regie führen möchte. Ob auf stillem Gewässer oder im tosenden Sturm – Jesus will mit uns sein. Immer.

Und was tun wir? Wir halten so lange durch, wie wir können. Wir plagen uns mit unseren Sorgen, Nöten, Problemen, Ängsten und sonstigen Gefühlen, bis wir umzukommen drohen. Nicht wenige von uns zerbrechen. Und dann reißen wir vorwurfsvoll unsere Hände hoch und schreien ihn an: »Jesus, ist es dir eigentlich völlig egal, dass ich hier gerade draufgehe?!«

Das ist doch unfair von uns. Denn Jesus will mitten in unserem Leben sein anstatt nur dabei. Brav auf Abruf haben wir ihn gerne. Aber das ist nicht seine Idee vom gemeinsamen Leben. *Jesus will ganz eng mit uns leben.*

Wir lassen Jesus trotzdem einfach im Boot liegen. Und er schläft. Solange wir meinen, ihn nicht zu brauchen, pennt er gemütlich. Er mischt sich nicht einfach ein.

Hast du dich einmal gefragt, wo in deinem Leben du gut ohne ihn zurechtkommst? Diese Frage betrifft nicht nur uns Singles, sie betrifft alle Menschen. Wir meinen, alles ohne Gott machen zu müssen. Und wenn dann was schiefläuft, schreien wir laut auf.

Ich wage zu behaupten, dass wir Singles die meisten Probleme, Sorgen, Nöte und Schmerzen wie alle anderen Menschen dieser Erde genau aus diesem Grund haben: Weil auch wir allzu oft meinen, dass wir ohne Gott gut klarkämen.

Dabei will Gott seine Beziehung zu uns pflegen. Er will, dass wir ihn wollen. Es gibt einfach nichts Schöneres für Gott als uns! Das Wichtigste ist ihm die Kommunikation mit uns. Aus diesem Grund gibt es die Bibel als sein Wort – oder anders gesagt: als seinen Liebesbrief an uns. Gott will, dass wir seine Gedanken denken lernen. Auch was unser Leben betrifft. Dass Jesus uns Leben in ganzer Fülle verspricht, ist ein Teil von unermesslich vielen, die es zu entdecken gibt. Gott will dich. Komplett. Er will alle deine Wünsche, Träume, Sehnsüchte. Er will dein Leid hören und an deiner Freude teilhaben. Er will bei dir sein, wenn das Wasser ganz still ist und auch dann, wenn der Sturm tobt. Er will nicht erst dann aufgeweckt werden, wenn du nicht mehr weiterweißt. Er will immer dabei sein.

# Ein liebevoller Tritt in deinen Hintern

Ich bin weniger die, die nur mitfühlt – die sanft über dein Haar streicht und verständnisvoll sagt, dass der Herr schon alles gut machen wird. Das entspricht nicht meinem Naturell. Nicht dass du mich jetzt in die falsche Schublade steckst. Ich kann schon mitfühlen. Aber mit diesem Buch möchte ich dich liebevoll herausfordern. In welchen Lebensbereichen das bei dir hilfreich oder gar notwendig ist, entscheidest du selbst. Nicht alle Themen dieses Buches sind für jeden Single ein Thema. Der eine hat viele harte Kekse zu knabbern, der andere weniger. Manch einer muss erst noch entdecken oder sich eingestehen, dass es diese Kekse überhaupt und auch im eigenen Leben gibt und dass sie auch für ihn oder sie echte Miesmacher sind. So ging es mir immer mal wieder bei der Recherche für dieses Buch. Ich behandle nicht alle Themen. Aber die wichtigsten Miesmacher habe ich wohl identifiziert.

Ich will dich mit diesem Buch fröhlich aufrütteln und auch ein bisschen anstacheln. Ob du Single bist, wieder Single, verheiratet oder was auch immer: Mach bei dir selbst den Check, welche Lebenseinstellung du hast, wie deine Beziehung zu Gott ist und wie sich beides auf dein Leben auswirkt. Frage dich, an welchem Bahnsteig du gerade stehst und was du nun am liebsten tun würdest. Lerne fürs Leben. Ich werde meine Entdeckungen mit Gott und Jesus mit dir teilen und dabei den einen oder anderen frommen Mythos ordentlich entlarven. Was du davon nimmst, durchdenkst, mit deinem Herrn besprichst und was nicht, das ist deine Sache. Es geht ums leben. Um dein Leben als Einzelstück. Solo, und zwar glücklich. Dafür lohnt es sich zu kämpfen. Nicht allein, sondern an der Hand des himmlischen Vaters. Und hoffentlich an der Seite von Menschen, mit denen du gemeinsam unterwegs bist.

Auf geht's. Hier kommen die acht blödesten Miesmacher des Single-Lebens. Und dazu eine Menge Tipps, wie du sie in Mutmacher verwandeln kannst.

# 3.
# Miesmacher #1:
# Die Achterbahn
# meiner Gefühle

An deinen Gefühlen kommst du nicht vorbei. Denn jeder Miesmacher, den ich entlarve, ist der Hinweis auf etwas, das wir Singles brauchen. Die Frage ist, ob du Opfer deiner Gefühle sein willst – oder ob du mit ihnen umgehen lernen willst. Letzteres ist die wunderbare Chance zum glücklichen Solo deines Lebens.

# Das Chaos in mir

»Wie fühlen Sie sich heute?« Diese Frage kennst du, wenn du schon mal einige Tage im Krankenhaus verbracht hast. Sie kommt meist morgens als Ouvertüre der ärztlichen Visite. Damit der Arzt weiß, woran er bei dir ist. Aber hörst du diese Frage auch sonst? Oder stellst du sie dir vielleicht sogar manchmal selbst?

In meinem Fall ist es so, dass mir selten jemand diese Frage zu stellen braucht. Ich gehöre zu den Menschen, denen man das besonders gut ansieht. Manchmal leider, manchmal zum Glück. Leider, weil ich meine Stimmungslage nie erfolgreich überspielen kann. Zum Glück, weil ich nicht viel zu sagen brauche, bevor andere liebevoll auf mich eingehen.

Ich stelle dir den Miesmacher »Gefühle« jetzt vor. Ihn zu entlarven und Strategien zum Ausschalten zu finden, ist immens wichtig für den weiteren Verlauf der Reise durch dieses Buch. Gefühle spielen bei jedem Miesmacher des Single-Lebens mit. Sie können so schön sein! Aber sie machen uns eben auch manchmal das Leben schwer. Sie verstecken sich oft gut, tarnen sich und tauchen immer dann mit voller Wucht auf, wenn es uns gar nicht passt.

Ich bin mir ziemlich sicher, dass du sie kennst.

Du fühlst dein schwaches Selbstbewusstsein, weil da niemand ist, der dich ermutigt und bestärkt.

Die Versagensangst lastet schwer auf dir, weil bisher jedes Date ins Leere gelaufen ist. Oder sogar jede Beziehung, auf die du dich eingelassen hast. Vielleicht sogar eine Ehe.

Du spürst die Sehnsucht in dir nach Geborgenheit, Zugehörigkeit, nach jemandem, der für dich da ist.

Du schämst dich zutiefst, weil der Beziehungsstatus »Single« so unnormal und schlecht angesehen scheint.

Deine Wunden schmerzen dich.

Deine Trauer über einen nicht gewonnenen oder viel zu früh verlorenen Partner überrollt dich von Zeit zu Zeit.

Du bist unglücklich verliebt. Schon wieder.

Zweifel überkommen dich. Bin ich also doch nicht hübsch, schlank, wertvoll genug für einen anderen Menschen? Alle diese Fragen gehören dazu. Denn Gefühle gehören zu unserem Leben. Ob wir Single sind oder nicht. Und Gefühle zeigen sich nicht selten in einem Chaos. Wir hängen fest zwischen wollen und nicht können, oder können, aber nicht wollen. Oder unser Gefühl passt nicht zu dem, was vernünftig wäre. Letztlich wissen wir nicht, was wir tun oder lassen sollen. Wir erleben ein ganz großes Durcheinander. Chaos eben.

Wie kommt das – und was sind Gefühle eigentlich?

Wissenschaftler unterschiedlicher Disziplinen unterteilen Gefühle heute in zwei Arten. Zum einen in sechs biologische Grundgefühle (nach Antonio Damasio sind das Angst, Wut, Trauer, Ekel, Freude, Überraschung[6]), die unser biologisches Überleben sichern sollen und die durch bestimmte Reize ausgelöst werden. Diese Reize werden in unserem Gehirn automatisch und für uns unbewusst verarbeitet und bewertet – mit dem entsprechenden Gefühl als Folge. Im Laufe unseres Lebens kommen dann weitere Gefühle hinzu, zum Beispiel Scham, Stolz, Schuld und andere. Diese lernen wir. Man nennt sie soziale Gefühle und sie dienen unserem sozialen Überleben. Unsere sozialen Gefühle entstehen, weil wir uns mit Reizen bewusst auseinandersetzen. Hier nehmen wir die Bewertung also selbst vor.

Als Singles empfinden wir sehr oft eine große Scham. Wir schämen uns, weil wir versagt haben, weil es offensichtlich niemand an unserer Seite aushält, weil wir mit niemandem über unseren Stand sprechen können. Unser Beziehungsstatus ist uns nicht selten peinlich. Astrid Eichler hat dieses Thema in einem Artikel bearbeitet. Sie resümiert: »Diese Gedanken können Menschen von innen her zerstören. Sie nagen am Selbstbewusstsein, verzehren das Selbstwertgefühl und rauben Unbefangenheit und Lebensfreude. Man oder frau schämt sich, weil sie nicht dem entspricht, was oft so selbstverständlich für normal gehalten wird.«[7] Scham bei uns Singles zeigt sich meist in einem diffusen Unwohlsein. Wir fühlen uns nicht wohl, wenn wir auf eine Feier eingeladen sind und allein kommen. Das Gefühl von Scham ist der Hinweis auf ein Bedürfnis, das wir haben. Jedes Gefühl ist ein Hinweis. Denn Gefühle sind kompetente Berater, wenn es um das geht, was wir brauchen. Und bei der Scham geht es meist darum, dass wir nicht unangenehm auffallen wollen. Wir Singles fühlen uns »anders als alle anderen« – und unsere Reaktion ist Scham. Das ist ein Gefühl, das uns zeigt: hier ist ein Bedürfnis unerfüllt. Genauso gibt es Gefühle, die uns zeigen: Hier ist ein Bedürfnis erfüllt.

Wenn wir mit unseren Gefühlen klarkommen wollen, dann müssen wir unsere Bedürfnisse entdecken.

## Die Entdeckung der Bedürfnisse

Die Entdeckung unserer Bedürfnisse ist die Grundlage für die weitere Arbeit mit diesem Buch. Ja, Arbeit – weil ich dich gerne liebevoll, aber deutlich herausfordern möchte, dich auf deinen Weg zu machen. An deinen Gefühlen kommst du dabei nicht vorbei. Denn jeder weitere Miesmacher, den ich hier entlarve, ist der Hinweis auf etwas, das wir Singles brauchen. Die Frage ist, ob du Opfer deine Gefühle sein willst – oder ob du mit ihnen umgehen lernen willst. Letzteres ist die wunderbare Chance zum Solo-Leben. Und zwar glücklich.

Wenn wir uns unserer Bedürfnisse bewusst werden, sind wir immer besser in der Lage, ganz konkrete Bitten an uns selbst und an andere zu richten. Wir kommen der Erfüllung unserer Bedürfnisse also immer näher.

Bei Gefühlen müssen wir Auslöser und Ursache unterscheiden. Auslöser für unsere Gefühle sind Ereignisse oder Gedanken. Die Ursache hingegen liegt in unseren Bedürfnissen. Eines ist ganz wichtig: Bedürfnisse sind immer gut, immer angemessen und immer berechtigt[8]. Wir wissen selbst am besten, was wir brauchen oder nicht brauchen, da hat niemand das Recht, uns hereinzureden.

Hinter der Scham verbirgt sich vermutlich dieses Bedürfnis: Wir brauchen Zugehörigkeit, Anerkennung, Respekt und Selbstwert. Wie kommt es zu diesem Gefühl? Auslöser sind meist Situationen, wie ich sie bereits beschrieben habe: eine Feier – und ich gehe allein hin, ohne Partner oder Partnerin. Neben dem Gefühl der Scham kommen solche wie Einsamkeit, Bedauern, Frust, Unsicherheit bis hin zur Verzweiflung. Folgende Gedanken können auf der Feier dann spätestens beim Blick in die Runde auftauchen: Mit mir ist etwas falsch. Ich habe wohl was verpasst. Ich habe in Sachen Beziehung versagt (oder: Mir ist alles genommen worden). Ich genüge nicht. Das ist mir alles so peinlich! Zu diesen Gedanken kommen Reaktionen im Körper. Du wirst rot, der Kloß im Magen drückt, du bleibst wie gelähmt in einer Ecke stehen oder versinkst sprichwörtlich im Boden. Aus Auslöser, Gedanken und Körperreaktion folgt dann ein Handlungsimpuls: Du wendest dich ab. Versteckst dich. Oder gehst einfach wieder und denkst am Ende noch: Die nächste Party findet ohne mich statt!

Vielleicht findest du das völlig übertrieben und dieses Gefühl von Scham gibt es in deinem Single-Leben nicht. Oder nicht so intensiv. Das würde mich sehr freuen! Aber ich wage zu behaupten, je älter die Singles sind, desto häufiger stellt sich genau dieses Gefühl ein. Weil das Erleben von »Ich bin falsch«, »Mir fehlt der Partner«, »ich habe was verpasst« immer öfter kommt. Und weil der Partner oder die Partnerin auch tatsächlich fehlt. Das Bedürfnis nach Nähe und Zugehörigkeit ist ja nicht gestillt. Das Gefühl ist also völlig berechtigt.

Ein anderes Gefühl, das du vielleicht noch eher kennst als die Scham, ist Traurigkeit. Auslöser dafür ist in unserem Fall meist die Entdeckung: Ich bin ja noch Single! Bei manchem kommt sie schleichend, bei anderen ganz plötzlich am 30. oder 40. Geburtstag. Oder wenn eine sich anbahnende Beziehung plötzlich abgebrochen wird. Sie kommt aber auch nach einer Scheidung oder dem Tod des Partners. Auch hier dann schleichend (wenn im Alltag deutlich wird, dass das Gegenüber fehlt) oder ganz plötzlich (bei einer Feier, wenn man auf einmal allein dasteht). Folgende Gedanken schießen uns dann durch den Kopf oder setzen sich über die Zeit fest: Ich hätte doch so gerne jemanden an meiner Seite … Ich bin nicht schön, schlank, stark, liebevoll … genug. Er fehlt mir so! Die Körperreaktionen bei Traurigkeit kennst du mit Sicherheit. In leichteren Fällen atmest du tief ein und aus, du seufzt ein wenig, sprichst leise und fühlst dich schwer. Wenn es schlimm kommt, weinen und schluchzen wir, haben Schmerzen in Herz und Bauch, wir fühlen uns völlig kraftlos und schleichen durch die Gegend, meist mit gebeugtem Gang. Wir ziehen uns zurück und werden stumm. Auch hier ist das Gefühl der Traurigkeit völlig berechtigt, weil das Bedürfnis nach Nähe, Geborgenheit und Zugehörigkeit nicht gestillt wird.

Andere Bedürfnisse, die wir Singles wahrnehmen und die oftmals aufgrund unseres Beziehungsstatus' nicht gestillt werden, sind: Akzeptanz, Aufmerksamkeit, Liebe, Empathie, Intimität, Gemeinschaft, Sexualität, Wertschätzung, Offenheit, Leichtigkeit, Lebendigkeit und so weiter.

## Manager meiner Gefühle

Was kannst du nun tun? Werde dir deiner Gefühle bewusst und entdecke die Bedürfnisse dahinter.

Wenn du ein Gefühl wahrnimmst, gehe dem nach. Richte deine Aufmerksamkeit auf deinen Bauch- und Brustraum und fühle in dich hinein. Fang dann einen kleinen Dialog mit dir selbst an, nach dem Motto: »Ich fühle gerade _____ . Hat das vielleicht mit meinem Bedürfnis nach _____ zu tun?« Frage einfach nach und nach die Bedürfnisse ab, die du kennst. Und fühle dabei ganz gezielt in dich hinein: Wo merkst du den schweren Kloß im Hals, wo das fröhliche Kribbeln im Bauch?

Gefühlsduselei, denkst du? Klar, in unserer westlichen Welt wird der Verstand sehr hochgehalten. Wir werden dazu erzogen, vernünftige Entscheidungen zu treffen und unseren Gefühlen nicht so viel Raum zu geben. Das ist aber weder gesund noch aktuell. Denn unser Bauchgefühl ist nicht nur existent, es ist auch sehr wichtig. Die Neurowissenschaft hat längst bestätigt: Zu sechs Siebteln entscheidet bei uns der Bauch. Nur ein Siebtel zählt bei unseren Entscheidungen der Verstand. Der Bauch – oder anders gesagt: unsere Körpersignale – setzen sich immer irgendwie durch. Wir können das unterdrücken, das wiederum tut uns aber nicht gut und kann zu ernsthaften Erkrankungen führen. Deshalb: Gib deinem Gefühl Raum. Aktiv ist dabei das limbische System als Teil deines Gehirns. Das limbische System ist ein zuverlässiger Manager deiner Gefühle. Und es ist eines von zwei wunderbaren Systemen, mit denen uns Gott ausgestattet hat. Es ist schnell, sendet innerhalb von Sekundenbruchteilen Signale quer durch deinen Körper mit der Botschaft »mag ich« oder »mag ich nicht«. Ganz anders dein Verstand: der bewertet sehr langsam und sortiert ganz klar in die Schubladen »richtig« oder »falsch« ein[9].

Betrachten wir die Situation auf der Party: Du trittst allein über die Schwelle und findest dich in einer Masse von Paaren wieder. Bevor dein Verstand diese Situation erfassen kann, arbeitet dein Gefühlsmanager namens limbisches System und schickt Signale: Du fühlst dich plötzlich angespannt, du spürst ein großes Unbehagen. Dazu kommen eine große Verlegenheit und das Gefühl, dass du jetzt im Boden versinken möchtest. Vielleicht wirst du rot oder du beginnst ganz furchtbar zu schwitzen. Alles das sind die Reaktionen deines Körpers auf dein Gefühlschaos aus Scham, Traurigkeit, Angst und anderem.

In so einer Situation hilft nur eines: Die Körpersignale wahrnehmen und den Verstand einschalten. Denn nur wenn deine beiden Systeme gut zusammenarbeiten, kannst du dir wirklich gut helfen. Lass Bauch und Kopf miteinander sprechen. Das könnte dann so klingen:

Bauch: »Mir ist schlecht.«

Kopf: »Echt? Warum das?«

Bauch:»Weiß nicht. Ich fühle mich so unwohl hier.«

Kopf:»Das liegt an den vielen Paaren. Die beißen aber alle nicht.«

Bauch:»Bist du dir sicher, dass die nicht beißen? Die schauen mich alle so komisch an!«

Kopf:»Ja. Die beißen nicht.«

Bauch:»Aber ich bin so alleine hier! Niemand beschützt mich …«

Kopf:»Wer hat dich denn eingeladen?«

Bauch:»Simone.«

Kopf:»Siehst du sie?«

Bauch:»Ja, sie steht da hinten.«

Kopf:»Dann geh doch zu ihr und sag Hallo. Schwups und du bist nicht mehr allein.«

Bauch:»Aber da muss ich mir jetzt erst mal meine feuchten Hände trocknen.«

Kopf:»Na, dann los!«

Merkst du etwas? Erst wenn sich Bauch und Verstand einigermaßen einig sind, wirst du dich wohlfühlen. Hier hat der Verstand den Bauch überzeugt. In einer sehr einfachen Variante. Tatsächlich ist es so, dass unsere Gedanken – unser Verstand – unsere Gefühle enorm beeinflussen können. Denn Gefühle entstehen ja auch aufgrund unserer Gedanken. Das können wir uns zunutze machen – in beide Richtungen. Wenn ich mir in einer solchen Situation immer nur sage:»Ich bin nichts, ich kann nichts, ich kann hier nicht bleiben, weil ich allein bin und mich niemand will«, dann wird mein Körper rebellieren. Wenn ich aber die Situation nüchtern betrachte, mir geduldig anhöre, was der Verstand zu sagen hat, und selbst dem Verstand hilfreiche Dinge über mich sage, dann wird es einfacher. Und diese Dialoge kannst du üben. Du solltest sie üben, denn das lohnt sich fürs Leben. Wann immer dir dann Gefühle begegnen, kannst du nämlich ehrlich mit dir sein. Und das wird dir in sehr vielen Situationen enorm helfen, nicht im Selbstmitleid zu versinken, sondern als fröhliches Einzelstück durchs Leben zu gehen. So wie eine Single-Frau Anfang 40 mir Folgendes geschrieben hat:

»Herausfordernd war es für mich, mir einzugestehen, dass es in meinem Leben tatsächlich Verletzungen gibt, die Beziehungsängste, Minderwertigkeitsgefühle und auch Misstrauen in mir aufgebaut haben. Ich musste feststellen, dass keine Beziehung zu leben nicht nur ein Mangel an Gelegenheiten war, sondern in der Tat auch zum Teil in mir selbst begründet war. Sich diesen Verletzungen zu stellen, sie mit professioneller Hilfe anzugehen und zu vertrauen, dass Gott wirklich heilen und vergeben kann, erforderte viel Mut; mir wurde zugleich aber auch geschenkt, Gottes Gnade irgendwie existenziell und direkt zu erfahren. Am Ende steht zwar (jedenfalls momentan) keine glückliche Beziehung, ich bin immer noch Single; zugleich bin ich aber viel versöhnter, viel mehr im Reinen mit mir. Ich merke, dass Gott seine Spuren durch mein Leben zieht, seinen Segen austeilt, mich wachsen und reifen lässt, heil werden lässt, auch ohne Partner und eigene Kinder. Und diese direkten Begegnungen mit Gott, die ich wahrscheinlich gar nicht gesucht hätte, wenn alles nach Plan verlaufen wäre, möchte ich nicht mehr missen.«

## Es liegt an dir

Ich sage es lieber gleich: Diesen Satz und diese Überschrift wirst du in diesem Buch immer wieder lesen. Denn davon bin ich zutiefst überzeugt! Leben ist, was du selbst daraus machst. Oder wie Dale Carnegie schon vor vielen Jahrzehnten gesagt hat: »It isn't what you have or who you are or where you are or what you are doing that makes you happy or unhappy. It is what you think about it.« (Sinngemäß übersetzt: »Wenn du glücklich sein willst, kommt es nicht darauf an, was du hast oder wer du bist oder wo du bist oder was du machst. Es kommt darauf an, was du über all das denkst.«) Dale Carnegie war US-Amerikaner und hat sich von ganz unten nach oben gekämpft.

Er wuchs zu Beginn des 20. Jahrhunderts in bescheidenen Verhältnissen auf. Er machte sich selbst zum erfolgreichen Kommunikations- und Motivationstrainer. Positives Denken hat er sich jahrelang antrainiert – und gab es sein Leben lang an andere weiter.

»Ich kann doch nicht meine Gefühle durch meine Gedanken ändern«, sagte mir neulich eine gute Freundin, als wir gemeinsam am Frühstückstisch saßen und über dieses Buch sinnierten. »Doch«, sagte ich, »das kannst du.« Ja, das kann jeder von uns. Ich kann mich jeden Morgen neu entscheiden, wie ich diesem Tag begegne. Ich kann morgens aufstehen, aus dem Fenster schauen, den Regen sehen, vielleicht die Schmerzen in meinem Rücken spüren – und in diesem Moment beschließen: Das wird ein ganz schlechter Tag. Ich kann es aber auch anders machen. Ich kann an demselben Morgen aufstehen, aus dem Fenster schauen, den Regen sehen, vielleicht die Schmerzen in meinem Rücken spüren – und in diesem Moment beschließen: Das wird ein guter Tag. Damit stehen die nächsten Stunden unter einem ganz anderen Vorzeichen. Nämlich unter einem großen Plus statt einem Minus.

Das heißt nicht, dass der Schmerz, die Trauer oder was auch immer du in deinem Leben manches Mal spürst, ganz verschwinden. Alle diese Gefühle haben ihre Berechtigung, weil sie ja auf ein Bedürfnis hinweisen. Aber die Grundeinstellung deines Lebens justierst du selbst. Und die macht eben eine Menge aus, wie du mit dir und deinen Gefühlen umgehst.

Ich diskutiere dieses Thema ja immer wieder, nicht nur am Frühstückstisch. Und hier bläst mir heftiger Wind entgegen. Da habe ich auch gar nichts dagegen, denn ich möchte niemanden zu seinem Glück zwingen. Aber ich möchte dann auch nicht andauerndes Gejammer hören.

Wenn du willst, dass sich etwas verändert, dann bedeutet das, dass du an dir arbeiten musst. Muskeln wachsen nicht von allein, sie brauchen ständiges Training. Und manchmal auch Hilfestellung. Das ist mit Anstrengung und Schweiß verbunden. Anders geht es nicht. So ist das im Leben. Ich kann wieder und wieder an derselben Situation ankommen. Entweder, ich lasse mich aufs Lernen ein und versuche, Kopf und Bauch ins Gespräch zu bringen, manchmal auch mit professioneller Unterstützung. Oder eben nicht. Aber dann brauche ich mich nicht zu wundern, wenn es immer und immer wieder gleich schwer ist – oder immer schwerer wird. Muskelaufbau passiert nicht von jetzt auf gleich. Genauso lernst du im Leben nicht von jetzt auf gleich. Ja, manchmal gehen uns in einer Sekunde in einer Situation die Kronleuchter auf. Aber meistens dauert es echt lange, bis wir ein neues Verhalten oder neue Bewertungssysteme fest installiert haben.

Lass dich bitte in diesem Buch von mir nicht überfordern. Aber lass dich fordern. Herausfordern. Und vielleicht an der einen oder anderen Stelle auf den Weg bringen.

Es liegt an dir, wie ehrlich du bist. Und es liegt an uns allen, wie viel Ehrlichkeit wir zulassen. Mir ist in meiner Arbeit als Single mit Singles eines klar geworden: Wir brauchen mehr Ehrlichkeit und Raum für grenzenlose Offenheit. Wir sind oft große Meister im Vertuschen und Überspielen. Wenn wir unendlich traurig sind und Leute uns danach fragen, antworten wir oft: »Geht schon.« Wenn wir uns total ärgern oder wütend sind darüber, dass wir immer noch oder wieder allein durchs Leben gehen müssen, ermahnen wir uns selbst mit Sätzen wie: »Jetzt stell dich halt nicht so an!« Wenn wir allein auf einer Party ankommen, einsam in der Ecke stehen und uns irgendwann jemand fragt, ob es uns gut geht, dann antworten wir verschämt: »Jaja, alles klar.«

Und in den seltensten Fällen stimmt das.

Wir kommen hier nur weiter, wenn wir uns erstens an uns selbst rantrauen und zweitens an andere. Deshalb bitte ich dich, dass du dich deinen Gefühlen stellst und dich auf den Weg zu deinen Bedürfnissen machst. Wenn du traurig bist, dann nimm dir Zeit zum Trauern. Das ist wichtig! Wenn du wütend bist, dann lass deine Wut an einem Boxsack raus. Wenn du dich schämst, dann lass die Röte in deinem Gesicht zu – und frage nach dem Bedürfnis, auf das dich dieses Gefühl hinweisen möchte.

Hier wirst du viele Ideen finden, wie du verschiedene Bedürfnisse in deinem Leben als Single bedienen kannst. Für einiges können wir selbst sorgen. Für manches brauchen wir andere. Etliches wird ungestillt bleiben. Und eines ist sicher: Niemand – kein Partner, keine Partnerin, keine Freunde und auch nicht dein Schöpfer – wird in dieser Welt alle deine Bedürfnisse stillen. Das ist ein Trugschluss, dem gerade wir Singles oft erliegen. Wir meinen, dass der Traumprinz oder die Traumprinzessin dafür verantwortlich wären, uns wunschlos glücklich zu machen. Das wird niemals passieren. Aber wenn du gelernt hast, ehrlich mit dir selbst und mit anderen – auch mit Gott – zu werden, dann bist du einen guten Schritt weiter als äußerst kompetenter Manager deiner Gefühle.

## Von symbolträchtigen Tagen, diffusen Gefühlen und der Chance der Wahrhaftigkeit

Mein Name: *Kristina*
Mein Jahrgang – tatsächlich: *1972*
Mein Jahrgang – gefühlt: *1980*
Hier bin ich am liebsten: *bei Sonnenschein draußen*
Mein Job: *Sozialpädagogin*
Wenn ich gerade nicht arbeite, findest du mich: *bei gemeinsamen Unternehmungen mit Freunden*

Für mich gibt es als Single »symbolträchtige« Momente und Tage, die mich herausfordern, weil sie mir so deutlich vor Augen führen, was ich eben nicht habe.

Hochzeitsfeiern von anderen gehören dazu, genauso wie Taufen oder erste Geburtstage von Kindern, die nicht meine sind ... Besonders symbolträchtig können »runde Geburtstage« sein – und hier meine ich nicht die der anderen, sondern eigene.

Mein 40. Geburtstag war so ein herausforderndes Symbol. Da wurde ich einfach immer älter, war weiterhin ohne Partner und zusätzlich tickte noch die »biologische Uhr«. Mit diesen Hintergedanken wurde mein 40. Geburtstag für mich schon zum Problem, noch bevor man überhaupt davon sprechen konnte, dass er nahte.

Eigentlich dachte ich bereits von meinem 39. Geburtstag an darüber nach, wie ich mit meinem 40. am besten umgehen sollte. Bevor ich für mich eine zufriedenstellende Lösung gefunden hatte, bekam ich eine Hochzeitseinladung von einem mir sehr nahestehenden Paar. Strahlend standen sie vor mir und erklärten, sie hätten einen besonderen Termin gewählt – das Jahresende: standesamtliche Trauung am 29.12., kirchliche am 31.12.; zu beiden Terminen wäre ich herzlich eingeladen. Mein 40. Geburtstag fiel auf den 30.12.

Das war für mich mehr symbolische Kraft und Herausforderung, als ich in diesem Moment der fröhlichen Hochzeitseinladung ertragen konnte. An der Stelle, wo man eigentlich gratuliert und sich mitfreut, brach ich in Tränen aus und versuchte, stammelnd und mit zitternder Stimme zu erklären, was da nun gerade mit mir passierte: Mein 40. Geburtstag mit allen seelisch-symbolischen Nöten eingebettet in das Hochzeitsglück anderer. Ich erntete erschrockene Mienen und betroffenes Schweigen.

In diesem Moment waren viele Gefühle gleichzeitig in mir, die eigentlich gar nicht zusammenpassten: Der Anspruch und Wunsch, mich mitzufreuen, überlagert von meinem eigenen Schmerz und dem Empfinden von Mangel und Ungerechtigkeit, dazu noch Schuldgefühle, weil ich deutlich spürte, dass ich innerhalb von wenigen Sekunden einem sehr fröhlichen Moment Unsicherheit und Sprachlosigkeit hinzugefügt hatte.

Und nun?

Die Sprachlosigkeit des ersten Momentes blieb nicht. Es folgten Aussprachen und Entschuldigungen von beiden Seiten und ich erlebte: Verständnis und Begegnung können stattfinden, wenn ich mich ehrlich und verletzlich zeige, wenn ich meine Gefühle nicht überspiele. Wichtig ist es auch zu unterscheiden, ob ich wirklich durch andere verletzt wurde oder ob ich eigene innere Verletzungen spüre.

Natürlich war es keine vorsätzliche und bösartige Absicht des Paares gewesen, seine Hochzeit um meinen 40. Geburtstag herumzubauen, um mir meinen Mangel richtig deutlich zu machen. Dennoch war es so bei mir angekommen, und ich kämpfte auch mit der »Ungerechtigkeit«, dass eine Hochzeitsfeier größer, wichtiger und wertvoller ist als die Feier eines 40. Geburtstages. Ich fühlte mich irgendwie minderwertig und hilflos, benachteiligt, auch von Gott.

Durch eine Predigt, die ich genau in dieser Zeit hörte, wurde mir eines ganz klar: Es war jetzt meine Entscheidung, wie ich mit meinen Verletzungen und meinem Mangel umgehen würde. Es war die Frage an mich, ob ich wirklich glauben konnte, dass Gott es gut mit mir meint, auch wenn sich viele Wünsche und Hoffnungen noch nicht erfüllt hatten, vielleicht nie erfüllen würden; ob ich dennoch glauben konnte, dass er »Leben in Fülle« mit mir vorhat und dass seine Segensspuren in meinem Leben zu finden sind, unabhängig von Ehemann und Kind; und ob ich glauben konnte, dass ihn auch meine Traurigkeit interessiert.

Seit dieser Zeit lebe ich bewusster mit meinen widersprüchlichen Emotionen – ich habe besser verstanden, dass es vor Jesus um Wahrhaftigkeit geht – und Wahrhaftigkeit kann eine ganze Palette verschiedener Gefühle zur gleichen Zeit einschließen. Es geht nicht um Lösungen, die ich selbst finde oder um »gute Gefühle und Handlungen«, zu denen ich mich selbst auffordere. Es geht darum, dass Jesus mein Herz mit allen Widersprüchen und gerade auch mit meiner Traurigkeit und Verletzlichkeit berühren darf und dass ich sein heilsames Handeln erwarte …

Ich bin noch auf dem Weg – mit allen Höhen und Tiefen, die es da so gibt; aber ich spüre, je häufiger ich meine breite Gefühlswelt ehrlich vor Jesus ausbreite, desto klarer erkenne ich mich selbst. Echt vor mir und vor Jesus zu sein, befreit vom Anspruch, mich selbst zurechtbringen zu müssen. Auf diese Weise entstehen immer mehr »echte Gefühle« in mir: Ich freue mich häufiger als früher ehrlich mit dem Glück anderer, ohne dass ich mich selbst dazu auffordern müsste; ich kann aber genauso meine Traurigkeit bewusster zulassen, was dazu führt, dass sie direkt und intensiv erlebt wird, mich aber nicht tagelang unterschwellig begleitet, sondern bearbeitet werden kann. Ich erkenne immer mehr die Spuren, die Jesus durch mein Leben zieht – oftmals in ganz alltäglichen Zusammenhängen – das macht mich dankbar, und es fühlt sich alles immer weniger nach Plan B oder einem trotzigen »Dann-muss-es-eben-so-gehen« an, sondern zunehmend nach echter Erfüllung.

PS: Der Hochzeitseinladung bin ich übrigens gefolgt; meinen 40. Geburtstag habe ich somit zwischen standesamtlicher und kirchlicher Trauung mehrere Hundert Kilometer von meinem Wohnort entfernt verbracht. Trotz aller positiver vorausgegangener Entwicklungen blieb es auch eine Herausforderung. Dennoch bin ich froh über meine Entscheidung. Meinen 40. habe ich später gefeiert – sogar in mehreren Feiern! Inzwischen bin ich 42, immer noch Single – und gerne die Patentante des ersten Kindes des Hochzeitspaars von vor zwei Jahren.

## Der Liebesbrief des Vaters

Ganz existenziell ist, dass wir Lügen ausräumen. Ich habe schon so viele benannt – ist dir das aufgefallen? Sätze wie, »Ich bin es nicht wert, dass mich jemand liebt« – »Ich bin zu dick, zu dünn, zu groß, zu klein, zu stark, zu schwach!« – »Wer will mich schon haben?« speichern wir alle immer wieder ab, sie setzen sich in unseren Gedanken fest und prägen unsere Gefühle – weil unsere Erfahrungen uns dazu veranlassen.

Da ist es so wichtig, dass du der Wahrheit viel Raum gibst. Ganz viel Wahrheit steckt in dem, was unser Schöpfer über uns sagt. Hans Peter Royer, einer meiner geistlichen Väter, und seine Frau Hannelore haben vor einigen Jahren einen »Liebesbrief des Vaters«[10] veröffentlicht. Darin haben sie aussagekräftige Stellen aus der Bibel zusammengestellt, von denen ich dir jetzt einige mitgebe:

Ich habe alles in dir geschaffen und habe dich im Leib deiner Mutter geformt (nach Psalm 139,13; NLB).[11]

Für mich bist du wertvoll (nach Jesaja 49,5; NLB).[12]

Ich, dein Retter, habe dir meine Freundlichkeit und Liebe gezeigt. Ich habe dich gerettet, nicht wegen deiner guten Taten, sondern aufgrund meiner Barmherzigkeit (nach Titus 3,4-5a; NLB).[13]

Meine Liebe wird niemals aufhören (nach 1. Korinther 13,8a; NLB).[14]

Wenn selbst Vater und Mutter dich verlassen, werde doch ich dich aufnehmen (nach Psalm 27,10; NLB).[15]

Wenn ich für dich bin, wer kann da noch gegen dich sein? (nach Römer 8,31; NLB).[16]

76

Denn ich befehle meinen Engeln, dich zu beschützen, wo immer du gehst. Auf Händen tragen sie dich, damit du deinen Fuß nicht an einen Stein stößt (Psalm 91,11-12; NLB).[17]

Ich, dein starker Gott, der Retter, bin bei dir. Begeistert freue ich mich an dir. Vor Liebe bin ich sprachlos ergriffen und jauchze doch mit lauten Jubelrufen über dich (nach Zefanja 3,17; NLB).[18]

Ich liebe dich (nach Johannes 17,23; NLB).[19]

Das ist ein kleiner Ausschnitt aus Gottes Wahrheit über dein Leben. Und ich wünsche dir von Herzen, dass diese Wahrheit in deine Seele fallen darf. Du kannst jetzt schon anfangen, mit diesen Sätzen deine Gedanken zu füllen. Denn deine Gedanken bestimmen deine Gefühle. Mit Gottes Wahrheit im Kopf kannst du eigentlich gar nicht anders, als dich geliebt, gewollt und geadelt fühlen. Probiere es aus! Das wird nicht ohne Folgen bleiben, glaube mir.

## Schönheit kommt von innen

Ich kann mich selten verstellen – wie ich mich fühle, merkt jeder sehr schnell. Man sieht es. Tatsächlich ist es kein Geheimnis mehr, dass Körper und Seele eng zusammengehören. Unsere Ausstrahlung kommt von innen. Auch wie wir uns kleiden, hängt von unserem Gefühl ab.

Esther und ich haben schon mehrmals ein Seminar angeboten, das genau hier ansetzt. Unter dem Titel »A beautiful heart makes a beautiful woman!« haben wir Frauen eingeladen, ihre Schönheit zu entdecken, zu zeigen und zu feiern. Ganz nach dem Motto: »Ich sehe was, was du nicht siehst – und das ist schön!« Vor einigen Jahren hat ein großer Kosmetikkonzern eine Studie durchgeführt: Weltweit haben sie Frauen zwischen 18 und 64 Jahren befragt zum Thema Schönheit und Selbstbewusstsein. Das Ergebnis ist ernüchternd: Nur zwei Prozent der deutschen Frauen würden sich laut eigener Aussage als »schön« bezeichnen. Über die Hälfte aller Frauen weltweit stimmen der Aussage zu, dass sie ihr eigener größter Kritiker beim Thema Schönheit sind.[20] Das passt überhaupt nicht mit dem zusammen, was unser Schöpfer über uns sagt:»Ich habe dich wunderbar geschaffen« (vgl. Psalm 139,14), und ganz am Anfang bekommen wir dieses Prädikat:»Sehr gut« (vgl. 1. Mose 1,31).

Zu unserem Seminar gehört auch immer ein Fotoshooting. Die Erfahrungen, die wir und die Teilnehmer damit machen, sind überwältigend. Die meisten Frauen schauen sich nicht gerne auf Fotos an. Bei Männern ist es ähnlich. Bei unseren Shootings erleben wir immer was anderes: Die Frauen ziehen sich schön an, tragen gutes Make-up auf, stellen sich mutig vor die Kamera und werden vom Rest der Truppe angefeuert. Ich kann nicht in Worte fassen, wie sehr Frauen in solchen Momenten aufblühen! Viele sind anfangs zögerlich, werden dann aber immer lockerer. Die Ergebnisse sind wunderbar. Und wenn dann die Fotos zu Hause im Rahmen stehen und Freunde kommen und sagen:»Wow, siehst du toll aus« – was meinst du, was das mit dem Selbstwertgefühl macht? Genau: Es wird liebevoll gestreichelt und bekommt einen einzigartigen Glanz verliehen. Das ist der Grund für dieses Seminar. Das ist auch der Grund für dieses Buch: Ich möchte, dass Singles neuen Glanz bekommen. Damit unser Leben leichter, schöner und glücklicher wird. Damit wir attraktiver werden für andere – auch fürs andere Geschlecht.

# 4.
# Miesmacher #2:
# Immer nur Familie und Kinder ...

Ich plädiere für eine Erweiterung unseres eigenen Horizonts. Das tut uns am Ende allen gut und hilft uns, die Realität zu betrachten. Dazu gehört auch immer wieder eine Standortbestimmung: In welcher Lebenslage befinde ich mich gerade? Was ist mir wichtig und was brauche ich? Wenn ich hier sehr ehrlich bin mit mir selbst und gelernt habe, das auch zu kommunizieren, dann kann mir kein Fokus dieser Welt mehr was anhaben.

# Der Identitäten-Schock

Es gibt Momente in meinem Leben, da denke ich – und sage das auch manchmal laut: »Jetzt werde ich doch noch zur Single-Aktivistin!« Es sind diese Situationen, in denen ich mit den Miesmachern des Single-Lebens konfrontiert werde. Da merke ich dann besonders, dass mir manche Ansicht, die eine oder andere Beschränktheit und oft auch die mangelnde Sensibilität anderer echt stinkt. Das ist sicher keine Herausforderung nur für Singles. Jeder von uns kennt solche Momente, und je nach Lebenslage bringen sie uns auf die Palme oder auch nicht.

Wir Singles haben da einige besonders empfindliche Stellen, die immer mal wieder berührt werden. Da spielen äußere Faktoren genauso eine Rolle wie innere. Manchmal sind sprichwörtlich andere Menschen oder Umstände schuld an unserer Empfindung. Nicht selten sind es aber auch wir selbst mit unserer verschrobenen Einstellung oder einmaligen Prägung. Wir sind gut beraten, wenn wir die Miesmacher unseres Lebens entlarven und in Mutmacher wandeln. Denn das gibt uns den Schwung, der uns runter vom Bahnsteig und rein ins Leben bewegt.

Vor einigen Jahren erlebte ich so einen Miesmacher-Moment. Seit Langem ließ ich mich mal wieder auf eine christliche Freizeit ein. Und das, obwohl ich wirklich nicht so der Freizeit-Typ bin. Ich mag diese oft etwas in die Jahre gekommenen Freizeithäuser nicht. Mit Teppichboden in Grün- und Brauntönen fühle ich mich selten wohl. Dazu den ganzen Tag Leute um mich herum. Das ist für mich gleichermaßen wunderbar und anstrengend. Meine Freizeit verbringe ich deshalb lieber im kleineren Kreis.

Nicht so an diesem Feiertagswochenende. Esther und ich dachten, dass es jeder von uns mal wieder guttun könne, in netter christlicher Gemeinschaft fundierte biblische Lehre aufzusaugen. Also machten wir uns auf den Weg. Fünf Tage wollten wir Bibelstudium und tolle Menschen genießen. Es kam anders.

Der eigentlich geplante Referent fiel krankheitsbedingt aus. Damit auch das eigentlich versprochene Thema. Statt des christlichen Feiertages zu gedenken, drehte sich plötzlich alles ums Thema Identität. Der erste Abend war wirklich gut! Es ging um unsere Identität als Menschen, dass wir wunderbare Geschöpfe eines Gottes sind, der alles für uns und seine Welt tut. Nach dieser ersten Einheit freuten wir uns auf den nächsten Tag und hätten eigentlich beseelt ins Bett gehen können. Hätte nicht kurz vor dem Schlafengehen der Referent die Themen für den nächsten Vormittag angekündigt: »Identität als Mann« und »Identität als Frau«. Ich bemerkte sofort das Grummeln in meinem Bauch. Ich drehte mich mit fragendem Blick zu Esther um. Sie erwiderte den Blick. Wir gingen also nicht beseelt ins Bett, sondern uns graute vor dem nächsten Tag.

Es kam schlimmer als befürchtet.

Erst eine Stunde zum Thema »Männer«, dann – nach einer Pause zum Luftschnappen, die dringend nötig war – eine zweite Stunde zum Thema »Frauen«. Noch nie habe ich es erlebt, dass jemand so viele Klischees zu beiden Geschlechtern in so wenig Zeit unterbringen konnte. Ich zollte dem Referenten großen Respekt – gepaart mit unbändigem Ärger und einer ungezähmten Wut.

Ich dulde gerne andere Meinungen – vor allem theologische. Ich respektiere sie sogar. Aber ich teile sie nicht immer. Und ich lasse sie mir schon gar nicht aufzwingen. Ich stehe selbst aufrecht vor meinem Gott und weiß mich vor ihm zu verantworten. Manches, was Theologen, Pastoren und andere Christenmenschen lehren, ist mir fremd. Bei einigen Punkten bin ich aufgrund meiner Bibelstudien, Glaubens- und Lebenserfahrung zu anderen Ergebnissen und Überzeugungen gekommen. Trotzdem schätze ich anderes, besonders dann, wenn ich merke: Hier äußert sich jemand fundiert, durchdacht und sensibel. Gerade letztere Eigenschaft vermisse ich sehr, sehr häufig. Und vielen ist leider nicht bewusst, was sie mit dem anrichten, was sie sagen oder gar von der Kanzel lehren. Sie meinen es gut, hinterlassen bei manchem Zuhörer aber ein Trümmerfeld.

So erging es mir während dieser Freizeit.

In der ersten Stunde zum Thema Identität machte der Referent klar, dass Männer als Erstes erschaffen wurden. Gott schuf den Menschen, Adam. Dem stimmte ich noch fröhlich zu. Dann fuhr er fort. Im Kern mit Statements wie diesen: Männer wollen von ihrem Wesen her Leitung und Verantwortung übernehmen und sie müssen immer ihren Körper spüren. Aus diesem Grund arbeiten Männer in verantwortungsvollen oder körperlich anstrengenden Berufen. Sie müssen Holzhacken gehen, wenn sie nachdenken wollen. Reden ist nicht so ihr Ding und Sinn für Schönes haben sie auch eher nicht, dafür für Praktisches. Männer gehören ans Lagerfeuer. So hat der Herr sie geschaffen.

Nach dieser ersten Stunde war ich platt. In jeglicher Hinsicht. Ich nutzte die Pause, um zu sortieren, was ich da gerade gehört hatte. Und langsam, aber sicher schwante mir, dass ich die zweite Stunde, wenn es um die Identität von Frauen geht, lieber schwänzen sollte. Aber meine Neugier war zu groß. Ich ging hin – und bereute das anschließend zutiefst.

Denn das Feuerwerk der Klischees ging weiter: Frauen sind die sanften Geschöpfe Gottes, die sich gerne um andere kümmern, Sorge für alles und jeden tragen. Daher arbeiten sie ja auch in sozialen Berufen. Frauen treffen sich bei Kaffeekränzchen, um ihrem Redebedarf einen Raum zu verschaffen. Dabei hilft eine liebevolle Atmosphäre mit Kerzen und Blümchen. Frauen ordnen sich gerne unter und sind froh, wenn sie Verantwortung abgeben dürfen. So hat der Herr sie geschaffen.

Und dann kam die Krönung: Das Verhältnis von Mann und Frau. Sie gehören zusammen. Einen Partner zu finden und zu heiraten heißt, dass wir endlich die Bestimmung unseres Lebens finden. In der Partnerin oder dem Partner finden wir unsere Erfüllung. Der oder die andere hilft uns dann auch, ganz Mann beziehungsweise ganz Frau zu sein. Und: Ehemann und Ehefrau sind das wahre Dream-Team in dieser Welt.

Diesen einen Satz werde ich in meinem ganzen Leben nicht vergessen. Hat der mich wütend gemacht!

Am Ende des Vormittags saß ich mit Tränen in den Augen auf meinem Stuhl und wusste nicht, was mir gerade geschehen war. Warum um alles in der Welt berührte mich der Inhalt der vergangenen Stunden so sehr? Warum stieg die Wut in mir auf? Was brachte mich so in Rage?

Ich war verletzt. Und stinksauer.

Ehrlich und aufgeschlossen wie ich bin, marschierte ich direkt nach Ende dieser Lehreinheiten nach vorne zum Referenten und warf ihm all das vor die Füße. Liebevoll, aber deutlich: Wie sehr er mich Single mit seiner Aussage über das Dream-Team dieser Welt verletzt hatte. Und wie sehr ich seine absolut klischeehafte Darstellung der männlichen und weiblichen Identität nicht in Ordnung fand.

Nach diesem Vormittag waren Esther und ich wie gelähmt. Es brauchte eine Zeit, diesen Input zu verdauen. Wir wollten uns sicher sein, dass der Referent – ein schon lange verheirateter Mann – es ja nur gut gemeint hatte. Aber uns hatte das alles eben gar nicht gutgetan.

Eigentlich hatten wir diese Freizeit bis hierhin genossen. Es war eine bunte Mischung von Leuten: Alt und Jung, Singles, Paare und Familien. Wunderbar! Eigentlich.

Nach diesem Vormittag fühlten wir beide uns inmitten der Masse so allein. Wir schienen mal wieder die Einzigen zu sein, denen solch eine Ausarbeitung zu schaffen machte. »Wir Mimosen!«, dachten wir so bei uns. Nach dem unsererseits recht schweigsamen Mittagessen gingen wir mit einem Ehepaar, mit dem wir uns angefreundet hatten, spazieren. Wir sprachen vorsichtig über das, was wir empfanden. Und wir ernteten sogar einen Hauch von Verständnis. Aber es war auch klar, dass dieses Ehepaar im Grunde ganz in Ordnung fand, was da gesagt worden war. Sie zumindest fühlten sich bestärkt.

Rumms.

Da standen wir mal wieder. Allein auf weiter Flur. Völlig fehl am Platz. Einsam mit unserer Wahrnehmung und unserem Gefühl.

Natürlich dachten wir, dass wir also falschliegen müssen. Dass wir uns jetzt mal nicht so anstellen sollten. Dass unsere Welt nun mal so ist: Männer sind so, Frauen sind so. Als Eheleute gehören sie zusammen, dazu sind wir geschaffen, Gott hat uns so gemacht. Basta. Aber in mir sträubte sich weiterhin alles. »Das kann doch nicht sein!«

Nach dem Spaziergang packte ich meinen Koffer. Ich mochte nicht mehr dortbleiben. Esther und ich entschieden aber, dass wir nicht ohne ein ausführliches Gespräch mit dem Referenten abreisen wollten. Das Feld nicht kampflos räumen war unsere Devise. Wir wollten auch einfach nicht unfair sein, stattdessen dem Mann eine Chance geben, uns zu erklären, wie er es wirklich gemeint haben könnte. Und wir wollten ihm auch eine ehrliche Rückmeldung geben, was er mit seinen Aussagen bei uns beiden angerichtet hatte.

Wir bekamen einen Gesprächstermin kurz vor dem Abendessen.

Da saßen wir: zu dritt. Eine skurrile Situation. Esther und ich erklärten, dass wir beide uns auch als Dream-Team wahrnehmen. Dass wir diese Klischees für falsch halten, auch wenn wir anerkennen, dass Mann und Frau verschieden sind und sich grundsätzliche und wunderbare Charakteristika nicht leugnen lassen. Aber wir machten auch klar, dass Männer an sich und Frauen an sich auch sehr verschieden sein können. Dass nicht jeder Mann bereit und in der Lage ist, immer Leitung und Verantwortung zu übernehmen, und auch nicht jedes männliche Geschöpf nur beim Holzhacken oder anderen körperlichen Aktivitäten zum Nachdenken oder ins Gespräch kommt. Ich hatte so viele Männer im Kopf, die unter dem Druck, »das Haupt der Frau« sein zu müssen« sehr leiden, die darunter oftmals zerbrechen – und mit ihnen ganze Ehen und Familien. Ich erinnerte mich auch an eine Situation während einer Tagung, als ich nachmittags in den Plenumssaal kam und einige Männer mit wenigen Frauen auf dem Fußboden saßen und sich unterhielten – mit einer Kerze und Blumen in der Mitte. Das schien den Männern durchaus zu gefallen. Und dann diese Klischees über uns Frauen. Okay, Esther arbeitet in einem sozialen Beruf. Ich nicht – bin ich deshalb weniger weiblich oder verleugne ich gar meine Identität? Nach diesem Vormittag hätte ich das annehmen müssen. Ich muss doch auch eher Holzhacken gehen, um abzuschalten und nachzudenken, als dass ich mich neben eine Kerze setze. Obgleich ich Kerzen genauso liebe wie Blumen. Aber das tut mein Bruder auch! Er hat mehr Kerzen in seiner Wohnung als ich. Er ist ein total sinnlicher Typ – und trotzdem durch und durch Mann. So wie ich durch und durch Frau bin, auch wenn ich meinen Körper immer wieder richtig spüren muss und Sport ohne viel Schweiß und das Gefühl des total Ausgepowert-Seins für mich nicht zählt.

Das Gespräch mit dem Referenten war ernüchternd. Für mich war es gut und wichtig. Aber ich stellte auch fest, dass er nur wenig verstehen konnte, was wir empfanden und was wir ihm vermitteln wollten.

Bei Esther und mir blieb das Gefühl, dass wir zwei Sonderlinge sind – Mimosen, die überempfindlich auf diese Themen reagiert haben. Vermutlich, weil wir nicht versöhnt sind mit uns selbst oder so. Wir fühlten uns an diesem Tag echt schlecht und dieses Gespräch hatte uns den Rest gegeben.

Beim Abendessen landeten wir dann an einem Tisch mit anderen Singles. Was für ein wunderbares Arrangement Gottes! Wir kamen ins Gespräch über den Tag (vermutlich habe ich das angestoßen: ich kleiner Rebell). Die junge Frau mir gegenüber brach plötzlich in Tränen aus, als sie erzählte, wie furchtbar sie diesen Tag gefunden hatte und wie einsam sie sich fühlte. Na endlich! Wir waren nicht mehr allein mit unseren diffusen Gefühlen. Wir waren also doch nicht so falsch! Erst schüttete sie ihr Herz aus, dann ein Mann, dann noch einer und schließlich die dritte Frau an unserem Tisch. Wir tauschten unsere Wahrnehmungen aus. Wie unsensibel dieses Thema bearbeitet worden war. Wie verletzend das für uns Singles war. Wie wir uns jetzt fühlten. Nämlich falsch, verkümmert, als hätten wir das Beste schon jetzt verpasst – denn wir waren ja vergessene Einzelstücke und nicht Teil eines Dream-Teams aus Ehemann und Ehefrau.

Ich kann nicht in Worte fassen, wie dankbar wir waren für diese himmlisch arrangierte Selbsthilfegruppe an diesem Abend! Nein, Esther und ich waren keine Mimosen, die empfindlich und wie getroffene Hunde reagierten. Wir sind nur schnell im Denken und stark reflektiert und haben gemerkt, dass hier der Hammer womöglich nicht ganz gerade hängt. Dieser ewige fromme Fokus auf Ehe und Familie als das Maß aller Dinge nervte uns sehr und machte uns an diesem Tag so wütend.

Nach diesem Abend war klar, dass Esther und ich nicht bleiben würden. Wir packten also unsere Koffer und fuhren am nächsten Morgen fröhlich gen Heimat. Im Gepäck hatten wir diesen Miesmacher: immer nur Familie und Kinder. Wir Singles sind doch auch wichtig!

## Die geniale Idee Gottes

Ich will und werde niemals an dieser Tatsache rütteln: Die Ehe von Mann und Frau ist Gottes Idee. Die Familie ist die Keimzelle unserer Gesellschaft. Ohne Familien würden wir irgendwann aussterben. Und angesichts dessen, was an alternativen Beziehungsmodellen mit allen Konsequenzen auf dem Markt der Möglichkeiten des Lebens so angeboten wird, ist es absolut wichtig, dass wir Christen das himmlische Modell der Ehe mit allen Kräften verteidigen.

Mann und Frau sind das perfekte Team, wenn es darum geht, die Menschheit, Gottes Volk, zu erhalten. Eheleute sind spätestens seit dem Neuen Testament auch ein Abbild für die Liebe von Jesus Christus zu seiner Gemeinde. So zumindest beschreibt es Paulus in seinem Brief an die Gemeinde in Ephesus: »Ihr Männer, liebt eure Frauen! Liebt sie so, wie Christus die Gemeinde geliebt hat: Er hat sein Leben für sie hingegeben, um sie zu seinem heiligen Volk zu machen« (Epheser 5,25-26a; NGÜ). Das ist echt eine Aufgabe! Ich bezweifle, dass sie den Ehepaaren immer bewusst ist. Aber das ist eine andere Sache.

Ich möchte ganz deutlich betonen, wie sehr ich Gottes Idee von der Ehe schätze und liebe. Und ich teile die Meinung von Astrid Eichler, die in ihrem Buch »Es muss was Anderes geben« in einer wichtigen Vorbemerkung notiert: »Ich empfinde sehr stark, dass es die wohl größte Not unserer Gesellschaft ist, Gottes Vision für Ehe und Familie verloren zu haben. Das ist ein tödliches Drama, wie wir nach und nach in unserem Volk feststellen.«[21] Astrid stellt fest, dass es im Leben nur wenig Ermutigendes in Sachen Ehe gebe. In Anbetracht der hohen Scheidungsraten müsse man fast davon abraten, jemals zu heiraten. Lohnt sich ja nicht, könnte man denken. Und tatsächlich wird auch viel zu wenig um unsere Ehen gekämpft und gerungen. »Es geht halt nicht mehr«, heißt es dann. Dafür mag es Gründe geben. Aber allzu oft unterschätzen wir, auch wir Christen, unsere Möglichkeiten. Und vor allem die, die Gott hat. Da spreche ich auch aus meiner Erfahrung aus dem pastoralen Dienst und aus meinen Coachings. Es gibt viel mehr Wege, als wir oft denken. Aber wir sind häufig zu verletzt, unsere Sinne sind zu vernebelt oder wir sind schlicht zu faul und zu stolz, als dass wir lange Wege des Kampfes und der Heilung auf uns nehmen würden. Und nicht selten sind wir zu eitel oder zu pikiert, uns Hilfe und Unterstützung zu holen. Das ist ein großes Drama. Manchmal scheitern Beziehungen auch einfach – und das, obwohl gekämpft wurde, obwohl alle Mittel ausgeschöpft wurden, obwohl zu Gott um Hilfe geschrien wurde. Das sind dann Dramen, wo wir mit vielen Fragen zurückbleiben und die Welt nicht mehr verstehen.

Die Ehe ist von der göttlichen Schöpfung und vom Alten Testament her der Weg für jeden Menschen. Und sie ist ein extrem guter Weg! Zur Zeit des Alten Testaments wäre es unmöglich gewesen, nicht zu heiraten, und Singles waren folgerichtig ein Ding der Unmöglichkeit.

Das wäre heute noch so, würden wir die biblische Schöpfungstheologie noch immer als einzigen Maßstab anlegen und würden wir das Neue Testament und den Neuen Bund, den Jesus Christus geschlossen hat, gänzlich vernachlässigen. Dann würden wir aber die Rettungstat von Jesus Christus verleugnen. Wir wären weiter von unserem Schöpfer getrennt und würden uns nach Kräften anstrengen, die Kluft zwischen ihm und uns zu überwinden. Mit Jesus Christus ist Gottes Gnade in die Welt gekommen. Gott sei Dank! Mit Jesus ist vieles neu geworden. Auch die Lage von uns Singles.

## Woher dieser Fokus auf Ehe und Familie kommt

Mein Name: *Astrid*
Mein Jahrgang – tatsächlich: *1958*
Mein Jahrgang – gefühlt: *1975*
Hier wohne ich: *Berlin und anderswo – im Reisedienst*
Hier bin ich am liebsten: *meistens da, wo ich gerade bin*
Mein Job: *eigentlich Pastorin und außerdem Bundesreferentin*
Wenn ich gerade nicht arbeite, findest du mich: *vielleicht bei einem spannenden Fußballspiel?*

Jesus selbst lebte als Single. Für einen jüdischen Rabbi eigentlich unmöglich!

Wir können gar nicht recht abschätzen, wie seine Worte auf seine Zuhörer gewirkt haben mögen.

Vermutlich nimmt er nicht von ungefähr einen »extra Anlauf« für seine unfassbaren Aussagen: »Er sprach aber zu ihnen: ›Dies Wort fassen nicht alle, sondern nur die, denen es gegeben ist. Denn einige sind von Geburt an zur Ehe unfähig; andere sind von Menschen zur Ehe unfähig gemacht; und wieder andere haben sich selbst zur Ehe unfähig gemacht um des Himmelreichs willen. Wer es fassen kann, der fasse es!‹« (Matthäus 19,11.12; L)

Es lohnt sich, diese drei Gruppen einmal genauer anzuschauen:

Menschen, die »zur Ehe unfähig« sind – »von Geburt an zeugungsunfähig«, heißt es in anderen Übersetzungen. Eigentlich muss man übersetzen: die »von Geburt an verschnitten sind.«

Was kann noch gemeint sein? »Von Geburt an« – durch Krankheiten, Missbildungen, Fehlentwicklungen. Vielleicht bezieht sich diese Aussage auch auf Homosexualität.

Und »durch andere Menschen verschnitten«? Das war den Menschen damals nicht unbekannt: An einigen Männern wurde ein körperlicher Eingriff vorgenommen, damit sie als Haremswächter die Frauen ihres Besitzers betreuen konnten.

Auch wenn es in unserer Kultur keine Eunuchen gibt, scheint mir, dass diese Gruppe ständig wächst: Menschen, die durch andere Menschen beziehungs- und bindungsunfähig gemacht werden, durch Umstände und Ereignisse, durch Verlust und Defizite in der frühen Kindheit.

Wer ein wenig von Entwicklungspsychologie weiß, dem ist bekannt, dass sich Beziehungs- und Bindungsfähigkeit in der frühen Kindheit entwickelt. Gerade heutzutage werden vielen, vielen Kindern Schäden zugefügt. Eine große Herausforderung für unsere Gemeinden! Was können wir Menschen anbieten, die in ihrer Beziehungsfähigkeit tatsächlich tief greifende Defizite mitbringen? Müssen sie sich auf Dauer allein durchs Leben schlagen?

Und dann die, die »verschneiden sich selbst, um des Reiches Gottes willen« – oder wie es in der Guten Nachricht heißt: Sie »verzichten von sich aus auf die Ehe, weil sie ganz davon in Anspruch genommen sind, dass Gott jetzt seine Herrschaft aufrichtet.« So was gibt's!

In der Kirchengeschichte meinten nur sehr wenige, dass es sich hier auch um einen körperlichen Eingriff gehandelt hätte. Ziemlich klar schien: Hier geht es um die Ehelosigkeit als Vollzug einer radikalen Christus-Nachfolge.

Paulus ist einer der ganz bekannten Vertreter dieser Gruppe. Und er hat in der Kirchengeschichte viele Nachahmer gefunden.

Allerdings sollte man vorsichtig mit seiner scheinbaren Werbung für diesen Stand im 1. Korintherbrief, Kapitel 7 umgehen.

Er wirbt zwar sehr für einen Stand: »Ich wollte zwar lieber, alle Menschen wären, wie ich bin.« Aber er schreibt auch: »Das sage ich zu eurem eigenen Nutzen, nicht um euch einen Strick um den Hals zu werfen« (1. Korinther 7,35; L). Paulus richtet hier kein Gesetz auf. Nein, er äußert sich zu diesen Themen im Blick auf ganz konkrete Fragen zu Jungfrauenschaft, Verlobung, Heirat, Scheidung, Witwenschaft u. Ä.[22]

Und da spricht er auch von einem Charisma – einer Gnadengabe für die Ehelosigkeit und für die Ehe.

Ich erlebe ganz oft, dass viele Singles hier richtig unter Druck kommen, nach dem Motto: »Hoffentlich schenkt er mir nicht diese Gabe.«

Ausleger schreiben, dass der Charisma-Begriff in 1. Korinther 7,7 noch »kein Fachbegriff« sei, also noch nicht in der spezifischen Weise gebraucht werde wie in anderen Texten[23]. Ich bin immer mehr davon überzeugt: »Charis« ist die Gnade Gottes und demnach ist »Charisma« nicht die schicksalhafte Zueignung von Fähigkeiten, die ich gar nicht will oder brauche, sondern die konkrete Ausprägung der Gnade Gottes für eine konkrete Situation, für die Situation unverheiratet zu leben, völlig unabhängig davon, warum das so ist – und die Ursachen können vielfältig sein.

Deshalb ermutige ich immer wieder alle Unverheirateten, Gott um dieses Charisma zu bitten. In der Zeit des Unverheiratetseins braucht jede/r die Gnade, um fröhlich als Single zu leben. Und dann, wenn sich das ändert – dann braucht es die Gnade für die Ehe.

Das Charisma der Ehelosigkeit ist ganz sicher kein Urteil für ein ganzes Leben mit unfreiwilligem Verzicht und Einsamkeit. Denn »es ist nicht gut, dass der Mensch allein sei« (vgl. 1. Mose 2,18) – das gilt auch für Singles.

Meines Erachtens ist das Charisma der Ehelosigkeit etwas anderes als das, was Jesus in Matthäus 19,12 beschreibt. Nicht Gott ordnet den Verzicht an, sondern diese Menschen entscheiden sich für den Verzicht, weil das Reich Gottes ihr Leben ausfüllt. Ganz sicher: Gerade sie werden um die Gnade für diesen Stand beten – aber vermutlich haben sie die Gabe schon.

Den ersten Christen war es sehr bewusst, dass Nachfolge etwas Radikales ist, das das ganze Leben beansprucht. Menschen verzichteten auf alles, nach dem Vorbild des Paulus auch auf die Ehe, um Christus nachzufolgen. Sie lebten zölibatär. Einige gingen in die Wüste (z. B. Antonius[24]). Einige schlossen sich mit anderen zusammen, um Kranken und Sterbenden zu dienen und das Evangelium zu verkündigen (z. B. Pachomius[25]). Aus diesen uralten Wurzeln entstand über Jahrhunderte hinweg das Mönchtum.

Orden machten Land urbar. Sie entwickelten das Bildungswesen. Sie prägten Kultur. Europa wäre nicht, was es ist, wenn es diesen segensreichen Strom der Kirchengeschichte nicht gegeben hätte.

Aber wo Segen ist – da gibt es auch Unsegen; da entwickeln sich Übertreibungen und Einseitigkeiten.

Martin Luther, der selbst als Mönch im Zölibat lebte, entdeckte die göttliche Wahrheit wieder, dass die Ehe genauso wie der Zölibat ein geistlicher Stand ist, bei Weitem nichts Minderwertiges, sondern von Gott gewollt und geadelt. Er verließ seinen Orden und heiratete später seine Käthe, Katharina von Bora, eine ehemalige Nonne, die auch das Kloster verlassen hatte. Sie gründeten eine große Familie mit vielen Kindern. Zur Reformation gehört die Wiederentdeckung der Ehe und Familie. Man tat ab, was man von Klöstern wusste, und schüttete vielfach das Kind mit dem Bade aus. Der Zölibat kam je länger, je mehr in Verruf und Aussagen wie Matthäus 19,12 und 1. Korinther 7,7ff gerieten mehr und mehr in Vergessenheit.

War im Mittelalter der Zölibat ganz hoch angesehen und die Ehe ein eher minderwertiger Stand – so hat sich das im Laufe der Jahrhunderte in die andere Richtung verändert. Heute scheinen Ehe und Familie als das einzig Wahre.

Es wäre für viele Singles in unseren Gemeinden ein großer Gewinn, wenn auch in Verkündigung und Seelsorge Einseitigkeiten überwunden würden und Beispiele nicht so überwiegend aus Ehe und Familie kämen, wenn nicht ganz so leichtfertig immer wieder davon ausgegangen würde, dass jeder seinen Partner an der Seite hat. Da gibt es oft schmerzliche Situationen. Von niemandem mit Absicht herbeigeführt. Ein bisschen mehr Achtsamkeit wäre hier schon hilfreich – und ein bisschen mehr kritische Reflexion.

# Kein Leben nach Plan B

Als Single bist du keine halbe Portion. Dir fehlt nicht die bessere Hälfte. Du bist richtig, wie du bist – und dein Leben läuft nicht nach Plan B, weil du Plan A bisher verpasst hast.

Meine Erfahrung zeigt – und die Einordnung von Astrid Eichler bestätigt es –, dass der Fokus im christlichen Milieu uns Singles mancherorts und manches Mal sehr verletzt. Wir kommen einfach nicht vor. Uns gibt es nicht. Wir werden mit mitleidigem Blick wahrgenommen und mit lapidaren Aussagen wie: »Du findest auch schon noch dein Deckelchen« abgespeist. Das tut weh! Und das ist auch einer der Hauptgründe für dieses Buch. Wir Singles leiden unter Vernachlässigung und Unverständnis.

In meiner Recherche zu diesem Buch haben mir Leute aus ihrer »Gemeindebiografie« geschildert, dass sie diesen einseitigen Fokus gar nicht so sehr bemerken. Eine junge Frau beschrieb mir sogar das Gegenteil:

> »Für mich waren und sind fromme Frauen oft diejenigen, die ihr Leben ganz in den Dienst stellen. Meine Vorbilder: ledige Oberstudienrätinnen im ehemaligen Mädchengymnasium mit religiöser Prägung, meine Großtante, die alles dafür gegeben hätte, Diakonisse werden zu können, aber ihr ganzes Leben lang im Haus ihrer Eltern arbeiten musste, eine ledige Pfarrerin, die mich im Studium – da war sie schon lange im Ruhestand – seelsorgerlich begleitete und immer sagte: ›Es ist das Beste, wenn man sich ganz der Gemeinde widmen kann!‹«

An diesem Statement wird deutlich, was es heißen kann, wenn man Paulus ernst nimmt. Ich zitiere nochmals dessen Aussage zu diesem Thema: »Am liebsten wäre mir ja, wenn jeder wie ich die Befähigung hätte, ledig zu bleiben. Aber es haben nicht alle die gleiche Gabe; dem einen gibt Gott diese, dem anderen eine andere« (1. Korinther 7,7;

NGÜ). In der Bibelübersetzung von Martin Luther steht am Ende: »der eine so, der andere so«.

Wenn man ganz gewitzt sein wollte, müsste man fast festhalten: Wir Singles leben den biblischen Königsweg! Für Paulus war es viel besser, allein zu leben. Keine Verantwortung für irgendein familiäres Anhängsel tragen zu müssen. Keinen derartigen Verpflichtungen nachkommen zu müssen. Zeit zu haben, sich ganz dem Herrn und seinem Anliegen für diese Welt hinzugeben. Klar, Paulus war geprägt von der damaligen Zeit. Man rechnete mit dem Ende der Welt, mit allerlei Bedrängnis und Not. Da wäre es in der Tat leichter, nur für sich selbst sorgen zu müssen, als eine ganze Sippe im Gepäck zu haben. Aber es geht hier auch um die Gnadengabe, das Leben als Single zu meistern. Und die schenkt Gott.

In einem Kommentar zum Neuen Testament habe ich eine ganz wunderbar treffende Aussage zu diesem Vers gefunden: Da der Apostel Paulus auf jeden Fall vermeiden wollte, dass die Ehelosigkeit mit einem Stigma versehen wird, bestätigte er, dass auch sie etwas Gutes ist. Er selbst halte sie sogar für einen ausgezeichneten Zustand und wünsche sich, dass jeder ihre Vorteile sehe.[26]

Wenn es Paulus wichtig war, Ehelosigkeit – und hier hilft der Zusatz »gewollt oder ungewollt« – nicht zu stigmatisieren, dann sollte uns das auch wichtig sein. Entferne mal selbst den Aufkleber, den möglicherweise du selbst oder andere auf dich geklebt haben. Sprich dir die Worte von Paulus zu. Mach dir klar, dass du nicht Plan B lebst, sondern Gottes Plan für dein Leben – auch wenn du den gerade vielleicht weder verstehst noch gutheißt. Dietrich Bonhoeffer hat einmal geschrieben, dass es erfülltes Leben gibt trotz unerfüllter Wünsche. Applaus, Applaus!

# Zur Ehelosigkeit berufen

Mein Name: *Susanne*
Mein Jahrgang – tatsächlich: *1962*
Mein Jahrgang – gefühlt: *je nach Tagesform … aber eher so 1967*
Hier lebe ich: *München, Oberbayern*
Hier bin ich am liebsten: *am Meer oder im Wald*
Mein Job: *IT & Software (für den Broterwerb); Liedermacherin (aus Leidenschaft).*
Wenn ich gerade nicht arbeite, findest du mich: *je nach Jahreszeit: auf dem Fahrrad, im Badesee, auf Langlaufskiern. Immer und oft: mit meiner Gitarre, im Sessel mit Buch, beim Lobpreis vor der Gemeinde, bei EmwAg-Veranstaltungen. Und immer noch zu oft auch privat am PC.*

Ich bin Single. Schon immer. Wirklich: Schon als Kind war ich das einzige Mädchen unter drei Brüdern. Und die haben mich nicht wie eine Prinzessin behandelt.

Single – auch als Frau in einem typischen Männerberuf. Damals war ich eine von drei Studentinnen unter 120 Studenten beim Ingenieurs-Studium.

Das hatte ich gewählt, weil meine Fähigkeiten in Mathematik deutlich besser waren als in den von meinen Brüdern und mir abschätzend genannten »Laber-Fächern«, wie zum Beispiel Philosophie oder Deutsch. In meinen bisherigen Berufsjahren hatte ich dadurch vor allem männliche Kollegen.

Single – einzeln – das klingt nach einer Portion Einsamkeit. Ja, die kenne ich gut. Ich habe irgendwann beschlossen, diese als Teil meines Lebens erst mal zu akzeptieren. Und mich immer wieder aufzumachen, um Gemeinschaft mit anderen zu erleben. Denn – entgegen manchen Werbesprüchen – will ich nicht bleiben, wie ich bin.

»Ein Single muss nicht einsam sein, wenn er durchs Leben geht, auch wenn er manchmal ganz allein im Lebensalltag steht«, habe ich in einer Liedzeile gedichtet. Beides will ich sehen und damit leben.

Nichts übertünchen, weder fromm noch oberflächlich fröhlich. Aber auch nicht in irgendeinem Gefühlssumpf stecken bleiben.

Dass ich nie geheiratet habe, auch nie einen Partner hatte, passt irgendwie in mein Leben. Ich meine das positiv: Ich finde es okay und für mich stimmig.

Ich bin Single, ledig, einzeln – und wertvoll, von Gott geliebt, sein Schatz. Ein ganzer Mensch und kein halbes Paar. Ich bin sehr dankbar, dass mir das schon in jungen Jahren so vermittelt wurde und dass ich das glauben darf.

Auch das gehört schon lange zu meinem Leben: geliebt von Gott, fasziniert von seiner Nähe. Ich bin davon überzeugt, dass die Sehnsucht nach und das Erleben seiner Nähe eine tiefe geistliche Berufung meines Lebens ist. In Lobpreis und Anbetung der Gemeinde kann ich diese erleben, aber auch in einsamen Waldspaziergängen. Und vor allem mit Musik: mit den Liedern, die ich schreibe, den Texten, Melodien, Gitarrenklängen.

Vor einigen Jahren wurde ich überrascht. Überrascht von Jesus. Das kam so:

Ich war bei einer Tagung für Singles. Nach einer seelsorgerlichen Predigt gab es eine Zeit der Stille. Ich durfte diese Zeit mit einem Lied von mir einleiten. Ich hatte den Eindruck, dass Gott jetzt bestimmt zu einigen reden würde. Nur für mich selbst hatte ich es nicht erwartet.

Ich setzte mich also auf einen Stein in den Garten. Plötzlich spürte ich innerlich eine Frage: »Darf ich dein Liebhaber sein? Der Einzige und für immer?« Mir wurde sehr schnell deutlich, dass Jesus mir diese Frage stellt. Es war sein Angebot an mich, nicht zu heiraten, sondern mein Leben exklusiv mit ihm zu leben. Meine Antwort war mir sofort klar: »Ja!« Anders konnte ich gar nicht.

Damit man das nicht falsch versteht: Jesus hat mich in keinster Weise gezwungen oder gedrängt. Er hat gefragt. Ich war frei, mit Ja oder Nein zu antworten.

Dieser kurze Moment hat sich unauslöschlich in mein Herz gebrannt. Nie habe ich daran gezweifelt, dass es wirklich war. Nie habe ich an seinem und meinem Ja gezweifelt. Wirklich nicht. Und allein das zeigt mir, dass Jesus selbst es bewirkt hat.

Mich hat dieses Erlebnis sehr überrascht. Einerseits, weil ich doch sowieso nicht oben auf der Liste der Heiratskandidaten stand. Warum brauche gerade ich noch zusätzlich so eine Berufung? Andererseits spürte ich, dass in mir etwas zum Frieden kam. Ich hatte vorher gar nicht bemerkt, dass da etwas im Unfrieden war. Jetzt war das einfach klar. Endgültig – gültig bis zum Ende.

Mittlerweile habe ich auch mein Berufungsfest gefeiert. Das war mir ein Anliegen: Öffentlich mein Ja zu Jesus bekennen, das ehelose Leben vor Gott und Menschen festmachen. Es wurde etwas ganz Besonderes für mich.

Seitdem trage ich einen Ring. In diesem ist nur ein Wort eingraviert: »Jesus«. Sonst nichts. Das genügt.

Und jetzt könnte man sagen: »Sie lebten glücklich und zufrieden bis an ihr Ende.« Irrtum. Gleich zweimal. Erstens gibt's kein Ende, auch der Tod wird uns nicht scheiden, diese Liebesbeziehung ist wirklich für die Ewigkeit gemacht. Zweitens geht's mir wie allen, die nur für ihren Partner oder nur für Jesus leben wollen: Der Alltag kommt bestimmt. Spätestens heute.

Manchmal denke ich, es hat sich gar nichts verändert. Der Kampf um die Zeiten der Stille vor Jesus ist geblieben. Ich lasse mich ablenken, versuche aus eigener Kraft zu leben, bis ich wieder merke, dass Jesus schon die ganze Zeit neben mir ist und darauf wartet, dass ich meinen Alltag mit ihm teile.

Und doch hat sich in mir ziemlich viel verändert. Es ist nur so schwer in Worte zu fassen. Es ist eine Art neue und tiefere Intimität mit Jesus. Ich erlebe ihn neu als den Liebhaber meines Lebens. Da gibt es die Sternstunden, in denen ich seine Nähe und Liebe erlebe, wie z. B. bei einer Radtour im Frühling: Ich sah unterwegs eine Unmenge von Blumen und Blüten und dachte: So viele bekommt sicher keine verheiratete Frau von ihrem Mann geschenkt, aber Jesus schenkt sie jetzt alle mir. Und dann gibt es die anderen Zeiten, in denen es nur zwischendurch zu einem kurzen »Hallo, Jesus« reicht. Wie gut zu wissen, dass Jesus in jedem Fall treu an meiner Seite ist.

Ich bin Single. Schon immer. Für immer. Ausgesondert für meinen Herrn. Das macht mich glücklich.

## Die einen so, die anderen so

Eine gute Möglichkeit, Gottes Plan für dich selbst heute, hier und jetzt anzuerkennen, ist der Blick auf den eigenen und auf des Nachbars Garten. Sich mit anderen zu vergleichen ist nicht immer schlecht – in unserem Fall kann das durchaus helfen.

Ich als Frau wäre sehr gerne längst verheiratet. Ich hätte so gerne einen Mann, mit dem ich durchs Leben gehen könnte, der für mich da wäre, mein Gegenüber wäre. In Zeiten, in denen ich mich einsam und allein fühle, kommt dieser Wunsch ganz stark hoch. Ach, wäre das schön! Und ich hätte so gerne eigene Kinder. Diese kleinen Dotzelchen, die zu mir Mama sagen und ihr Patschehändchen in meine große Pfote schieben. Das ist ein tolles Gefühl – was ich nicht habe. Zumindest nicht mit Kindern, die aus meinem Fleisch und Blut sind.

Nun drehe ich diese beiden Wünsche aber mir zuliebe einfach mal um. Ich durchdenke die Situation, dass ich mit meinem Mann alles und jedes ständig absprechen muss. Wenn ich zu einer Freundin fahren will, nörgelt er rum, dass ich ihn allein lasse. Wenn ich meine Ruhe haben will, klebt er an mir. Noch schlimmer die Kinder: Die kleben rund um die Uhr an mir. Denn die wollen ihr kleines, süßes Patschehändchen ja auch mitten in der Nacht in meine große Pfote schieben. MITTEN IN DER NACHT! Und auch sonst eigentlich immer. Jahrzehntelang.

Versteh mich nicht falsch: Verheiratet und Mutter oder Vater sein, ist ganz sicher was Wunderbares. Nicht umsonst wünscht sich das eigentlich jeder. Und viele Eltern bestätigen mir das. Aber wie alles im Leben gibt es auch hier zwei Seiten.

Mir als Single-Frau hilft es manchmal, mir das klarzumachen: Ich darf jetzt die eine Seite genießen. Unendliche Freiheit. Niemand, der mich nachts weckt. Kein anderer Mensch, der was von mir haben will. Unter der anderen Seite leide ich manchmal. Furchtbare Freiheit. Niemand, der nachts bei mir ist. Kein anderer Mensch, der mich haben will.

So ist das im Leben, wenn du dein Glas eher als halb leer betrachtest: Du siehst nur das, was fehlt. Wenn du gerade allein auf dem Sofa lümmelst oder wandern gehst oder am Strand liegst, dann fehlt der Partner oder die Partnerin. Wenn du aber gern allein auf dem Sofa lümmeln oder wandern gehen oder am Strand liegen würdest, dann nervt der Partner oder die Partnerin.

Deshalb mein Tipp – nicht nur, wenn du gerade mal wieder leidest und dich fragst, was das alles soll: Halte dir vor Augen oder mach dir ganz praktisch eine Liste, was an deinem Single-Sein oder sonst im Leben du so richtig genießt. Was ist dir möglich, weil dein Leben gerade ist, wie es ist? Mach dir selbst Mut und hilf anderen dabei. Das tut gut!

## Die hohe Kunst

Und wenn du darin etwas geübt bist, dann geh doch mutig einen Schritt weiter und beschenke andere mit dem, was du hast.

Esther und ich fahren zum Beispiel total gerne mit Familien in den Skiurlaub. Meist ist es so, dass wir beide mittags nach einigen Stunden auf den Pisten fix und fertig sind. Um spätestens eins ist Schluss – da steigen andere erst auf die Ski. Das machen wir uns zunutze: Wir treffen uns mit den Eltern an der Talstation und sie übergeben uns ihre Kinder. Die Eltern genießen ein paar Stunden Zweisamkeit auf der Piste, während wir ein paar Stunden Mama spielen. Das tut uns allen gut! Das geht freilich nur, wenn man sich kennt, wenn vor allem die Kinder einen kennen. Wunderbares Leben in Gemeinschaft – ein guter Weg für Singles, Paare und Familien.

Tatsächlich habe ich von einigen Singles die Rückmeldung bekommen, dass sie Familien sehr gerne unterstützen. Überwinden wir doch unsere Scheu!

Ich habe aber auch Freunde, für die wäre solch eine intensive Unterstützung einer Familie undenkbar – weil zutiefst schmerzhaft. Es gibt Singles – Männer wie Frauen –, die so sehr unter ihrem Stand leiden, dass es wehtut. Sie können sich nur schwer auf Paare und Familien einlassen, weil sie unter dem Glück der anderen und ihrem eigenen Mangel so sehr leiden. Vielleicht ist das bei dir auch so. Dann mache ich dir Mut, im Licht Gottes über deinen Schatten zu springen. Das geht nicht von jetzt auf gleich. Du musst trainieren, dir deiner Gefühle und Muster und Prägungen bewusst werden, manches überwinden, anderes heilen lassen.

## Wenn die Freunde wegheiraten …

Eine sehr schmerzhafte Situation, wenn gute Freunde und langjährige treue Wegbegleiter meines Singlelebens plötzlich heiraten. Diese Gefahr steigt mit zunehmendem Alter – und es wird immer schlimmer, wenn man selbst immer der- oder diejenige ist, die übrig bleibt. Weil dann mal wieder und mit jedem Mal stärker dieses Gefühl in uns aufkommt, dass wir was verpasst oder falsch gemacht haben könnten. Warum trifft es gerade mich? Ganz schlimm ist das, wenn man jahrelang gemeinsam für einen Partner gebetet hat. Dann entstehen auch gerne handfeste Glaubenszweifel.

Noch etwas wurmt uns dann sehr: dass sich die Verliebten zurückziehen, entweder ganz allein ihr Glück genießen oder sich unter ihresgleichen mischen. Die Single-Freunde sind dann nicht selten von heute auf morgen abgeschrieben.

Eine gute Freundin, Anfang 30, schrieb mir dazu:

»Gerade Pärchen, die nichts mehr ohne einander unternehmen können, sind extrem anstrengend und für mich schwierig auszuhalten. Ich weiß nicht, wie es ist, verliebt zu sein, aber ist das wirklich ein Grund, Freunde für Monate einfach beiseitezuschieben? Und als einziger verbleibender Single in einem Hauskreis voller Paare und Familien zu sein ... ist nicht mein persönlicher Wunschtraum.«

Gerade in Kirchen und Gemeinden, in denen es viele Ehepaare und Familien gibt, kann man sich als Single so allein fühlen. Weil sich die Ehepaare und Familien eben doch unter sich aufhalten. Ich denke da aber auch Singles im Geschäftsleben. Wie blöd ist es, beim Chef eingeladen zu sein, man dürfe auch gerne »in Begleitung« kommen – aber man hat keine Begleitung zu bieten? Was also tun?

## Einfach mal bemerkbar machen

Ich selbst habe gute Erfahrungen damit gemacht, zu reden. Nicht umsonst führe ich eine Kommunikations-Agentur. Kommunizieren ist meine Leidenschaft – und ein unabdingbarer Teil meines Lebens. Mir war es damals auf dieser Freizeit wirklich wichtig, das Gespräch mit dem Referenten zu suchen, der mich so verärgert und verletzt hat. Was mich bewegt, ärgert und wütend macht, auszusprechen, ist sehr heilsam. Nicht selten klärt man auf diese Weise auch Missverständnisse auf.

Also bring dich ein, sage auf liebevolle, aber klare Art und Weise deine Meinung. Und teile deine Wünsche und Bedürfnisse mit!

Ein Single-Mann schrieb mir:

»Oft muss man fehlende Angebote für Singles vielleicht auch nur ansprechen, weil dies in den Gemeinden nicht unbedingt so wahrgenommen wird. Und mit Gleichgesinnten dann einen Stein ins Rollen bringen, sprich Initiative ergreifen. Ich denke, wenn Bedarf an Angeboten da ist, werden diese dann auch angenommen.«

Viel können wir selbst in die Hand nehmen. Statt mit Schmollmund auf dem Bahnsteig stehen zu bleiben und zu warten, dass dich endlich jemand entdeckt, an die Hand nimmt und in die Glückseligkeit führt, marschiere doch selbst los. So wie Rahel aus der Nähe von Bremen das gemacht hat. Ihren Frust hat sie in einen Vorsatz verwandelt, der sie beflügelt. Aus einem Miesmacher hat sie für sich einen Mutmacher gemacht:

»Es gibt Unternehmungen, die machen alleine einfach keinen Spaß, zum Beispiel auf den Weihnachtsmarkt gehen. Im vergangenen Jahr wurde ich ein wenig kalt davon erwischt, dass mehrere Familien, mit denen ich sonst gerne etwas unternehme, allein als Familie – mit anderen Worten: ohne mich – auf den Weihnachtsmarkt gegangen waren. Und wenn ich das so nebenbei mitbekam, versetzte es mir einen leichten Stich ... Warum haben sie mich denn nicht gefragt, ob ich mitkommen will? Natürlich hätte ich auch selbst die Initiative ergreifen und fragen können, aber da war es irgendwie schon zu spät und alle waren schon auf dem Weihnachtsmarkt gewesen ... Ganz allein über den Weihnachtsmarkt bummeln, fand ich dann doch etwas trostlos. Da bleibt ein Wermutstropfen. Oder eben die Lehre: Und dieses Jahr frage ich rechtzeitig zwei Familienfrauen und gute Freundinnen von mir, ob sie nicht Lust auf ein gemütliches Adventsshopping mit Weihnachtsmarktbummel haben!«

Diese Fähigkeit zur Kommunikation kann man – wie fast alles im Leben – lernen. Nicht jeder ist ein Naturtalent und geht von sich aus gern auf andere zu. Andere gehen so gern auf andere zu, dass sie nerven. Und dann gibt es – du ahnst es – jede Art von Mensch dazwischen. Um zu klären, wie man selbst tickt, wie man auf andere wirkt und warum man ist, wie man ist, hilft ein Persönlichkeitstest. Da gibt es mittlerweile eine Menge Modelle auf dem Markt. Aus meiner Sicht ist es nicht entscheidend, dass man »den richtigen« macht – sondern dass man überhaupt einen macht und sich auf den Weg zu sich selbst begibt. Oft hilft hier auch ein Seelsorger oder Coach. Oder man integriert solch einen Test mitsamt Auswertung in das Programm einer Gruppe, der man ohnehin schon angehört. Eine Kleingruppe oder ein Freundeskreis kann hier sehr hilfreich sein. Das bringt auch eine Menge Spaß und dazu die Aussicht auf tiefere Beziehungen!

Und wenn du dann weißt – oder du weißt es eh schon –, wie du dich bemerkbar machen kannst, dann tu es auch. Mindestens um deiner selbst willen. Vielleicht initiierst du selbst Angebote für Singles oder für das, was du brauchst. Oder du stößt an, dass Singles oder eben dein Thema auch einmal in einer Predigt oder in Vorträgen bedacht werden. So ist es übrigens zu diesem Buch gekommen: Ich war eingeladen zur Sonntagspredigt in einer Gemeinde in Süddeutschland. Diese hatte sich zu Jahresbeginn für einige Wochen das Thema »Beziehungen leben und gestalten« vorgenommen. Es war wohl jemand aus dieser Gemeinde, der oder die den Pastor darauf hingewiesen hatte, er solle doch bitte bei diesem Schwerpunkt die Singles nicht vergessen. Also lud er mich ein. In diesem Gottesdienst waren dann zwei leitende Mitarbeiterinnen des Verlages, der dieses Buch veröffentlicht hat. Sie waren sich nach meiner Predigt einig, dass ich dieses Buch für ein größeres Publikum schreiben müsse – für dich! Ich selbst wäre nicht auf diese Idee gekommen.

Es ist meist gar nicht so schwer, was zu bewirken. Und Gott tut so gerne seinen guten Teil dazu. Leute, die in Ehe und Familie drinstecken, haben anderes oft nicht im Kopf. Das sollten wir ihnen auch nicht verübeln – geht es uns nicht oft ähnlich? Unsere Lebenswelt prägt uns nun einmal.

# Horizonterweiterungen

Wir klassischen Singles (also die, die noch nie in einer ernsthaften Beziehung waren – so wie ich) haben nicht selten ein sehr verschobenes Bild von Ehe und Familie. Wir denken, dass mit einem Partner oder einer Partnerin alles in Ordnung wäre, wir endlich diejenige oder denjenigen gefunden hätten, der oder die uns alle Wünsche und Sehnsüchte erfüllt. Die Wahrheit ist – oh Wunder – anders. Mir sagte mal jemand, dass sich die Probleme eigentlich nur ändern. Die Geschiedenen oder auch Verwitweten unter uns können davon sicherlich ein Lied singen. Wir erliegen hier leider allzu oft einem Realitätsverlust. Unsere Sehnsucht vernebelt uns den Blick auf die Wirklichkeit. Wir sollten viel daransetzen, unseren Horizont zu erweitern. Und das heißt auch, dass wir uns mischen sollten.

Ich selbst bin gerne mit Müttern zusammen. Und sie sind gerne mit mir zusammen. Weil sie dann endlich mal nicht über Kinderkacke, Impftermine und die Suche nach der besten Kinderbetreuung sprechen müssen. Sie genießen es, einfach mal Frau zu sein. Wie schön ist dann so ein Mädels-Abend in der Sauna oder im Kino! Ich vermute, dass es Männern da wenig anders geht. Gerade junge Väter nervt es doch häufig, dass sich plötzlich alles nur noch ums Kind dreht. Weil sie da am Anfang auch echt nicht viel machen können. Sie fühlen sich oft als stille Teilhaber – denn die Versorgung des Kleinen liegt am Anfang doch meist im Kern bei der Mutter. Wie sehr freuen die Männer sich, wenn sie dann mal zum Skat-Abend ausbrechen dürfen oder gar zu einem Outdoor-Wochenende mit Kumpeln. Wenn dann Singles mit Ehemännern und Vätern zusammen sind, kann man sich gegenseitig sein Leid klagen. Man kann sich freuen, was einem selbst gerade erspart bleibt. Das Wichtigste ist aber doch immer, dass man gemeinsam feiert, was man hat.

Und wenn dann noch Kirchen und Gemeinden ihren Horizont erweitern und sich zur Sensibilität den unterschiedlichen Zielgruppen gegenüber mahnen, dann ist viel gewonnen.

## Kein Mann ist keine Option...

Mein Name: *Katharina*
Mein Jahrgang: *Mitte der 8oer-Jahre*
Hier lebe ich: *Oberbayern*
Hier bin ich am liebsten: *auf'm Berg, der Skipiste, im See*
Mein Job: *Lehrerin*
Wenn ich gerade nicht arbeite, findest du mich: *bei Freunden, im Café, beim Sporteln*

»Wann kommt endlich der Prinz mit seinem scheiß Gaul?!« Eine Karte mit diesem Text habe ich vor Kurzem von einer Freundin geschenkt bekommen. Schon immer wollte ich heiraten, Kinder bekommen, eine möglichst große Familie haben. Ich habe für mich selbst nie den »Single-bleiben«-Weg richtig attraktiv oder erstrebenswert empfunden. Mit Gott habe ich monatelang gerungen: »Wenn es wirklich der beste Weg für mich sein sollte, denn du weißt es am besten, dann bitte, bitte, bitte schenk mir auch das Wollen dazu und nimm diese tiefe Sehnsucht nach einem Partner und nach Familie weg.«

Gott hat mir tiefe Sicherheit geschenkt und die Sehnsucht nach einem Mann nicht genommen ...

Diese Sehnsucht nach Partnerschaft, nach Gemeinschaft mit einem Menschen, nach einem Ja zu mir und meiner Person – und zwar brutto, mit allem, was mich ausmacht – nach Nähe, Vertrautheit und als Team den Alltag zu bestreiten.

Nun habe ich lange relativ wenig »unternommen«, um diesem Wunsch zu begegnen, doch vor ungefähr zwei Jahren hat sich einiges geändert.

Einer meiner ersten Schritte war und ist immer noch, diese Sehnsucht überhaupt mal zuzulassen, ihr ins Auge zu schauen, dazu zu stehen. Das ist nicht leicht, denn mit meiner Sehnsucht ist auch mein Schmerz verbunden, genau das im Moment nicht zu haben, genau das zu vermissen. Und dann mit dem unerfüllten Wunsch nach einem männlichen Gegenüber, nach Nähe und Vertrauen, nach Zärtlichkeit, nach Sex und so vielem mehr zu leben. Diesen wunden Punkt, die Trauer, manchmal den Neid auf andere, dies alles zuzulassen, darüber zu weinen, hilft mir letztendlich. Und dann: Trost und neue Hoffnung, Frieden und Freude von Gott zu erleben. Auch das erlebe ich immer wieder, oft nach sehr tränenreichen Abenden allein auf meiner Couch.

Relativ gleichzeitig machte ich mich aber auch auf und suchte nach Möglichkeiten, überhaupt mal neue Männer kennenzulernen. Ich begab mich ins Internet, zu Single-Angeboten, auf Freizeiten und zu Partnervermittlungsbörsen. Einiges ist nicht so mein Ding, das habe ich dann schnell wieder beendet. Was mir aber seitdem sehr Spaß macht, ist bei der *Backstube Traumpartner* von *Team F.* mitzumachen. Neue, coole und inspirierende Menschen und – trara! – potenzielle und vielversprechende Typen habe ich dort gefunden. Inzwischen sind so einige sehr wertvolle Freundschaften entstanden. Und ich weiß wieder: Hey, es gibt sie ja doch noch – die tollen und interessanten Männer! Und es macht so viel Spaß, neue Leute kennenzulernen, zu tanzen, Spaß zu haben ... und mit manchen von ihnen ergeben sich gute Gespräche, lange Tanzabende und auch mal eine ausgetauschte E-Mail-Adresse.

Eine Spannung in meinem Leben bleibt: Die zwischen dem »Ich hätte so gerne ...«, dem »Ich mache mich dafür auf den Weg, lerne immer wieder neue Männer kennen« – »Und werde auch enttäuscht und hoffe auf ein Neues« und dem »Ich genieße mein Leben im Hier und Jetzt« und »Ich lebe auch ohne Partner einfach drauflos«. Das ist eine Herausforderung. Ich liebe Skifahren und spazieren gehen mit guten Freundinnen, in den Bergen rumklettern, ins Café gehen und ein gutes Buch lesen, schwimmen, Freunde besuchen ... So viele Möglichkeiten und so viel Freiheit! Trotzdem wünsche ich mir so sehr, dass der Prinz möglichst BALD angeritten kommt ...

# 5.
# Miesmacher #3:
# Immer diese Fragen

Gute Eltern
lehren ihre Kinder,
dass sie nicht lügen sollen.
Weise Eltern lehren sie auch,
dass sie nicht jede Frage beantworten müssen.

# Die Fragen der anderen

Wenn du schon einmal in Nordamerika warst, dann kennst du mit Sicherheit diese Floskel, die einem ständig in die Ohren kommt, egal, wem man begegnet: »Hi, how are you doing?« (zu Deutsch: »Wie geht es dir?«)

Als ich mit meinen gerade mal 19 Jahren zum ersten Studienjahr in Kanada ankam, hat mich das erst verwundert, dann gefreut, dann wieder verwundert. »Was ist das für eine Begrüßung?« – »Wow, der will gleich mal wissen, wie es mir geht – ist ja nett!« – »Oh, vielleicht will er doch gar nicht wirklich wissen, wie es mir geht?«

Zum zweiten Mal verwundert war ich, wenn ich zu einer Antwort ansetzen wollte und bemerkte, dass das scheinbar so an meinem Wohlergehen interessierte Gegenüber längst schon wieder seines Weges zog.

Mit der Zeit habe ich gelernt, dass dieses »How are you doing?« nicht mehr ist als eine freundliche Begrüßung. Man erwidert in diesen Fällen einfach kurz und knapp: »Oh fine, thanks« (zu Deutsch: »Danke, gut!«) oder: »Oh, a bit tired, but okay.« (zu Deutsch: »Ein bisschen müde, aber ist schon in Ordnung.«). Mehr nicht. Eine ausführliche Antwort auf diese Frage ist weder gefordert noch vom Gegenüber gewünscht.

Ich komme mit diesem nordamerikanischen »How are you doing?« bis heute nicht gut zurecht. Weil ich für meinen Teil meistens wirklich am Gegenüber interessiert bin. Oder eben nicht – aber dann stelle ich diese Frage auch nicht.

An diesem Beispiel ist mir allerdings klar geworden, dass Fragen wohlüberlegt, wohlplatziert und dann auch wohlformuliert sein wollen. Denn mit Fragen kann man anderen genauso gut wohlwollende Wertschätzung entgegenbringen wie schmerzhafte Messerstiche zufügen. So sind dann auch die Sprüche der anderen ein großer Miesmacher des Single-Lebens. Darüber führe ich schon lange meine ganz persönliche Hit-Liste:

*»Tina, wie siehst's denn bei dir aus mit 'nem Mann?«*
*»Was macht denn die Liebe so bei dir?«*
*»Na, hat's denn jetzt mal geklappt?«*
*»Du findest schon auch noch deinen passenden Deckel.«*
*»Tja, dann hat Gott wohl was anderes für dich vorgesehen, oder?«*
*»Komm du erst mal in mein Alter ...!«*
*»Ich dachte ja auch, ich würde allein bleiben – aber dann ... Du musst nur aufhören zu suchen!«*

Also, in diesem Punkt kann man so einiges erleben. Eine Frau Anfang vierzig schilderte mir Folgendes: Sie traf nach einigen Jahren einen Mitarbeiter aus dem Jugendkreis ihrer Kirche wieder, den sie einst selbst besucht hatte. Er fragte sie, wie es bei ihr denn privat so weitergegangen sei. Als er dann von ihr hörte, dass sie noch keinen Partner habe, kam der unvergleichliche Ausruf: »Waaaaaas? Immer noch nicht???« Es ging dann sogar noch weiter mit Floskeln wie »Bei Frauen wie dir verstehe ich das immer nicht« und »Aaaach, das wird schon noch.«

Das sind genau die Fragen, die uns Singles Mühe machen, oder?! Durch die fühlen wir uns so festgelegt auf den einen vermeintlich so typischen Weg.

Und: Sie reduzieren uns auf dieses eine Thema. Gibt es denn nichts Interessanteres, das es zu erfragen gäbe? Ist der Beziehungsstatus die einzig wichtige Information, die es einzuholen gilt? Jene Frau schrieb mir dazu:

> »Das sind alles Aussagen, bei denen ich mich fragte, wie viel Interesse denn wirklich an meiner Person und meinem Ergehen bestand; Aussagen, die mir zeigten, es gibt das Normale und genau das hat noch nicht bei mir stattgefunden ... Aussagen, die mir im Laufe der Jahre immer mehr das Gefühl gaben, dass mit mir etwas nicht stimmt, dass ich nicht reiche ... ich fühlte mich einfach falsch.«

Das geht auch Wieder-Singles wie Verwitweten oder Geschiedenen nicht selten so. Die Fragen ändern sich dann nur minimal:

*»Hast du denn mal wieder jemanden kennengelernt?«*
*»Wer versorgt dich denn jetzt?«*
*»Willst du nicht mal über XY hinwegkommen und dich auf was Neues einlassen?«*

Solche Fragen tun meist noch mehr weh, weil sie auf ein anderes Schmerzzentrum treffen als bei klassischen Singles: auf den schweren Verlust, den Mann oder Frau erlebt hat. Auch Wieder-Singles fühlen sich hier auf seltsame Weise bemitleidet und falsch.

Das war eben auch mein Gefühl in den ersten Wochen in Kanada auf das »How are you doing?«, mit dem mir andere ständig begegneten. War da ehrliches Interesse an meiner Person? Was sollte das? Ich fühlte mich da anfangs echt verletzt, bis ich verstanden hatte, um was es wirklich ging.

Heute weiß ich, dass diese Frage in Nordamerika schlicht zum guten Umgang gehört. Es ist die Art der Menschen dort drüben, freundlich »Guten Tag« zu sagen. Eine kulturelle Sache also, an die ich mich letztlich auch gewöhnt habe und der ich mich dann auch irgendwann anschloss.

## Tücken des Small Talk

Ich bejahe heute fröhlich, dass Fragen schlicht zu unserem Leben gehören. Die meisten sind gut gemeint und drücken ein ehrliches Interesse aus. In seltenen Fällen steckt Sensationslust dahinter. Sehr oft sind Fragen aber – und das ist dann wieder ähnlich wie in Nordamerika – der Beginn von Small Talk. Und der geht manchmal schlicht in die Hose. Daran ist fast nie der Fragende schuld. Sondern eher der, dem die Frage gestellt wird – obwohl, von Schuld will ich hier nicht sprechen. Eher davon, dass wir weise Fragen und kluge Antworten trainieren können. Und sollten.

Es ist egal, ob eine Frage der unbeholfene Einstieg in ein Gespräch ist zwischen Menschen, die sich lange nicht mehr gesehen hatten, oder ob hinter ihr ein ehrliches Interesse nach der Antwort steckt. Es tut halt einfach weh, wenn sie unsensibel gestellt wird. Fragen treffen gerne wunde Punkte. Und hier liegt die Herausforderung.

Stell dir vor, du bist verheiratet und hättest so gerne Kinder, aber es klappt einfach nicht. Dann tut es sehr weh, wenn Leute dich ständig fragen, wann es denn mal so weit ist, man sei doch jetzt schon eine ganze Weile verheiratet. Ähnlich ist das bei Singles. Die Fragen nach dem Beziehungsstatus nerven einfach. Man tut vielleicht, was man kann –, aber es tut sich eben nichts!

Nichtsdestotrotz gehören Fragen zu unserem Leben. Beinahe jedes Gespräch beginnt mit einer Frage. Irgendwie muss man ja anfangen. Es gibt gute und einfache Tipps, wie das gelingen kann – und wie wir diesen Miesmacher in einen Mutmacher wandeln können.

Wir sind gut beraten, offene Fragen zu stellen; Fragen, auf die man nicht mit »Ja« oder »Nein« antwortet, sondern bei denen man etwas ausführen, erklären kann. Solche Fragen beginnen meist mit »w« wie »wer«, »was«, »wann« oder »woher«. Hüte dich aber vor »wieso«, »weshalb« und »warum«. Fragen, die so beginnen, geben dem Gesprächspartner nicht selten das Gefühl, dass er oder sie sich rechtfertigen muss. Das bringt in Bedrängnis und zwingt den anderen womöglich, mehr von sich preiszugeben, als er oder sie will.

Zu diesem Thema habe ich einmal etwas sehr Kluges gelesen: Gute Eltern lehren ihre Kinder, dass sie nicht lügen sollen. Weise Eltern lehren sie auch, dass sie nicht jede Frage beantworten müssen. Eine Wahrheit, die wir uns – und zwar uns selbst zuliebe – hinter die Ohren schreiben sollten.

## Mit Scharfsinn kontern

Ein guter Weg, um seine eigene Seele zu schützen, ist Schlagfertigkeit. Und die kann man trainieren.

Wenn bei dir die Frage nach dem Beziehungsstatus immer wieder kommt, dann solltest du dir eine gute Antwort zurechtlegen, die immer passt und die zu dir passt. Eine Antwort, mit der du den möglichen Stich in deine Seele abwehren kannst. Das Klügste, was mir hierzu bisher begegnet ist, ist dieser Spruch von Paulus: »Der eine so, der andere so« (1. Korinther 7,7; L). Es wäre auch völlig in Ordnung, wenn du ganz ehrlich antwortest: »Darüber möchte ich gar nicht sprechen.« Und wenn bei dir das Thema nicht schmerzt, dann mach es wie ich: »Och, ich freu mich, wenn das mal mit mir und einem Mann klappt. Glücklich bin ich aber jetzt schon!«

Aber auch, wenn wir uns ein bereits gutes Repertoire an Antworten zurechtgelegt haben, heißt das noch lange nicht, dass wir in den entsprechenden Momenten auch schlagfertig sind. Denn vielen Menschen fällt es schwer, im entscheidenden Moment das richtige Register zu ziehen. Denken und Reden sind zwei Paar Schuhe. Wir müssen aussprechen, was wir denken, damit sich die Sätze in uns festsetzen und wir sie jederzeit abrufen können. Denn wenn unser Gehirn häufiger auf bestimmte Wortketten zugreift, dann steigen die Chancen, dass diese auch im richtigen Moment abrufbereit sind. Sie liegen quasi weiter vorne im Regal und wir kommen schneller dran. Das ist mindestens dann wichtig und wertvoll, wenn ein Angriff und damit Schmerzen drohen.

Es gibt eine recht einfache Übung, wie du dieses Ablagesystem deines Gehirns aktiv gestalten kannst: Mach es dir mal gemütlich und halte dir ein Wort oder eine Aussage vor Augen. Und dann sprich es laut aus, formuliere, was dir dazu einfällt. Wenn dir spontan kein Thema einfällt, dann schaue auf die Headline der Zeitung. Sprich mit dir selbst ein paar Minuten über das ausgewählte Wort oder den Halbsatz.

Bei unserem Thema könnte das so aussehen:
ICH BIN SINGLE. Solo. Nicht verheiratet. Ein Einzelstück. Unikat. Ich mache, was ich will. Niemand redet mir rein. Kinderlos. Ich habe ein ganzes Bett nur für mich. Wunderbar. Einzigartig. Unendlich geliebt. Ich mag Alleingänge. Manchmal tut es weh. Mit wem fahre ich in den Urlaub? Viel Zeit für Freunde ... und so weiter.

Ein zweites, sehr lustiges Spiel, um Schlagfertigkeit zu trainieren, sind fiktive Gespräche. Setz dich doch mal mit einem guten Freund oder einer guten Freundin hin und führe einen bissigen Dialog. So einer, der dich sonst wurmt. Lass dich mit allen möglichen blöden Fragen attackieren. Trainiere, liebevoll, aber deutlich Antwort zu geben – und im Zweifelsfall zu schweigen oder zu sagen, dass du jetzt einfach nicht antworten möchtest.

Ein guter Einstieg – passend zum Thema dieses Buches – wäre die bereits erwähnte Frage: »Waaaas, du hast immer noch keinen Partner?!« Kontere doch dann mal auf dreierlei Weise: Einmal sachlich, dann mit viel Humor und zum Schluss mal richtig fies.

Das könnte dann so aussehen:

*Die Frage: »Waaaaas, du hast immer noch keinen Partner?!«*
*Die sachliche Antwort: »Ja, das stimmt, ich habe noch keinen Partner.«*
*Die humorvolle Antwort: »Verstehe ich ja auch nicht, warum mich noch niemand entdeckt hat!«*
*Die fiese Antwort: »Bei dir frage ich mich, ehrlich gesagt, immer, warum deine Frau dich geheiratet hat ...«*

Du wirst merken, wie schnell du Fortschritte machst und du schlagfertiger wirst. Diese Übung lässt sich übrigens auf jede Lebenslage zuschneiden – probiere es aus und staune! Nebenbei macht das eine ganze Menge Spaß.

Dabei wirst du auch ein ganzes Stück weit klären, warum dich gewisse Fragen so nerven, ärgern oder gar verletzen. Das hat viel mit unseren Gefühlen zu tun. Fakt ist: Je mehr wir uns selbst klar werden, desto offener und ehrlicher können wir das auch anderen vermitteln. Das können wir dann richtig gut, wenn wir es gelernt haben. Das sollten wir lernen, denn Fragen gehören zum Leben. Ehrlich und im passenden Rahmen gestellt, vertiefen sie Beziehungen – wunderbar!

## Fragen, die mich einsortieren wollen

Ich habe bei mir gemerkt, dass es Fragen gibt, mit denen ich gar nicht gut klarkomme. Denn oftmals haben Fragen eine Intention oder Wirkung, die über die Antwort hinausgeht. Das ist vom Gegenüber nicht immer beabsichtigt – aber es kommt dann eben so bei mir an. Die Single-Frau, die dieses »Waaaaas, du hast immer noch keinen Partner?!« zu hören bekam, schrieb mir:

»Insgesamt hat diese von außen vorgenommene Bewertung meiner Situation mich mehr belastet als mein Single-Sein selbst. Denn eigentlich hatte ich immer ein gutes soziales Netz und viele Freunde, sodass ein richtig tiefes Einsamkeitsgefühl eigentlich nie mein Problem war. Aber die Festlegung auf das ›normale Familienleben‹, die Einsortierung von ›richtig‹ und ›falsch‹ und die selbstverständliche Annahme von außen, dass man als Single eigentlich leiden muss und nur ›halb glücklich sein kann‹, verunsicherten mich immer mehr, sodass es mir aus dem Grund schwerfiel, mein Single-Sein konstruktiv zu gestalten oder wahrzunehmen, was an meinem Stand eigentlich schon längst gut, glücklich und auch gesegnet war. Vielmehr hatte ich ständig das Gefühl, mich für meinen Stand rechtfertigen zu müssen.«

Genau! Wir meinen, uns rechtfertigen zu müssen. Uns wird suggeriert, dass wir ja als »halbes Paar« gar kein Glück im Leben finden könnten. Irgendwann glauben wir das dann auch selbst. Dann ist da noch das Mitleid der anderen, das uns auch nicht weiterhilft. Diese ganzen Fragen tragen allzu oft so einen Hauch von Versagen in sich. Da ist dieser Vorwurf, der mitschwingt. Und wenn die Fragen nach dem Beziehungsstatus einmal aufhören – innerhalb der Familie zum Beispiel –, dann können wir uns beinahe sicher sein, was Großeltern, Eltern und Geschwister denken: »Da ist wohl Hopfen und Malz verloren …«

Die Fragen der anderen setzen auch immer wieder das eigene Fragenkarussell in Gang. Und das kann sich so schnell drehen, dass einem echt schlecht wird.

## Das eigene Fragenkarussell

Ich höre das so oft: Das Schwierigste am Single-Sein sind die Fragen. Und zwar nicht nur die Fragen der anderen, denen kann man ausweichen oder Kontra geben oder – wie auch immer – reagieren. Das Schwierigste sind die Fragen, die wir uns selbst stellen. Die sind natürlich auch ein Spiegel der Fragen, die von außen kommen: »Warum hast du keinen Freund?« Wenn ich die Antwort wüsste, hätte ich vielleicht einen. Natürlich frage ich mich auch immer mal wieder, warum ich noch solo bin. Warum scheint es für so viele andere Menschen das Normalste von der Welt zu sein, sich zu finden und zu verlieben und dann vielleicht zu heiraten? Ich kenne Frauen, die haben ständig einen Freund. Der eine geht, der nächste kommt. Das mag auch nicht gut sein. Aber bei mir ist noch nie einer gekommen.

*Warum will mich niemand?*
*Warum interessiert sich niemand für mich?*
*Bin ich nicht hübsch genug?*
*Bin ich nicht intelligent genug?*
*Bin ich zu stark?*

*Habe ich komische Macken?*
*Komme ich komisch rüber?*

Das sind die gängigsten Fragen, die sich viele von uns stellen. Das sind echte Miesmacher. Denn wir haben oft keine Antworten und so wirklich fragen können wir auch niemanden. Und dann gibt es da noch die Fragen, die ans Eingemachte gehen, die meine Existenz betreffen, sogar meinen Glauben:

*Wer pflegt mich, wenn es mir mal schlecht geht?*
*Wer kümmert sich um mich, wenn ich ins Krankenhaus muss oder alt werde?*
*Warum hat Gott mein Gebet für einen Partner oder eine Partnerin nicht erhört?*

Diese Fragen dürfen, müssen wir sogar stellen. Denn: Hier geht's ums Leben. Um unser Leben.

Von dem deutschen Schriftsteller Friedrich Georg Jünger (1898 – 1977) ist folgender Tipp überliefert: »Sprich mit den Leuten über das, was sie verstehen: mit dem Jäger über die Jagd, mit dem Fischer über den Fischfang, mit dem Winzer über den Wein. Das gibt immer ein gutes Gespräch.«

Mit anderen Worten: Stell dein Karussell auf einen Rummelplatz, der zu deinem Thema passt. Das Wort »Selbsthilfegruppe« hat ein seltsames Image erworben. Schade, denn eine Selbsthilfegruppe ist doch etwas sehr Gutes. Es gibt allein in Deutschland mehrere Zehntausend Selbsthilfegruppen[27]: für trockene Alkoholiker, seltene Erkrankungen, Opfer von Straftaten, Menschen in Lebenskrisen und so weiter. Ich vermute, dass Selbsthilfegruppen so einen faden Beigeschmack haben, weil das Wort »Hilfe« drinsteckt. Wir Menschen lassen uns nicht so gerne helfen. Das ist eine fatale Einstellung. Denn vieles könnte so einfach sein! Geteiltes Leid ist halbes Leid, sagt man. Und mal ehrlich: Sind unsere Kirchen und Gemeinden nicht auch eine Art Selbsthilfegruppe? Ein Zusammenschluss von Menschen, die sich gemeinsam auf den Weg des Glaubens gemacht haben, die Erfahrungen austauschen, sich mit Informationen versorgen und die einander unterstützen. Selbsthilfegruppe eben. Es ist doch nichts dabei!

Für Singles sind Selbsthilfegruppen ein No-Go. In der Gemeinde, wo ich zum Thema dieses Buches gepredigt habe, wurden während dieser Predigtreihe »Beziehungen leben und gestalten« begleitende Kleingruppen angeboten. Es sollte auch eine für Singles geben. Aber keiner wollte hin – obwohl es in dieser Gemeinde viele Singles, auch viele Geschiedene gibt. So geht es uns auch bei EmwAg, dem Netzwerk für Singles und gemeinschaftliches Leben, in dem ich mich engagiere: Gerade die jüngeren Leute scheuen sich aus Gründen, die ich bis heute nur bedingt entlarvt habe, unsere Veranstaltungen zu nutzen. Warum tun wir uns nur so schwer?

## Echte Fragen gehören in eine Beziehung

Ich bin total dankbar, dass ich Freundinnen und Freunde habe und noch dazu eine tolle Familie – Menschen, mit denen ich über alles reden kann. Ich spreche nicht mit jedem über alles. Aber jedes meiner Themen hat irgendwo seinen Platz.

Und ich habe eine Handvoll Menschen um mich herum, die mit meinen Fragen umgehen können – und die wissen, dass ihre Fragen bei mir gut aufgehoben sind. Auch in den vielen Fällen, in denen es erst einmal keine oder auch nie eine Antwort gibt. Ich muss das nicht allein aushalten.

Und es tut auch gut, wenn Menschen sich ehrlich nach mir erkundigen. Wenn jemand anruft und fragt: »Tina, wie geht es dir?« und ich weiß: Das ist keine Floskel, der- oder diejenige möchte jetzt wirklich wissen, wie es mir geht. Ein tolles Gefühl! Das ist so wichtig für unser Leben. Wir brauchen aufrichtige und tiefe Beziehungen. Hier –

und ich behaupte: nur hier – gehören Fragen hin, die ans Eingemachte gehen. Ich wünsche dir sehr, dass du solche Beziehungen hast. Wenn nicht, dann mach dich auf die Suche und investiere. Und fang auch selbst damit an. Gib anderen das Gefühl, dass du wirklich ein ehrliches Interesse an ihnen hast. Denn wir alle merken meist recht schnell, was hinter einer Frage steckt: Floskel oder Interesse. An dieser Stelle kann jeder von uns selbst Maßstäbe setzen. Begegne deinen Freunden mit großer Offenheit und aufrichtigen Fragen nach ihrem Leben. Schaffe selbst Räume dafür. Wir sollten viel mehr füreinander da sein und uns offene Ohren schenken. Falsches Verständnis ist allzu oft einfach fehl am Platz und eigentlich auch nicht notwendig. Ich bin es, ehrlich gesagt, leid, von verheirateten Frauen Mitte 20 zu hören, dass sie ja genau wissen, wie ich mich als Single-Frau fühle. Nein, das wissen sie nicht. Mit Verständnis sollten wir immer sehr dosiert umgehen. Ebenso mit schnellen Reaktionen und Antworten. Die sind oftmals unserer Unsicherheit geschuldet. Wenn wir nicht wissen, was wir jetzt sagen sollen, hauen wir schnell einen guten Tipp raus. In diesen Situationen sollten wir aber lieber einfach sagen, dass wir nicht wissen, was wir jetzt sagen sollen – und unser Gegenüber vielleicht in den Arm nehmen oder fragen, was wir nun Gutes tun könnten. Oder schweigen.

## Ehrlichkeit ist das Maß aller Fragen

Ich habe mir angewöhnt, dass ich Leute nicht frage, wie es ihnen geht, wenn ich keine Zeit für die Antwort habe. Das sage ich dann oft auch – und kündige an, dass ich mich wieder melde.

In Sachen Fragen kann man übrigens viel von Kindern lernen. »Kindermund tut Wahrheit kund«, heißt ein Sprichwort. Fragen, die kein Erwachsener stellen würde – ein Kind haut sie raus. Bei den Antworten ist das nicht anders.

Ich habe neulich ein sehr gutes Buch über Trauerkultur gelesen. Das Kapitel über Trauerarbeit mit Kindern hat mich besonders begeistert. Die Autoren beschreiben sehr deutlich, wie wichtig es sei, Kindern nichts vorzumachen. Denn die Kleinen merken ohnehin, was los ist. Sie raten auch eindringlich, auf alle Fragen von Kindern zu antworten – und zwar auch dann, wenn wir keine Antwort haben. Kinder verstehen das, heißt es da.

Lass uns zu mehr Offenheit und Ehrlichkeit zurückkehren. Lass uns werden wie die Kinder. Zumindest in den wesentlichen Punkten. Allerdings sind wir schon erwachsen. Wir können unser Verhalten besser durchdenken und bewerten. Wir können darüber nachdenken, wie wir Fragen stellen und wie wir auf diese antworten. Das ist eine tolle Chance!

Manchmal können Fragen auch ungeahnte Möglichkeiten eröffnen. Das hat mir eine gute Freundin in der Recherche zu diesem Buch mit auf den Weg gegeben. Die Frage eines anderen kann mir einen wunderbaren Raum eröffnen zu einer Antwort, die Gott die Ehre gibt.

»Waaaaas, du hast immer noch keinen Partner?!« – »Ja, ich habe immer noch keinen Partner. Weißt du, mir gefällt das nicht. Ich hätte gerne längst 'nen Mann. Ich weiß nicht, warum ich den noch nicht habe. Diese Fragerei ist aber doch auch echt müßig. Statt mich selbst ständig zu fragen, warum das so ist, genieße ich mein Leben. Gott schenkt mir eine Menge. Viel Liebe, viel Freiheit, viel Zeit für Freunde, viel Zeit, um mich gemeinsam mit ihm in seinem Reich zu engagieren. Ich bin solo, und zwar sehr glücklich!«

## »Wer macht dir jetzt eigentlich den Haushalt?«

Mein Name: *Gerhard*
Mein Jahrgang – tatsächlich: *1956*
Mein Jahrgang – gefühlt: *1963*
Hier lebe ich: *St. Georgen, mittlerer Schwarzwald*
Und hier bin ich am liebsten: *an der Nordsee in Südholland bei Sonne, Wind und mit dem Fahrrad unterwegs*
Mein Job: *Technischer Angestellter*
Wenn ich gerade nicht arbeite, findet man mich: *als leidenschaftlichen ehrenamtlichen Flohmarktorganisator beim CVJM*

Vor einigen Jahren hat mein Leben und das meiner drei Kinder eine dramatische Wende erfahren, als meine Frau und die Mutter meiner drei Kinder verstarb.

Es war, als ob das Leben stehen bliebe. Ich fühlte mich wie angewurzelt und versteinert. Es schien, als ob um mich herum das Leben sehr schnell weiterging – ich aber nur zuschauen konnte. Nur langsam und äußerst mühsam konnte ich nach vorne schauen, aber ohne irgendein Ziel am Horizont erkennen zu können.

Seit einigen Jahren bin ich nun schon mit Gleichgesinnten in einer Gruppe, die sich VW-Treff nennt (VerWitweten-Treff). Wir unterhielten uns einmal darüber, wie es so geht, nachdem der Partner nicht mehr lebt und die täglichen Herausforderungen neu zu definieren sind.

Mir wurde in diesen Gesprächen klar, dass es für mich nach dem Tod meiner Frau vor allem darum ging, meinen eigenen Weg zu finden, diesen zu gehen und währenddessen links und rechts Entdeckungen zu machen, die Mut machen. Mir war wichtig, meine eigene Persönlichkeit neu zu formen, oder besser gesagt: formen zu lassen, einfach da zu sein und sich dem Heute zu stellen, mich darauf einzulassen und mehr den Blick nach vorne zu richten, als mich ständig umzudrehen, was war und wie wohl dies alles auf mich und andere wirken könnte.

Ich merkte, dass es dann wenig weiterhilft, wenn Leute an mich aufmunternde Ratschläge und Beruhigungen herantragen, so wie: »Du wirst schon wieder jemanden finden«, oder: »Du bist doch ein netter Kerl, der sicherlich gesehen werden wird.«

Ja, das stimmte: Ich wurde gesehen. Ich fühlte mich als Witwer mehr und mehr wieder als Single, der zunehmend auch als solcher wahrgenommen und entsprechend angesprochen wird.

Aber ich habe auch festgestellt, dass ich für manche (vorwiegend von Frauen) zunehmend so ein Objekt zu werden schien, dem man irgendwie helfen könnte oder sollte. Ich bekam die verschiedensten Tipps zu Haushalt, Einkaufen, Lifestyle; aber auch dazu, wo man attraktive Single-Frauen treffen könnte, durch welche Tricks sich Small-Talk verbessern lässt und was gerade so »in« ist.

Männer hingegen hielten sich eher zurück oder sahen mehr praktische Varianten wie: »Du brauchst doch wieder eine, die dir den Haushalt regelt – oder machst du dies womöglich alles selber, das kann nicht dein Ernst sein, du musst dich wieder um das Wesentliche kümmern.« »Jetzt hast du wieder freie Auswahl, schau dich um auf dem Markt der Möglichkeiten und sei nicht so wählerisch«, war auch ein schöner Kommentar. Auf meine Nachfrage, was der Fragende denn meint und wie dies zu realisieren wäre, kam nach einem »Weiß ich eigentlich auch nicht...« der plötzliche Schwenk auf Politik und die großen Probleme der Welt.

Zunehmend war ich vorbereitet auf solche netten Fragen jeglicher Art, um jederzeit entsprechend antworten zu können. Dies führte so weit, dass andere Singles wissen wollten, wie ich dazu komme, diese Antworten zu formulieren und in entsprechenden Situationen auch anzuwenden. »Was muss ich tun, um dem Gegenüber so zu antworten, dass keine oder kaum Rückfragen kommen?« All dies konnte ich im VW-Treff schon mit manchen Anekdoten vermitteln.

Als ich ein älteres Ehepaar besuchte, sprachen wir über die Dinge des Lebens und des Altwerdens. Plötzlich fragte mich die ältere Dame, ob ich denn nicht wieder heiraten wolle, es gäbe doch so nette Frauen in meinem Alter. Daraufhin antwortete ich, dass sie mir gerne mindestens zwei Vorschläge machen könne. Sie wollte wissen: »Warum denn mindestens zwei Vorschläge?« Meine Antwort kam prompt: »Na, damit ich wählen kann!« Wir lachten herzlich und dieses Thema war vom Tisch.

Sehr lustig sind auch die Vermutungen der anderen. Als ich einmal beruflich für einige Monate größtenteils im Ausland war, stellten sich die Leute wohl die verschiedensten Fragen: »Will er jetzt auswandern?« oder »Ist da womöglich irgendwo eine Frau?«

Ich war und bin immer noch erstaunt, wie die unterschiedlichsten Menschen in meinem Umfeld mir ihre Weisheiten und Überlegungen nahebringen wollen, ohne wirklich zu fragen, was mich beschäftigt und welche Überlegungen für mein jetziges Leben zielführend sein könnten.

Eine große Leidenschaft von mir ist seit vielen Jahren, dass ich ehrenamtlich Flohmärkte organisiere und durchführe. Dabei beobachte ich, dass es für Menschen eine besondere Herausforderung zu sein scheint, Dinge loszulassen, sie herzugeben. Diese Beobachtung hat mir entscheidende Impulse für mein Leben gegeben. Es scheint mir so wichtig zu sein, Dinge loszulassen, um Neues beginnen zu können. Dadurch lebe ich zunehmend leichter und bin offener für neue Herausforderungen, ja vorbereitet, denn das Festhalten erfordert viel Kraft und die Gedanken sind vielfach daran gebunden.

Ich merkte immer mehr, wie sich nach und nach Türen auftaten, um mit Männern und Frauen, die genau in diesem meinem Status leben, ins Gespräch zu kommen. Alle diese Fragestellungen gemeinsam zu bewegen und nach individuellen Chancen und Möglichkeiten zu suchen, bereitet mir enorme Freude und gibt das Gefühl, in meinem jetzigen Status als Single erfüllt zu leben und in der Begleitung von anderen Singles etwas von dem weitergeben zu können, was Gott in mein Leben hineingelegt hat.

Raus aus dem stehenden Zug im Sackbahnhof, runter vom Warten auf dem Bahnhofsgleis und hinein ins Leben – so könnte für manche der Slogan heißen. Ich stehe mitten im Leben, im Beruf, im gesell-schaftlichen Leben, im Single-Sein und doch letztlich alleinlebend. Und ich freue mich, dass auch dieser Lebensabschnitt seine Impulse hat und zunehmend die Lust in mir hervorbringt, Neues auszuprobieren und mit anderen Singles zu teilen.

Meine drei inzwischen erwachsenen Kinder sind eine unglaubli-che Bereicherung in meinem Leben. Wir pflegen einen Austausch auf Augenhöhe, wir ermutigen uns gegenseitig. Das geht nur, weil wir alle das Loslassen gelernt haben. Wir trauen uns unser eigenes Leben zu und gehen unsere jeweiligen Zukunftsperspektiven aktiv an.

Ich bin gespannt, welche Wege mich wohin führen und welche Begegnungen mit Menschen entscheidend sein werden. Mit Gott unterwegs zu sein, ist für mich ein Lebensstil und eine ständige He-rausforderung.

Ich will mich auf keinen Fall aufhalten lassen von Meinungen mei-ner Mitmenschen. Vielmehr freue ich mich auf ermutigende und Weg begleitende Impulse.

So verstehe ich auch mehr und mehr mein Begleiten von Men-schen, auch in ganz besonderen Situationen, vorwiegend als Singles lebende Männer und Frauen, die langsam aufbrechen wollen und im schrittweisen Loslassen atemberaubende Dinge für sich erleben – und dabei neuen Mut fassen, ihren längst vergessenen Traum zu leben.

# 6.
# Miesmacher #4:
# Beziehungsstatus: Single

Die rechte Haltung.
Dem Leben mutig Antwort geben.
Weniger nach dem Wieso und Warum fragen,
sondern den Sinn suchen. Im Zweifel leuchtet der
einem erst später auf. Dann, wenn uns bewusst
wird, dass wir heute nicht dort wären,
wo wir sind, wenn es dieses oder jenes
nicht gegeben hätte.

# ...trotzdem Ja zum Leben sagen

Mal ehrlich: Ich bin Single. Ja, das mag manchmal doof und nervig und ätzend sein. Dieser Beziehungsstatus bringt etliche Miesmacher mit sich. Aber ehrlich: Das ist doch noch lange kein Grund, dauerhaft in der Badewanne aus Selbstmitleid zu schwimmen, oder? Wir Singles sind keine Opfer des Lebens. Wir sind Täter. Wir stecken voller Leben und voller Tatendrang. Also gestatte mir bitte, dass ich jetzt den Stöpsel ziehe. Lass mich dein Mutmacher sein! Du wirst gleich auf dem Trockenen sitzen. Und es wird sich gut anfühlen. Versprochen. Ich möchte dich gerne bekannt machen mit Viktor E. Frankl. Er lebte von 1905 bis 1997. In Wien geboren, erwarb er 1930 den Doktor der Medizin und publizierte erst einmal in psychoanalytischen Zeitschriften. Seit 1946 gehörte er zum Vorstand der neurologischen Poliklinik in Wien. 1949 promovierte Frankl zum Doktor der Philosophie. 1950 wurde er der Präsident der österreichischen Allgemeinen Ärztlichen Gesellschaft für Psychotherapie.

Aber zwischenzeitlich erlebte er das Nazi-Regime.

Als Jude wurde er 1942 ins Getto von Theresienstadt deportiert. Sein Vater starb dort, seine Mutter wurde in Auschwitz ermordet, genauso wie sein Bruder. Frankls eigene Ehefrau starb im Konzentrationslager Bergen-Belsen. Wenige Monate vor Ende des Zweiten Weltkrieges wurde Frankl selbst ins KZ gebracht. Erst Auschwitz, dann über mehrere Stationen schließlich nach Türkheim, einem Außenlager des KZ Dachau. Im April 1945 wurde er dort von der US-Armee befreit.

»... trotzdem Ja zum Leben sagen«, heißt sein Buch zu diesen Erlebnissen.[28] Und Logotherapie heißt der Ansatz, den Viktor E. Frankl als Psychotherapeut über die KZ-Jahre hin rettete. Als ihm die Verschleppung durch die Nazis drohte, nähte er sich das Manuskript zu diesem Werk, damals unter dem Titel »Ärztliche Seelsorge«, in den Saum seines Mantels ein. Den musste er allerdings sofort abgeben. Man entdeckte auch das Manuskript und zerstörte es. In diesem

Moment traf Frankl wohl eine Entscheidung, die ihm das Leben retten sollte: Ich muss überleben, damit ich mein Werk vollenden kann. Frankl hatte in den 1930er-Jahren einen eigenständigen psychotherapeutischen Ansatz entwickelt, der die geistige Dimension von uns Menschen in den Blick nimmt und unser existenzielles Streben nach dem Sinn im Leben als allererste Motivation betrachtet. Damit gehörte er zu den drei Wiener Schulen der Psychotherapie. Sein allseits bekannter Kollege Sigmund Freud lehrte damals den menschlichen Willen zur Lust und der etwas weniger populäre Alfred Adler lehrte den menschlichen Willen zur Macht. Frankl hingegen lehrte den menschlichen Willen zum Sinn. Ihm ging es gleichermaßen um Freiheit und Verantwortung. Um den Menschen als *entscheidendes* Sein, nicht als *getriebenes* Sein. Weil Frankl nicht so sehr der Selbstpromoter war, blieb sein Ansatz lange ein Geheimtipp. Dabei ist dieser so gut und so wichtig und so hilfreich. Auch für uns Singles.

## Rollen, die ich spiele

Selbstmitleid und Opfer sind bekannte Rollen, wenn es um uns Menschen geht. Ich für meinen Teil kenne zumindest dieses »Ich arme Maus«-Gehabe – von mir selbst. Du konntest es schon mehrmals in diesem Buch lesen: Es gibt in meinem Leben diese Momente, wo für mich als Single alles furchtbar ist, ich mich ganz einsam, schrecklich vergessen und elend falsch fühle. Aber diese Rollen spiele ich nicht nur in meinem Single-Leben... Es gibt ausreichend Gelegenheiten, die große Bühne zu nutzen. Die Selbstmitleids-Rolle spielen viele von uns so gerne – und oft auch sehr gut. Wir sind Profis! Das Leben schult uns.

Aber weißt du, was Selbstmitleid ist? Der US-amerikanische Theologe John Piper – ich schätze ihn sehr – hat es in seinem Buch »Sehnsucht nach Gott« auf den Punkt gebracht: »Das Wesen und die Tiefe des menschlichen Stolzes werden beleuchtet durch einen Vergleich des Rühmens mit dem Selbstmitleid. Bei beiden handelt es sich um Ausdrucksformen des Stolzes. Das Rühmen ist die Reaktion des Stolzes auf den Erfolg. Das Selbstmitleid ist die Reaktion des Stolzes auf Leid. Der personifizierte Ruhm sagt: ›Ich verdiene Bewunderung, weil ich so viel erreicht habe.‹ Das personifizierte Selbstmitleid sagt: ›Ich verdiene Bewunderung, weil ich so viel geopfert habe.‹ Das Rühmen ist die Stimme des Stolzes im Herzen der Starken. Das Selbstmitleid ist die Stimme des Stolzes im Herzen der Schwachen. Rühmen klingt selbstgenügsam. Selbstmitleid klingt selbstaufopfernd. Selbstmitleid sieht nicht aus wie Stolz, weil es sich den Anschein der Bedürftigkeit gibt. Aber die Bedürftigkeit entspringt einem verletzten Ego, und der Wunsch derjenigen, die sich selbst bemitleiden, ist es nicht, dass andere sie als hilflose Wesen sehen, sondern als Helden. Die vom Selbstmitleid empfundene Bedürftigkeit kommt nicht aus einem Empfinden der Unwürdigkeit, sondern aus einem Empfinden des nicht erkannten Wertes. Es ist die Reaktion des Stolzes, dem kein Beifall gezollt wird.«[29]

Aua.

Ich, schwach? Ich soll ein schwaches Herz haben?

Das verletzte Ego bringt mich auf die Spur. Erstens: Ich bin auch würdig, einen Mann abzubekommen! Zweitens: Selbst schuld, wenn mich niemand will! Drittens: Das Leben ist so gemein zu mir!

Kennst du so eine Reaktion möglicherweise von dir selbst? Es würde mich wundern, wenn nicht. Wir spielen sie irgendwann, irgendwo im Leben alle, diese Selbstmitleids- und Opferrolle.


## Es liegt an mir

Ich hätte dir Viktor Frankl nicht vorgestellt, wenn ich bei ihm nicht eine Lösung für dieses elende Rollenspiel gefunden hätte.

Frankl sagt ganz einfach und klipp und klar – und erst einmal in meinen Worten: Es liegt an uns. Jeder ist seines Glückes Schmied.

In seinen eigenen Worten klingt das so: »Das Leben selbst ist es, das dem Menschen Fragen stellt. Er hat nicht zu fragen, er ist vielmehr der vom Leben her Befragte, der dem Leben zu antworten – das Leben zu ver-antworten hat.«[30]

In unseren Breitengraden leben wir oftmals unter der Prämisse, dass wir schlicht alles ertragen müssen. Dass wir die Dinge aushalten müssen und wir manches einfach machen müssen. Ziemlich viel muss, wie ich finde. Miesmacher-Muss. Genau das treibt uns doch in unsere Selbstmitleids- und Opferrolle.

Wir hatten es gerade schon von den Fragen – von denen der anderen und unseren eigenen. Die Falle, in die wir allzu oft tappen, ist die Frage nach dem Warum: Warum ich? Warum mir? Warum überhaupt?

Frankl schlägt eine ganz andere Sichtweise vor. Und die sollten wir uns zu eigen machen, wenn wir aus unseren Rollen schlüpfen möchten – was ich uns dringend anrate. Die Hauptfrage, die er gestellt wissen will, ist diese: Was soll ich auf diese Fragen, die mir das Leben stellt, antworten?

Das heißt zuerst einmal, dass ich mich diesen Fragen überhaupt stelle. Und dass ich mir dann diese eine Frage stelle. In unserem Fall könnte sie zum Beispiel so lauten: Wie kann mein Leben – gegebenenfalls noch – ohne Partnerin oder Partner sinnvoll sein?

Frankl hat eine ganz besondere Entdeckung gemacht: Im Gegensatz zu allen anderen Lebewesen haben wir zwei ganz besondere Fähigkeiten. Zum einen die Selbsttranszendenz: Wir können uns anderen und anderem liebevoll hingeben. Diese Fähigkeit wird später in diesem Buch noch wichtig sein, wenn es um Beziehungen und Gemeinschaft geht. Zum anderen haben wir die Fähigkeit zur Selbstdistanzierung: Wir können aus uns selbst heraustreten und von außen auf uns schauen und quasi mit uns selbst über uns selbst sprechen und nachdenken. Diese geistige Dimension erlaubt es uns, Distanz zu uns selbst herzustellen und dadurch der Umwelt frei und in eigener Verantwortung offen gegenüberzustehen.

Was Frankl klarmacht, ist: Ich kann. Ich darf. Und ich sollte sogar. Ich kann und darf und sollte mich mit mir selbst auseinandersetzen. Selbstdistanzierung mit meinen Worten klingt so: Schau dich halt mal an! Schau dich um, was dir das Leben zu bieten hat. Betrachte dein Glas. Von mir aus nörgele dir mal die Ohren voll. Ich vermute, dass dich das irgendwann selbst nerven wird und du dir dann die Frage stellen wirst, wie es jetzt weitergehen kann.

Viktor Frankl wurde einmal gefragt, was der Unterschied zwischen der Psychoanalyse und seinem Ansatz namens Logotherapie sei. Und zwar in einem Satz. Er bat den Fragenden, zu beginnen und die Psychoanalyse in einem Satz zu beschreiben. Die Antwort: »Nun, in der Psychoanalyse muss sich der Patient auf eine Couch legen und Dinge sagen, die manchmal unangenehm zu sagen sind.« Frankl antwortete schnurstracks: »Sehen Sie, in der Logotherapie darf er sitzen bleiben – und muss Dinge anhören, die manchmal unangenehm zu *hören* sind.«[31]

Hören mit dem einen Ziel: Ich soll verstehen, dass ich meine Vergangenheit nicht ändern kann. Aber ich darf sie annehmen. Und das macht mich fähig, meiner Gegenwart und meiner Zukunft gegenüber offen zu sein und sie zu gestalten. Ich werde frei, Antworten auf die Fragen meines Lebens zu geben und mein Leben selbst zu ver-antworten. Wir sind nicht frei *von* etwas, sondern *für* etwas. Für unser Leben. Solo, und zwar glücklich.

Auf die Frage, wie mein Leben – gegebenenfalls noch – ohne Partnerin oder Partner sinnvoll sein kann, darf ich dann fröhlich Antworten finden. Ich hoffe, dass du aus genau diesem Grund dieses Buch liest. Und dass es dich zu kreativen Antworten anregt. Als Erstes aber dass du selbst den Stöpsel aus deiner Badewanne des Selbstmitleids ziehst, dich abtrocknest und ins Leben zurückstiefelst. Von mir aus in Badelatschen. Hauptsache, du gehst und brichst aus deiner Opferrolle aus. Denn auch wenn ich am Anfang dieses Kapitels angekündigt habe, dass ich es tun würde: Nur du allein kannst den Stöpsel ziehen. Es ist deine Entscheidung.

Ja, unser Beziehungsstatus – übrigens im Grunde ganz gleich, wie der gerade ist – stellt uns Fragen, auf die wir mutig Antwort geben dürfen. Indem wir das tun, übernehmen wir auch Verantwortung für unser Leben. Und das tut gut!

Das beschreibt auch ein junger Mann, den ich an dieser Stelle zitieren möchte:

»Ich habe die Erfahrung gemacht, dass man zuerst auf sich selbst hören sollte. (Selbstdistanzierung! Anm. d. A.) Sehe ich mich wirklich als Opfer, wovon auch immer? Was andere denken und sagen, muss man versuchen auszublenden bzw. zu überhören. Sonst wird man wirklich unglücklich! Dabei hilft es m. E. ungemein, sich die positiven Seiten in seinem Leben immer wieder ins Gedächtnis zu rufen, nicht nur was Beziehungen angeht (Gesundheit, Beruf, Hobbys, Sicherheit, Frieden im Land, Freiheit und Zeit für sich selbst, Freunde etc.). Und mir persönlich hilft die Überzeugung ungemein, dass Gott weiß, was für mich richtig ist und dass er alles so leitet, dass ich auf Dauer nicht unglücklich werde. So habe auch ich dunkle Zeiten hinter mir, in denen ich mich fragte, was er sich dabei gedacht hat, und in denen es mir psychisch richtig schlecht ging. Doch währenddessen bin ich immer bei ihm geblieben und habe mich nicht von ihm abgewendet. Irgendwann ging es dann auch wieder bergauf. Und später wurde mir bewusst, dass ich heute nicht dort wäre, wo ich bin, wenn es diese zwei Jahre nicht gegeben hätte und mein Leben so weitergelaufen wäre wie vor dieser Zeit.«

Dieser junge Mann hat mutig auf die Fragen seines Lebens geantwortet. Mit Ehrlichkeit, Beharrlichkeit und Gottvertrauen.

Es gibt keine Situation im Leben, die sinnlos wäre. Das ist die Überzeugung von Viktor E. Frankl. In einem seiner Bücher zitiert er das Beispiel des israelischen Malers und Bildhauers Yehuda Bacon.

Er landete schon als Kind in Auschwitz und fragte sich nach seiner Befreiung, was für einen Sinn diese furchtbaren Jahre gehabt haben mochten: »Als Knabe dachte ich, ich werde der Welt schon sagen, was ich in Auschwitz gesehen habe – in der Hoffnung, die Welt würde einmal eine andere werden. Aber die Welt ist nicht anders geworden, und die Welt wollte von Auschwitz nichts hören. Erst viel später habe ich wirklich verstanden, was der Sinn des Leidens ist. Das Leiden hat nämlich dann einen Sinn, wenn du selbst ein anderer wirst.«[32]

Das fasziniert mich. Und es fordert mich heraus. Die Geschichte des jungen Mannes, die ich oben zitiert habe, bestätigt es. Frankl selbst packt es in diese Worte: »Die scheinbar negativen Seiten der menschlichen Existenz, insbesondere jene tragische Trias, zu der sich Leid, Schuld und Tod zusammenfügen, können auch in etwas Positives, in eine Leistung gestaltet werden, wenn ihnen nur mit der rechten Haltung und Einstellung begegnet wird.«[33]

Rumms.

Die rechte Haltung. Dem Leben mutig Antwort geben. Weniger nach dem Wieso und Warum fragen, sondern den Sinn suchen. Im Zweifel leuchtet der einem erst später auf. Nämlich dann, wenn uns bewusst wird, dass wir heute nicht dort wären, wo wir sind, wenn es dieses oder jenes nicht gegeben hätte.

Ein Sprichwort sagt, dass man das Leben rückwärts betrachten kann, man es aber vorwärts gehen muss. Wie wahr, wie wahr.

Blicke du doch mal rückwärts. Welches wunderbare Muster erkennst du? Wofür bist du dankbar, was du nicht hättest, wenn du dieses oder jenes nicht durchgemacht hättest? Was an deinem Beziehungsstatus ist richtig gut? Wie hat der dich bis heute schon positiv geprägt, was ermöglicht er dir? Antworte doch mal auf diese Fragen und entdecke die Leichtigkeit und den Sinn deines Lebens. Mache dich fit für deine Zukunft und unabhängiger von dem, was andere dir vielleicht einreden möchten.

# Single mit Partnerwunsch – mein Weg

Mein Name: *Claudia*
Mein Jahrgang – tatsächlich: *1967*
Mein Jahrgang – gefühlt: *1987*
Hier lebe ich: *Ahrensburg, Schleswig-Holstein*
Und hier bin ich am liebsten: *am Meer!!!*
Mein Job: *Diakonin, Erzieherin, Lerntherapeutin i. A.*
Wenn ich gerade nicht arbeite, findet man mich: *mit Freunden auf Reisen oder zu Hause in der Hängematte*

In meinem Single-Leben gab es schon die unterschiedlichsten Phasen, wobei sich manche auch überschneiden oder wiederholen. Hier ein kleiner Einblick:

Phase 1 »Es kann gar nichts anderes geben!«
Mein größter Berufswunsch seit dem Puppen-Spielen ist »H & M« (Hausfrau und Mutter)! Es hat mich immer ziemlich befremdet, wenn einige Freundinnen erzählten, dass für sie entweder Hochzeit oder Kinder *nicht* infrage kämen. (Das sind im Übrigen die, die dann *doch* sehr schnell geheiratet haben!)
   Ich habe auch *genaue* Vorstellungen, z. B. dass ich eher früh heiraten, vier Kinder und ein offenes Haus haben will. Der Gedanke, dass es mal anders werden könnte, kommt mir nicht im Entferntesten. Außerdem: Mein Leben liegt ja in Gottes Hand – er wird schon für das alles sorgen!

Phase 2 »Es kann nur Einen geben!«
In meiner Jugend und als junge Erwachsene bin ich »ständig« verliebt. Selten nur ein paar Wochen, meistens eher Jahre – aber immer heimlich, der Umschwärmte soll von meiner Seite aus nichts merken. Denn schließlich will Gott ja dafür sorgen, dass derjenige auf *mich* zukommt. Oder?? »Herr, mach doch bitte, dass X…«

Später gehe ich dann sogar hin und wieder todesmutig auf den Mann meiner Wahl zu – und starte eine Korbsammlung ... Was das mit meinem Selbstbewusstsein zeitweise macht, kann man sich denken. (Inzwischen weiß ich aber, dass mit mir »alles stimmt«!)

**Phase 3 »Es kann auch andere geben!«**
Ist es vielleicht nicht richtig, als Frau auf einen Mann zuzugehen? Männer wollen doch lieber erobern! Und überhaupt war ich aktuell immer auf »den Einen« fixiert. Was, wenn Gott vielleicht jemand ganz anderen für mich vorgesehen hat? Ich will Gott nicht einengen, indem ich ihm vorschreibe, wer Mr Right für mich sein soll. Gott hat noch ganz andere Möglichkeiten und weiß besser als ich, wer zu mir passt. »Herr, zeige *du* mir, wen du für mich haben willst ...«

**Phase 4 »Es kann auch Überraschungen geben!«**
Das Wichtigste ist, dass Gottes Wille in meinem Leben geschieht! Ich will ihm nicht vorschreiben, dass ich auf Biegen und Brechen einen Partner haben *muss*. Vielleicht will er mich ja als Single segnen. (Wobei das für mich schlicht unvorstellbar ist ...)
Okay, aber dann will ich wenigstens wissen, woran ich bin, um mich darauf einstellen zu können! »Herr, willst du mir langfristig einen Partner geben oder soll ich Single bleiben?« Gottes Antwort haut mich um: »Mach erst mal Single-Arbeit!«

**Phase 5 »Es könnte vielleicht noch was anderes geben?!«**
Nachdem ich Single-Arbeit vorher für so ziemlich das Überflüssigste auf der Welt gehalten habe, tut Gott ein Wunder und begeistert mich für den überregionalen Single-Treff, den ich gründe und sieben Jahre leite. Eine sehr erfüllte und gesegnete Zeit, die ich nicht missen möchte! Neue Erkenntnis: Single-Sein kann auch Spaß machen!
Bei aller Aktivität bleibt aber die Sehnsucht nach »mehr«, nach intensiverer Gemeinschaft, Zugehörigkeit, Nähe. Ich mache mich auf die Suche nach Leuten und Projekten zum Leben-Teilen. »Herr, ich

brauche unbedingt Gemeinschaft! Wenn schon nicht mit einem Partner, dann mit anderen Menschen, die du mir zeigst!«

Phase 6 »Es muss was anderes geben!«
Bin stark angesprochen vom Single-Buch »Es muss was Anderes geben!« (EmwAg). Mache mich mit Anderen auf die Suche nach Gemeinschaft (nicht nur für Singles). Es ist eine spannende Zeit, ein Netzwerk von Gleichgesinnten entsteht, auch über Deutschland hinaus. Wir sind sehr aktiv, haben viele Ideen – mein Partnerwunsch tritt etwas in den Hintergrund. Ich erlebe, dass auf dem Single-Sein auch ein Segen liegen kann.

Phase 7 »Ein Mann wäre auch gut!«
Das Leben verläuft selten linear, meins jedenfalls nicht. Plötzlich erlebe ich noch mal einen richtigen Einbruch mit Frust und Selbstzweifeln. Habe ich in meiner Jugend alles falsch gemacht, indem ich still und »untätig« auf Gott gewartet habe? Hätte ich das Projekt Partnerschaft doch selbst in die Hand nehmen sollen? Aber auch jetzt kann Gott mir doch noch einen Mann schenken?! Ich bin weiter mit ganzem Herzen im Netzwerk aktiv, formuliere aber das Kürzel EmwAg augenzwinkernd für mich um: »Ein Mann wäre auch gut!«

Phase 8 »Gott vertrauen lernen!«
Plan A (Partnerschaft) hat scheinbar bis jetzt nicht sollen sein und Plan B (Wohn- und Lebensgemeinschaft) zeigt sich auch noch nicht konkret. Vielleicht sollte ich einfach »Pläne« jeder Art über Bord werfen und lieber neu üben, von Tag zu Tag Gott zu vertrauen?! Ich will mutig und offen für Überraschungen meinen Weg gehen. Weder über das Gestern jammern noch sorgenvoll ins Morgen schauen, sondern gelassen und fröhlich mein Single-Sein im Heute leben!

Und wer weiß, bis dieses Buch erscheint, hat sich vielleicht bei mir schon etwas Neues ergeben – zumindest traue ich Gott das zu!

## Sonderformen des Stolzes

»Oh Herr, lass mich nicht so sein wie diese«, höre ich manchen Single sagen. In meiner Arbeit begegnet mir das immer wieder: »Nee, das ist nix für mich – ich bin ja nicht *so* ein Single.« Ich bin mir unsicher, *was genau* für einen Single die Leute in solch einem Moment vor Augen haben. Ich jedenfalls höre in solchen Aussagen eine interessante Sonderform des Stolzes raus. Da bin ich erinnert an ein Gleichnis, das Jesus mal erzählt hat: »Jesus wandte sich nun an einige, die in ›falschem‹ Selbstvertrauen meinten, ›in Gottes Augen‹ gerecht zu sein, und die deshalb für die anderen nur Verachtung übrig hatten. Er erzählte ihnen folgendes Gleichnis: ›Zwei Männer gingen zum Tempel hinauf, um zu beten; der eine war ein Pharisäer und der andere ein Zolleinnehmer. Der Pharisäer stellte sich selbstbewusst hin und betete: »Ich danke dir, Gott, dass ich nicht so bin wie die übrigen Menschen – ich bin kein Räuber, kein Betrüger und kein Ehebrecher, und ich bin auch nicht wie jener Zolleinnehmer dort. Ich faste zwei Tage in der Woche und gebe den Zehnten von allen meinen Einkünften.« Der Zolleinnehmer dagegen blieb in weitem Abstand stehen und wagte nicht einmal, aufzublicken. Er schlug sich an die Brust und sagte: »Gott, vergib mir sündigem Menschen meine Schuld!« Ich sage euch: Der Zolleinnehmer war ›in Gottes Augen‹ gerechtfertigt, als er nach Hause ging, der Pharisäer jedoch nicht. Denn jeder, der sich selbst erhöht, wird erniedrigt werden; aber wer sich selbst erniedrigt, wird erhöht werden‹« (Lukas 18,9-14; NGÜ).

Vielleicht ist es so, dass sich manche Singles über andere erheben – nach dem Motto »Ich bin ja nicht wie diese ...! Ich habe gar kein Problem mit meinem Single-Sein. Ich will ja auch noch heiraten. Ich muss mich mit meinem Beziehungsstatus nicht beschäftigen. Der ändert sich ja noch zum Guten hin.«

Manche von diesen landen irgendwann in der Therapie. Nicht alle, aber doch einige. Wenn du merkst, dass der Beziehungsstatus sich trotz aller Wünsche und Bemühungen nicht geändert hat, sich das Gefühl von »jetzt ist es zu spät« einstellt und der Miesmacher sich in deinem Leben heimlich, still und leise ausgebreitet hat. Ich will ganz klar ermutigen, diesen Miesmacher vorher zu identifizieren und auszuschalten. Das geht nur, wenn wir an diesem Punkt auch unseren Stolz besiegen.

Ein christliches Single-Buch zu schreiben, stand nicht ganz oben auf meiner Agenda. Es stand gar nicht drauf! Ein bisschen was von »Ich bin ja nicht wie diese«, kenne ich auch. Ich bin Gott sehr dankbar, dass er meinen Stolz kaltgestellt hat. Dass er mich überrannt hat mit diesem Buch. Das war nicht meine Idee, sondern Gottes. Er gebraucht mich ganz offensichtlich mit meinen Gaben und Fähigkeiten. Mei, dem möchte ich nicht im Weg stehen. Und zwar niemals!

## Hätte, wenn und aber

Ich werde nie vergessen, wie es während meines ersten Studienjahres im Fach Theologie mal um die »if onlys« des Lebens ging. Zu Deutsch: um die Hätte, Wenns und Abers.

*»Hätte ich doch damals bei XY nicht Nein gesagt, dann wäre ich jetzt schon verheiratet.«*
*»Wenn ich nicht so eine starke Frau wäre, hätte sich schon längst ein Mann an mich rangetraut!«*
*»Aber ich habe doch schon alles versucht, was soll ich denn noch machen...!«*

In meinem ganz persönlichen Fall klingt das so:

*»Hätte ich die Zeiten des Theologiestudiums mal besser genutzt und mir dort einen Mann geangelt, dann wäre ich jetzt glückliche Ehefrau und Mutter.«*

*»Wenn ich einen Ehemann hätte, dann wäre meine wirtschaftliche Lage als Freiberuflerin viel entspannter, weil ich die Sicherheit seines Gehaltes hätte.«*

*»Aber was soll ich denn machen – ich bin nun einmal eine Frau, die weiß, was sie will.«*

Diese Konjunktive helfen uns nicht weiter. Nie.

Da sind wir wieder beim Punkt: dem Leben antworten. Unseren Beziehungsstatus nehmen, wie er ist, und fröhlich sowohl die Gegenwart als auch die Zukunft gestalten. Es liegt an uns.

Natürlich ärgere ich mich über verheiratete Kolleginnen, die ihre Coaching-Stunden für 30 Euro brutto anbieten können, weil ihr Mann sie versorgt. Natürlich wurmt mich, dass ich mich aus genau diesem Grund oftmals rechtfertigen muss, warum meine Leistungen teurer sind. Von wegen Singles haben mehr Geld! Das mag auf manche Gruppen zutreffen – aber sicher nicht auf alle. Wir Singles haben nicht die Sicherheit der Versorgungseinheit namens Ehe. Wenn mein Gehalt ausfällt, dann fängt mich im besten Fall das Arbeitsamt auf. Da könnte schon mal Neid aufkommen. Und Selbstmitleid. Ich will Bewunderung einfordern für das große Opfer, das ich bringe. Ich will Beifall!

Stattdessen habe ich für mich beschlossen, mit erhobenem Haupt durchs Leben zu gehen. Ja, ich bin auch stolz auf das, was ich leiste – wie ich seit Jahren erfolgreich für mich selbst sorge. Und ich merke immer wieder, dass mich diese Unabhängigkeit in die Abhängigkeit von Gott führt. Dafür bin ich dankbar, auch wenn es oftmals schmerzhaft ist. Denn genau hier erlebe ich eine Intimität mit meinem Gott, die andere so vielleicht nicht erleben.

Aber es gibt Situationen, da will der Beziehungsstatus uns an ganz anderer Stelle das Leben miesmachen. Und wir können manchmal gar nichts dafür. Aber tun können wir immer was.

# Die Tücken des Status

Ich weiß von Frauen und Männern, die nach vielen Jahren Ehe geschieden wurden oder die plötzlich als Witwer dastehen. Bei ihnen ändert sich plötzlich alles. Der neue Beziehungsstatus verändert nicht nur die wirtschaftliche Lage. Sondern – und das ist viel schmerzlicher – die sozialen Kontakte. Geschiedene Frauen oder Männer werden vom alten Freundeskreis plötzlich ignoriert. Da werden wie seit Jahren Geburtstage gefeiert – und man steht auf einmal nicht mehr auf der Gästeliste. Oder ich, als klassischer Single: Freundinnen heiraten – und streichen mich aus ihrem Leben, weil sie ja jetzt einem anderen Kreis angehören.

Ich verstehe bis heute nicht ganz, welche Mechanismen hinter solchen Reaktionen stecken. Fakt ist: Das passiert. Und es tut so weh. Ich fürchte, das ist eine ganz fiese Art von subtilem Statusdenken.

Der einzige Weg, den ich hier sehe, ist der: Es selbst anders machen. In die Offensive gehen. Fragen, warum man selbst auf der Gästeliste fehlt oder die frisch verheirateten Freunde einen links liegen lassen. Das wird irritierte und verschämte Blicke nach sich ziehen. Aber es hilft auch, den eigenen Kopf zu heben. Und in nicht so wenigen Fällen klärt es Missverständnisse auf und lässt neue Beziehungen zu.

Eine ganz andere Sache ist übrigens das fehlende Wissen voneinander. Wir Singles laden selten eine ganze Familie zu Besuch ein. Weil das so ist, denken Familien nicht selten, dass wir womöglich das Glück der anderen nicht ertragen könnten. Vielleicht ist es aber auch ganz anders: Schon mal drüber nachgedacht, wie groß die Wohnung eines Singles ist? An den meisten Single-Esstischen ist Platz für zwei. Vielleicht für vier. Aber in den allermeisten Fällen nicht für sechs oder noch mehr Gäste. Wo sollte eine Familie da Platz finden? Hier hilft es, im vielleicht fremden Lebensraum des anderen auf Entdeckungsreise zu gehen.

Dass es sich lohnt, in die Offensive zu gehen und sich bemerkbar zu machen, habe ich bereits erläutert. Es ist aber eben auch wichtig, dass wir uns uns selbst gegenüber bemerkbar machen. Dass wir unsere Fähigkeit zur Selbstdistanzierung nutzen und auf die Fragen, die das Leben uns stellt, mutige Antworten geben. Der Beziehungsstatus »Single« (im Beamtendeutsch heißt das meist »ledig«, »verwitwet« oder »geschieden«) birgt wunderbare Möglichkeiten. Wir Singles sind ein unersetzbarer Teil des großen Ganzen!

Viktor E. Frankl sagt: »Menschliches Verhalten wird nicht von Bedingungen diktiert, die der Mensch antrifft, sondern von Entscheidungen, die er selber trifft.«

Mein Tipp: Triff heute die Entscheidung, deinen Beziehungsstatus mit allen seinen wunderbaren Möglichkeiten zu feiern. Und wenn dir mal wieder ein Miesmacher begegnet, dann gehe fröhlich und mit erhobenem Haupt in die Offensive.

# 7.
## Miesmacher #5:
# Me, myself and I

Leben in Gemeinschaft ist die beste –
wenn nicht sogar einzige – Voraussetzung,
den eigenen Glauben zu erden und im Glauben zu
wachsen. Die Zugehörigkeit untereinander spendet
eine wunderbare Nestwärme. Und die so unterschiedlichen Charaktere, Prägungen, Begabungen und
Lebensstile erzeugen ein Reizklima, das uns fordert.
Nestwärme und Reizklima sind die Katalysatoren für
unsere Persönlichkeitsentwicklung
und für unser Wachstum.

# Familienskandal?

»Es könnte sein, dass ich Weihnachten dieses Jahr nicht zu euch komme.« Mitten im Sommer schockierte ich mit diesem Satz meine Eltern. Mein Bruder war zu diesem Zeitpunkt bereits verheiratet und es war klar, dass er und seine Frau sich über die Feiertage aufteilten: ein bisschen bei seinen Eltern, ein bisschen bei ihren Eltern. Seit Esther und ich gemeinsam in München lebten, wuchs in uns der Wunsch, Weihnachten auch mal zusammen zu feiern. Mit den Menschen, mit denen man auch sonst viel Zeit im Jahr verbringt.

Für mich war der Anruf bei meinen Eltern wie das sprichwörtliche Schlachten einer heiligen Kuh. Ich habe wochenlang überlegt, wie ich es sage und wann der richtige Moment sein könnte. Mein Entschluss stand fest. Aber was, wenn meine Eltern das nicht verstehen würden? Schließlich habe ich – anders als mein Bruder – überhaupt gar keine Berechtigung, dem Familienfest fernzubleiben. »Als Single hat man doch nur seine Eltern ...«, dachte ich so bei mir. Ein einziges Mal war ich Weihnachten nicht in diesem Kreis – und zwar als ich in Kanada war zum Studieren. Da war die doch etwas größere Distanz der Grund. Und jetzt, was war jetzt der Grund? Nur, dass ich mal mit meinen Freunden feiern wollte?

Nein, der Grund lag viel tiefer. Ich hatte nach Jahren als WG-Vagabundin endlich ein Zuhause. Mit Esther und den Leuten vom – damals noch sehr kleinen – SegensReich war München mein Lebensmittelpunkt geworden. Unsere Wohnung war und ist keine Wohngemeinschaft, sondern Lebensgemeinschaft. Hier lebe ich. Und hier, an diesem Ort und mit diesen Menschen, wollte ich das schönste Fest des Jahres feiern. Auch wenn Weihnachten bei uns Tschages immer wunderbar war. Bei uns war das Fest mangels großer Verwandtschaft immer sehr beschaulich und einfach nur schön. Das änderte sich, als meine Schwägerin zur Familie stieß. Ich beschrieb dies oben bereits. Nach dem ersten zerpflückten Weihnachtsfest zu fünft war ich ermutigt, eigene Akzente setzen zu dürfen. Auch als Single.

Also nahm ich mir bei einem der nächsten Telefonate mit meinen Eltern ein Herz und ließ es raus: »Es könnte sein, dass ich Weihnachten dieses Jahr nicht zu euch komme.« Ich erklärte lang und breit, worum es ging: »Wisst ihr, ich bin ja jetzt in München zu Hause. Hier sind die Leute, die ich sehr lieb habe und die mich sehr lieb haben. Also nicht, dass ihr mich nicht auch lieb habt – aber ich möchte das größte Fest des Jahres einfach mal hier sein und mit meinen Freunden feiern.«

Ich fürchte, mein erklärender Monolog dauerte mehrere Minuten. Wie ich heute weiß, war der völlig unnötig. Die Reaktion meiner Eltern überraschte mich. Meine Ankündigung brachte mir weder Unverständnis noch Vorwürfe ein. Stattdessen irgendwie Freude – und die Idee meiner Eltern, dass sie ja dann auch mal zu mir kommen könnten über die Feiertage.

Und so war es dann auch. Heiligabend feierten Esther und ich gemeinsam bei und mit guten Freunden. Wir waren insgesamt zehn Leute am Tisch, denn sowohl Esther und mir als auch unserem befreundeten Paar mit kleinem Kind war es wichtig, dass wir nicht unter uns blieben. Wir wollten Menschen einladen, die sonst allein gewesen wären oder Weihnachten ganz übergangen hätten. Und so erlebten wir einen tollen Festabend mit gutem Essen und einer Tafel, die ich in dieser Größe an Heiligabend noch nie hatte. Wunderbar!

Esther fuhr am 1. Weihnachtsfeiertag zu ihren Eltern – und meine Eltern kamen zu mir nach München. Das war eine Premiere, die mir sehr viel bedeutet hat. Zum einen: Weihnachten zu feiern mit der größeren Familie, die Gott schenkt, und andere an den eigenen Tisch einzuladen. Was für ein Segen! Zum anderen: Ich merkte zu diesem Anlass, wie ich auf eigenen Füßen stehe und auch als Single durchaus mein Leben gestalten darf. In den Zweifelsfällen des Single-Daseins (Weihnachten ist so ein Zweifelsfall) muss ich nicht bei Mama und Papa unterkriechen, weil mir die eigene Familie fehlt. Ich darf auch im Kreis der größeren Familie feiern. Und das fühlt sich unfassbar gut an!

Dieses Weihnachtsfest vor ein paar Jahren änderte viel. Als Esther und ich den ersten eigenen Christbaum aufstellten und schmückten, war das ein erhabener Moment! Als meine Eltern am ersten Weihnachtsfeiertag bei mir ankamen, bei mir zu Gast waren, staunten wir alle nicht schlecht. Sie waren schon oft bei mir gewesen, aber dieses Mal war alles anders. Es waberte dieses Gefühl in der Luft, dass ich nun endlich erwachsen war. Ja, so fühlte sich das an. Nicht negativ. Nicht so, als wäre ich vorher noch dem Kindesalter verfallen gewesen und jetzt hatte ich es geschafft. Sondern eher so, dass uns nun allen klar war, dass ich mein Leben lebte, so wie es gerade war. Mein Beziehungsstatus »ledig« war nicht wichtig. Wir alle merkten einfach, wie glücklich ich war über das Leben, das ich leben durfte. Natürlich hatten wir zu dritt einige großartige Tage zusammen. Meine Eltern bei mir zu Gast – was für ein Geschenk!

Im Jahr danach war die Weihnachtsrunde übrigens etwas kleiner. Dafür haben wir bei uns zu Hause gefeiert, gemeinsam mit zwei anderen Single-Frauen. Und sosehr die Erinnerungen an sämtliche Weihnachtsfeste mit meinen Eltern und meinem Bruder in der Vergangenheit glänzen – dieses Fest war das schönste! Weil es ganz und gar unseres war.

## Wenn andere mit ihren Lieben sind ...

»Weihnachten. Seit einigen Jahren sind wir Heiligabend in der Familie meines Bruders. Meine Mutter, seine Schwiegermutter und deren Schwester, ich. Es ist schön, ich bin immer gerne bei meinem Bruder. Aber diese Zusammensetzung hat irgendwie auch den Touch: die einsamen Frauen sammeln ...«

Diese Zeilen schrieb mir eine Frau Mitte 50. Und so in etwa ist das Erleben von vielen Singles. Sie fühlen sich zu den großen Festen irgendwo untergebracht. Hauptsache, sie sind nicht allein. Zu Silvester gibt es viele Freizeiten, wo man vielleicht noch untertauchen kann. Aber die Feste, die man normalerweise in der Familie verbringt ..., da ist man ohne Familie dann echt aufgeschmissen, wenn man nicht mit 40 oder 50 Jahren noch als Kind zu seinen Eltern reisen möchte. Wenn andere mit ihren Partnern oder Familien zusammen sind, gucken wir Singles oft in die Röhre. Nicht nur an Weihnachten:

»Wenn ich irgendwo eingeladen wurde (Parties mit Freunden, Hochzeiten, Familienfeiern), kam ich mir ohne Frau an meiner Seite oft blöd vor. Auch wenn niemand je dieses Thema angesprochen hat. Besonders belastend war dies teilweise im Urlaub. Ich sah es nicht ein, zu Hause zu bleiben, nur weil ich Single bin. Und da ich gern unabhängig und spontan agiere, lud ich meistens Zelt und Schlafsack ins Auto und fuhr trotzdem los, unter anderem drei Mal nach Schweden. Freunde mit ähnlichen Reiseinteressen hatte ich leider nicht. Leider gehe ich sehr ungern auf fremde Leute zu. Die erste Zeit des Urlaubs machte mir das Alleinsein auch nichts aus, aber wenn ich dann mehrere Tage (fast) nichts geredet hatte und mit meinen Gedanken allein war, kam regelmäßig der Blues.«

Diesen Blues wie ein Single-Mann Ende 30 ihn hier beschreibt, kennst du mit Sicherheit auch. Er ist die Folge dieses Miesmachers von Einsamkeit und Alleinsein. Dem Fakt, dass wir als Singles nicht per se Menschen um uns herum haben, die unsere Freizeit füllen. Da gibt es nur eine Lösung – sagt auch er:

»Gegen das Alleinsein hilft am besten Eigeninitiative. Passivität, Mutlosigkeit und Selbstmitleid verstärken die Probleme nur und helfen keinesfalls aus ihnen heraus!«

Wo andere in ihre komfortable Familiengemeinschaft fallen, will sich bei uns Singles oft der Stress einschleichen. Wenn wir freitagsabends nach Hause kommen, wartet da meist niemand. Dann geht es darum, das Wochenende zu organisieren, wenn ich nicht ganz allein bleiben will. Das alles gesetzt den Fall, dass du eine geregelte Arbeitswoche hast, denn Schichtdienst macht das Ganze nochmals schwieriger. Alle unsere Sozialkontakte sind nicht selbstverständlich da. Wir sitzen eben nicht am Abendbrottisch und besprechen, welchen Ausflug wir am Samstagnachmittag machen könnten. Unsereins muss dafür mindestens zum Telefonhörer greifen. Je nachdem, wie viele andere Single-Freunde man hat, ist das einfach oder nicht so einfach. In jedem Fall müssen wir immer wieder aktiv werden. Und manchmal fühlen wir uns da doch wie Bittsteller, oder? Nach dem Motto: »Kannst du bitte, bitte, ein bisschen Zeit mit mir verbringen?« Man will ja auch niemandem auf die Nerven gehen. Die Wochenenden lassen sich auf diese aktive Weise meist noch recht gut organisieren. Aber beim Urlaub hört der Spaß meist schnell auf. Wenn man so wie ich nicht so sehr der Freizeittyp ist, dann hat man schlechte Karten. Für eine Freizeit – da gibt es auch für Singles reichlich Angebote – können wir uns immer anmelden. Aber wer bitte macht mit mir Individualurlaub?

Ich gebe zu, dass es in mir eine unbändige initiative Kraft gibt. Mir fällt es gar nicht schwer, auf andere zuzugehen. Schon gar nicht dann, wenn ich mal wieder eine Idee habe, die es umzusetzen gilt. Mit Esther habe ich einen Urlaubs-Buddy. Wir zwei harmonieren immer perfekt. Die Begeisterung für die gleichen Orte und Arten von Urlaub machen es uns leicht. Im Sommer an die Nordsee, im Winter in die Berge, dazwischen gerne in ein schönes Wellnesshotel. Wir gehen beide gerne eher früh ins Bett und stehen dafür nicht allzu spät auf. Wir mögen das gleiche Fernsehprogramm und ähnliches Essen. Wir sind ein gutes Team. Und wir haben den gleichen himmlischen Coach.

Wenn du dem klassischen Single-Stress entgehen willst, dann fang an, ein bisschen zu planen. Mach dich auf den Weg und suche Leute mit ähnlichen Interessen. Die sind meist gar nicht so weit weg, wie wir denken. Das müssen auch gar nicht nur Singles sein. Mancher Ehepartner ist doch froh und dankbar, mal was als Einzelstück zu machen, ohne die eigene Horde im Schlepptau.  Wichtig ist, dass du deinen Hintern hochbekommst und dich von Absagen nicht beeindrucken lässt. Und: dass du dich auf andere einlässt. Vielleicht wirst du dann mit der Begeisterung für gemeinschaftliches Leben angesteckt.

## Gesucht und gefunden

Mein Name: *Thomas*
Mein Jahrgang – tatsächlich: *1975*
Mein Jahrgang – gefühlt: *1990*
Hier lebe ich: *Schwarzheide, Niederlausitz*
Hier bin ich am liebsten: *draußen in der Natur*
Mein Job: *Technischer Controller*
Wenn ich gerade nicht arbeite, findest du mich: *lesend, auf dem Fahrrad,*
*in der Natur oder im Kino*

In der Schulzeit fand ich es cool, anders zu sein als die anderen. Und
dazu gehörte es auch, den einsamen Wolf zu geben, den kein Mädchen
einfangen kann. Wobei das im Nachhinein gesehen eher ein Überspielen von Unsicherheit war. Pubertäres Gehabe halt. Und plötzlich
war der Zug abgefahren. Alle tollen Mädels vergeben. Wobei für mich
schon immer galt: Keine Partnerin, die nicht an Gott glaubt! Die waren
in der »Brandenburgischen Diaspora« ohnehin rar gesät. Zu jedem
Jahreswechsel hatte ich den Gedanken im Kopf, ob ich wohl in diesem
neuen Jahr meine zukünftige Frau würde kennenlernen. Bis auch das
irgendwann aufhörte und ich mich innerlich damit abfand, dass es
für mich wohl kein weibliches Wesen gäbe. Aber deswegen war ich
nie sauer auf Gott!
    Im Alltag habe ich unter dieser Situation kaum gelitten, schließlich
war ich ja tagsüber unter Leuten. Die Abende habe ich dann für mich
und meine Interessen genutzt, was auch nicht das Problem war. Aber
wenn ich irgendwo eingeladen wurde (Partys mit Freunden, Hochzeiten oder Familienfeiern), kam ich mir ohne Frau an meiner Seite oft
minderwertig vor. Auch dann, wenn niemand dieses Thema ansprach.
    Doch dann kam eines Tages eine E-Mail mit dem aktuellen Newslet-
ter von EmwAg, den ich schon länger abonniert hatte. Dieser enthielt
einen Hinweis auf die erste Single-Freizeit für Unter-Vierzigjährige in
Bad Blankenburg im September 2013. Und ich weiß noch, als wäre es

gestern gewesen, dass mir eine innere Stimme befahl, mich spontan dazu anzumelden, bevor ich es mir anders überlegen würde. Ab da krempelte sich mein Single-Dasein komplett um.

Nebenbei gesagt, war dies auch meine erste Freizeit überhaupt. Das Gefühl, dass ich mit meinen Problemen der Einzige sei, war nach diesen zwei Tagen komplett verschwunden. Völlig begeistert fuhr ich nach Hause, auch wenn ich angesichts der leeren Wohnung erst mal wieder in ein Loch fiel. Doch in der Folge kam der Kontakt zu einer christlichen Single-Gruppe zustande. Diese trifft sich jeweils einmal im Monat am Wochenende und unternimmt etwas in Gemeinschaft (Wandern, Radfahren, Kegeln, Plätzchen backen, Grillabende etc.). In der Regel gehören auch ein Picknick oder die Einkehr in ein Gasthaus sowie eine Austauschrunde und eine Gebetszeit dazu. Und neben Freundschaften und Beziehungen sind daraus mittlerweile auch einige Ehen hervorgegangen. Der Vorteil ist, dass man sich öfter sieht und so von Mal zu Mal besser kennenlernt. Und Treffen außerhalb der regelmäßigen gemeinsamen Termine sind natürlich ebenfalls nicht verboten.

In der Rückschau sehe ich diesen meinen Weg von Beginn an als Führung Gottes. Denn mittlerweile kenne ich mehrere Frauen, mit denen ich mir mehr vorstellen könnte als gelegentliche gemeinsame Unternehmungen in großer Runde. Und bei einer ist dieses Gefühl ganz besonders ausgeprägt. ☺

Im Ergebnis steht die Erkenntnis: Passivität, Mutlosigkeit und Selbstmitleid verstärken die Probleme des Alleinseins nur und helfen keinesfalls aus ihnen heraus! Man sollte auf die Zeichen achten, die Gott einem gibt und die entsprechenden Gelegenheiten nutzen, Gemeinschaft zu erfahren und zu gestalten.

# Plädoyer für ein Leben in Gemeinschaft

Esther und ich sind beschenkt, das wissen wir. Was aber gibt unserem Zusammensein die besondere Qualität, dass sich unser Leben derart prächtig entfalten kann? Die Antwort habe ich bei Menschen gefunden, die in einer klösterlichen oder kommunitären Gemeinschaft leben. Sie bezeugen alle: Leben in Gemeinschaft ist die beste – wenn nicht sogar einzige – Voraussetzung, den eigenen Glauben zu erden und im Glauben zu wachsen. Die Zugehörigkeit untereinander spendet eine wunderbare Nestwärme, die guttut. Und die so unterschiedlichen Charaktere, Prägungen, Begabungen und Lebensstile erzeugen ein Reizklima, das uns fordert. Nestwärme und Reizklima sind also ziemlich gute Katalysatoren für die Entwicklung unserer Persönlichkeit.

Von Reizklima können Esther und ich eine Menge erzählen. Die Leute meinen immer, bei uns scheine stets die Sonne und es herrsche heile Welt. Aber so ist es nicht. Bei uns beiden fliegen regelmäßig die Fetzen! Meine tollen Ideen und die Initiative, die ich so oft ergreife, bringen Esther nicht selten zur Weißglut. Dann fühlt sie sich übergangen. Meistens zu Recht. Ich dagegen habe immer wieder das Gefühl, alles allein zu machen. Dann streiten wir uns. Und das ist nur ein Beispiel von vielen in Sachen Reizklima.

Aber wir erleben auch diese Nestwärme. Wir wissen, dass wir beieinander bedingungslos angenommen sind. Wir ermutigen uns gegenseitig. Wir korrigieren uns auch. Wir streiten und vertragen uns wieder, wir sprechen über Gott und die Welt und lernen uns jeden Tag ein Stück besser kennen. Und den, der uns geschaffen hat. Denn das geistliche Leben gehört zu unserer Gemeinschaft dazu. Jeden Morgen beten wir gemeinsam, bevor wir das Haus verlassen. Wir wissen, wer unsere Gemeinschaft gestiftet hat – und wer sie prägen will. In uns hat sich eine Begeisterung für gemeinschaftliches Leben entwickelt, die wir weitertragen wollen. Das SegensReich ist Ausdruck dessen. Wir sind längst nicht mehr nur zu zweit.

Gemeinschaftliches Leben ist die Lösung für viele der Single-Probleme. Davon bin ich überzeugt.

Gott hat ganz am Anfang seiner Schöpfung verkündet, dass es nicht gut ist, wenn der Mensch allein sei (vgl. 1. Mose 2,18). Gott selbst ist ja nicht mal allein! In seiner Dreieinigkeit lebt er in Gemeinschaft: Vater, Sohn und Heiliger Geist. Zu dritt eben. Wir Menschen sind auch nicht als Alleinleber geschaffen. Wir gehören zusammen. Wir brauchen Zugehörigkeit und Verbundenheit mit anderen Menschen, um wirklich leben zu können. Dass die meisten Menschen heute den einzigen Weg zur Verwirklichung dessen in der Ehe sehen, macht mich traurig. Weil dabei so viele auf der Strecke bleiben.

Ich für meinen Teil bin so begeistert von gemeinschaftlichem Leben, dass ich selbst als Ehefrau und Mutter niemals anders leben wollen würde. Denn Leben in Gemeinschaft bringt gleich mehrere Vorteile mit sich.

## Trainingsprogramm Beziehung

Gemeinschaftliches Leben ist die beste Ehevorbereitung. In der Gemeinschaft erlebe ich Annahme, Fürsorge und Ermutigung. Aber ich erlebe auch die alltäglichen Reibereien, Streit, Versöhnung. In einer Gemeinschaft erlaube ich anderen, mich zu korrigieren. Das traue ich mich deswegen, weil ich weiß: Der andere meint es gut mit mir und will mir nicht bösartig eins reinwürgen. Dies alles macht mich beziehungsfähig in vielerlei Hinsicht: zu mir selbst, zu anderen, zu Gott. Ich muss nicht bei dem bleiben, was ich habe und kann. Gemeinsam entdeckt man das Mehr an Leben. Eine Gemeinschaft ist ein Raum, wo wir einander wertschätzen, wo wir miteinander verbunden sind. Was für ein Schatz!

Beziehung ist übrigens immer harte Arbeit. Die braucht Zeit und Investition. Ich weiß, dass Menschen, die in Gemeinschaften leben, häufig keine volle Arbeitsstelle mehr haben. Weil sonst die Zeit für die Gemeinschaft fehlt. Ich vermute, dass viele Beziehungen und Ehen scheitern, weil Zeit und Investition fehlen. Man meint, dass alles so nebenbei läuft. Aber Pflanzen wollen gepflegt werden. Und nichts anderes ist doch eine Beziehung: eine Pflanze, die gegossen, gehegt, beschnitten, gedüngt werden will. Wieso meinen wir, dass unsere Freundschaften einfach weiterexistieren, wenn wir uns nicht um sie bemühen? Diese Arbeit lohnt sich. Manchmal ist die zwar mit viel Schweiß und Tränen verbunden. Aber jeder Tropfen ist, es wert. Wenn nach einem Streit die Versöhnung einkehrt, das ist wie wenn nach einem Gewitter die Sonne wieder scheint und man die Wärme ihrer Strahlen genießt. Mit dem Streit hat man wieder etwas gelernt – über sich selbst, über den anderen; darüber, wie Dinge gut gehen und wie nicht; was man – vielleicht sich selbst, vielleicht auch dem anderen zuliebe – tun und was besser lassen sollte. Auseinandersetzungen lohnen sich. Denn sie lassen uns wachsen. Sie lassen uns uns selbst erkennen und sie lassen uns gelassener werden. Die offene Zahnpastatube und die Haare im Waschbecken sind dann nicht mehr so wichtig. Oder ich habe gelernt, liebevoll, aber deutlich zu sagen, dass diese Dinge für mich eben doch wichtig sind. Sich auf andere einstellen und einlassen zu können, ist für mich einer der größten Werte von Gemeinschaft. Und der hilft mir an vielen Stellen des Lebens weiter.

Bei EmwAg erleben wir die hässlichen Blüten dieses Miesmachers ganz deutlich. Wenn wir Freizeiten, Urlaube oder Tagungen anbieten, dann ist das größte Problem immer die Haussuche. Nicht, dass es nicht zahlreiche Freizeithäuser gäbe. Was uns immer fehlt, sind ausreichend viele Einzelzimmer. Denn viele Singles haben es nie gelernt oder aber verlernt, sich auf andere einzustellen. Nicht einmal für ein Wochenende möchten sie ihren Lebensraum mit jemand anderem teilen. Die Leute, die es gewohnt sind, in Gemeinschaft zu leben, ticken da ganz anders. Jetzt stellen Sie sich vor, ein Single verliebt sich und geht mit der rosaroten Brille eine Beziehung ein. Na, das kann ja lustig werden – spätestens dann, wenn das Rosarot verblasst und die Schmetterlinge im Bauch ausgeflogen sind. Gut, wer da vorher schon fürs Leben gelernt hat. Wer gelernt hat, dass Beziehung immer Arbeit ist – egal mit wem.

## Sei selbst ein guter Partner

»Beim Gespräch mit anderen Singles um die 40 sprach einer meiner Bekannten es dann mal aus. Auf die Frage, woran es denn wohl liege, dass wir alle noch Singles seien, sagte er: ›Tja, ich denk, wir haben halt alle irgendwo 'ne Macke.‹ Und ehrlich: Das hab ich auch schon mal gedacht.«

Das schrieb mir eine junge Frau während meiner Recherche zu diesem Buch. Die Mär von der Macke, die wir Singles offensichtlich haben müssen, denn sonst hätten wir ja einen Partner oder eine Partnerin, hält sich leider hartnäckig. Welcher Mensch bitte ist ohne Macke? Frag doch mal eine Ehefrau oder einen Ehemann nach den Macken des Partners. Das wird sicher sehr aufschlussreich und erhellend!

Bist du dir deiner Macken bewusst? Ich mir schon. Nicht erst, seit ich in Gemeinschaft lebe – aber seitdem sind sie offensichtlicher. Ich habe die Chance, sie in den Griff zu bekommen oder liebevoll schleifen zu lassen. Ich bin zum Beispiel total ungeduldig. Deshalb machen mir alle anderen alles immer zu langsam. Also mache ich es oft einfach selbst. Was mindestens dann blöd ist, wenn es jemand anderes machen wollte oder gar sollte. Ich weiß auch oft alles besser. Und das Drama ist groß, wenn man mich eines Besseren belehrt. Ich bin außerdem die Tochter meines Vaters – genauso wie ihm ist mir das Schneckenhaus nicht selten der liebste Ort: kuschelig, warm und abgeschieden, wenn andere einem blöd gekommen sind. Da kann ich tagelang drin hocken bleiben. In Gemeinschaft fällt das auf ... Die Menschen in meiner Nähe haben es gelernt, wie man mich da erfolgreich rausholt, oder mehr noch: wie man mir den Eingang dorthin versperrt.

Es gibt heute eine Menge Angebote, die uns helfen wollen, selbst zum Traumpartner zu werden. Seminare, Tagungen, Coachings. Ich empfehle dir diese sehr. Wenn du weißt, wer du selbst bist – wie du tickst, welche Werte dir wichtig sind, warum du auf Dinge reagierst, wie du es tust und so weiter, bist du große Schritte weiter in Richtung glücklicher Beziehungen. Ich habe das schon mal empfohlen und tue es an dieser Stelle wieder: Mach mal einen Persönlichkeitstest! Entdecke dich selbst, lerne dich kennen und staune, wer du bist. Die Hochmütigen unter uns bringt das auf den Teppich der Tatsachen. Die Selbstbewusstseinsarmen hebt es auf eine neue wunderbare Ebene des eigenen Wertes empor. Uns allen hilft es, miteinander besser klarzukommen.

## Nie mehr einsam und allein?

Ich habe für dieses Buch eine Menge guten Input bekommen. Über eine Geschichte habe ich aber besonders gelacht. Sie kam von einem Single-Mann, der von der Hochzeit eines Freundes berichtet:

»Als Peter heiratete, sagte der Pastor: ›Jetzt heißt es nie mehr: Peter allein zu Hause‹. Bei diesem Ausspruch hat sich mein Bauch zusammengezogen. Diese Vorstellung finde ich schlimm! Nie mehr allein zu Hause sein. Nie mehr tun und lassen können, was ich möchte. Nie mehr meinen kleinen Lastern frönen (samstags im Adamskostüm auf der Couch liegen …). Nie mehr … Ich brauche das Alleinsein. Und je länger ich Single bin, umso mehr. Vielleicht werde ich irgendwann wunderlich, wer weiß? Einsamkeit beschreibt das negative Gefühl, wenn man zu viel allein ist bzw. Langeweile hat. Das kenne ich natürlich auch. Da ich jedoch relativ vielen Hobbys und auch einer erfüllenden Arbeit nachgehe, habe ich einen erfüllten Tagesplan, und da ist für Einsamkeit wenig Platz.«

Einsamkeit und Alleinsein sind zwei völlig verschiedene Zustände und Gefühle. Ich kann mit einhunderttausend Menschen in einem Stadion stehen – nicht allein, aber einsam. Ich kann in einem Gottesdienst sein – nicht allein, aber unerträglich einsam. Ich kann in einer Ehe leben – nicht allein, aber furchtbar einsam. Die Aussage dieses Pastors finde ich extrem irreführend. Den Kommentar des jungen Mannes extrem ehrlich. Besonders die Sorge:»Vielleicht werde ich irgendwann wunderlich?« Die ist durchaus berechtigt. Weil wir Singles gerne mal verlernen, wie es mit anderen ist. Ich selbst bin aber auch gerne mal allein – das tut gut, ich brauche das. Gerade im Urlaub scheue ich die großen Massen. Deshalb sind Freizeiten überhaupt nicht mein Ding – zumindest dann nicht, wenn ich mich erholen möchte. Bewusst mal allein sein, ist gut und wichtig. Der eine braucht es mehr, der andere weniger.

Einsamkeit hingegen ist nie gut. Sie tut nie gut. Einsamkeit gibt uns das hässliche Gefühl, dass wir es nicht wert sind, dass andere mit uns zusammen sind, sich um uns kümmern. Einsamkeit raubt uns unseren Wert. Sie tut unermesslich weh. Sie sagt:»Du bist eben übrig geblieben!« Und Einsamkeit besucht uns logischerweise ganz fies immer dann, wenn andere so glücklich in ihrer Gemeinschaft sind: an Weihnachten zum Beispiel. Oder nach Feierabend, wie eine Single-Frau treffend beschreibt:

»Ich empfinde die Einsamkeit als einen ungebetenen Gast, den ich immer öfter bei mir in der Wohnung antreffe und der vor allem dann dick und fett auf meiner Couch sitzt, wenn ich nach einem Wochenende bei Freunden oder nach einem schönen Ausflug mit anderen allein zurückkomme. Hier sehe ich den ganz großen Reiz, die Mühe und die Schmerzen von Gemeinschaftsleben auf sich zu nehmen: Erst wenn ich sehe, wie viele meiner Gaben mir durch mein Alleinsein verloren gehen, was alles nicht gelebt wird, dann packt mich die Sehnsucht nach ›Leben teilen‹. Es sind diese kleinen Gemeinschaftsmomente, die mir in Erinnerung sind: Jemand nimmt meinen Kleidungs-stil wahr und macht mir vielleicht ein Kompliment; ich komme in einen Raum, in dem die Kerze schon an ist und die Stühle nicht mehr von mir in die richtige Sitzordnung gebracht werden müssen; ein Teil von etwas zu sein, irgendwo ohne Eigenleis-tung selbstverständlich dazuzugehören und das eben nicht nur für eine Abendeinladung, sondern auch am nächsten Morgen, wenn ich schweigend und müde am Frühstückstisch sitze.«

Ich bin überzeugt: In einer Gemeinschaft bin ich manchmal allein, aber nie einsam. Weil dort Menschen zusammen sind, die sich zu Verbundenheit verpflichtet haben. Und die heißt: Ich habe den ande-ren im Blick, ich bin an seinem Wohlergehen interessiert. Ich merke, wenn was im Busch ist.

Viktor E. Frankl hat bei uns Menschen die besondere Fähigkeit zur Selbsttranszendenz und Selbstdistanzierung entdeckt – unsere Fähigkeit, uns anderen liebevoll hinzugeben. Das geht nur, wenn wir manches Mal aus uns selbst heraustreten und uns anschauen. In meinem Fall klingt das oft so: »Hm, die Tina ist echt fordernd. Sie kann andere nicht mal nach ihrem eigenen Gusto was machen lassen. Alles muss immer so laufen, wie sie es machen würde. Aber irgendwie hilft das nicht weiter … Sie macht ja alles alleine … schön blöd!« Ja, schön blöd. Diese Entdeckung mache ich beim Blick auf mich selbst immer wieder. Ich könnte so viel mehr erleben, wenn ich mir nicht so oft selbst im Weg stehen würde. Gut, wenn sich dann andere liebevoll in meinen Weg stellen.

# Ja, soll ich jetzt ins Kloster gehen?

Vor nicht allzu langer Zeit hieß nicht heiraten: ins Kloster gehen. Vor allem für ledige Frauen war ein Leben als Diakonisse dann vorprogrammiert. Das finde ich einerseits ziemlich cool, weil es unterstreicht, dass wir Menschen nicht als Einzelgänger geschaffen sind. Andererseits ist ein Leben hinter Klostermauern doch eine Vorstellung, die für die allermeisten von uns nicht recht ins Bild passt. Weil sie so weit weg vom Leben ist. Diese Frage hat sich Astrid Eichler auch einmal gestellt. Sie stand vor der Entscheidung, sich als bewusst ehelos lebende Frau einer katholischen Kommunität anzuschließen, die einen ökumenischen Auftrag lebt. Aber irgendwo auf dem Weg dorthin keimte dieser Gedanke in ihr auf: »Es muss was anderes geben!«[34] Etwas anderes zwischen klassischer Kirche oder Gemeinde und einer kommunitären Gemeinschaft. Für Singles dann auch was anderes als das einsame Leben zwischen Beruf und Kirche, zwischen Hobby und Ein-Personen-Haushalt. Und für Singles, Paare und Familien gemeinsam etwas anderes, das alle bereichert. Und vor allem was anderes als kommunitäre Strukturen, die sehr wohl ihre Berechtigung haben und für manche Leute genau das Richtige sind. Aber eben nicht für alle.

EmwAg ist mittlerweile ein Netzwerk, in dem sich der Aufbruch zur Gemeinschaft zeigt. Wir entwickeln und erleben immer kreativere Modelle für gemeinschaftliches Leben. Es gibt ganz kleine Zellen von zwei bis vier Leuten. Astrid selbst lebt heute in einer Zelle mit drei anderen: einem kinderlosen Pfarrersehepaar, das wie sie in der Nähe von Berlin lebt, und einer Landärztin aus Ostfriesland. Letztere hat zwei Wohnorte und in dieser Zelle einen wunderbaren Lebensraum voller Zugehörigkeit. Die Entfernung überbrücken sie durch SMS, Telefonate, Urlaube und regelmäßige Zellen-Zeiten. Auch von Telefonzellen weiß ich: Da lebt eine Frau in München, die andere in Bamberg. Sie telefonieren regelmäßig und schenken sich Zugehörigkeit. Das Leben dieser beiden mit den jeweiligen Berufen lässt zurzeit nicht mehr zu. Es gibt auch Leute, die leben Gemeinschaft, auch wenn sie nicht dasselbe Dach teilen. So wie wir hier in München. Zum SegensReich gehören ja neben Esther und mir andere. Auch wenn wir noch nicht zusammenwohnen, so teilen wir durch eine große Verbundenheit und feste Termine doch schon längst unser Leben. Dann gibt es Gemeinschaften, die eine Wohnung oder ein ganzes Haus mit Leben füllen – wo drei oder 35 Leute gemeinsam unterwegs sind. Du siehst: Ob kleine Zelle, eine bunte Truppe ohne Haus, eine Wohn- oder Hausgemeinschaft – Möglichkeiten für gemeinschaftliches Leben gibt es viele. Es liegt an dir, dich auf den Weg zu anderen zu machen. Mehr dazu und konkrete Beispiele findest du auf der Website von EmwAg[35] und in dem Buch »Es gibt was Anderes: Gemeinschaftliches Leben für Singles und Familien.«[36] Und natürlich hier.

# Willst du mit mir gehen ...?

Kreuze an: ☐ *Ja* ☐ *Nein* ☐ *Vielleicht!*
Mein Name: *Rahel*
Mein Jahrgang – tatsächlich: *1975*
Mein Jahrgang – gefühlt: *1980*
Hier lebe ich: *Ritterhude am Stadtrand von Bremen*
Hier bin ich am liebsten: *am Meer oder in den Bergen*
Mein Job: *Grundschullehrerin*
Wenn ich gerade nicht arbeite, findest du mich: *nebenan bei meiner Zell-Familie*

Ich habe so ein Briefchen noch nie bekommen, geschweige denn selbst geschrieben. Aber wer kennt sie nicht – diese berühmte Frage, mit der Teenies einander ihre Sympathie bekunden oder vielleicht sogar ihre erste große Liebe? Auch um einen Heiratsantrag bin ich als Single bisher herumgekommen. Oder vielleicht doch nicht ganz? Denn irgendetwas zwischen dieser bekannten »Willst-du-mit-mir-gehen-Frage« und einem »Fast-schon-Heiratsantrag« an eine befreundete Familie war es dann wohl doch, was mich vor über sechs Jahren so große Überwindung gekostet und mir einige schlaflose Nächte bereitet hat. Wie kam es dazu, dass ich just als Single einer damals noch sechsköpfigen Familie einen »Fast-Heiratsantrag« machte und seitdem in einer Lebensgemeinschaft lebe ... und heute tatsächlich (einen gemeinsamen Weg) mit ihnen gehe?

Familie Gentsch mit ihren damals noch vier Kindern und ich kannten uns schon einige Zeit aus der Gemeinde. Durch gemeinsame Mittagessen am Sonntag und andere Unternehmungen war unsere Freundschaft zueinander gewachsen. So wussten Gentschies, dass mich die große »Es-muss-was-anderes-geben-Frage« beschäftigte und ich auf der Suche nach anderen Singles war, mit denen ich vielleicht eine Lebens- und Wohngemeinschaft gründen könnte. Doch leider waren zu der Zeit keine Singles in meinem Alter und Umkreis in Sicht, die an diesem Thema Interesse zeigten. Eines Sonntags beim gemeinsamen Abwasch in der Gemeinde unterhielten Vicky (die Frau der befreundeten Familie) und ich uns über die Hausbaupläne einer anderen Familie aus der Gemeinde, mit der ich lange gemeinsam in einem Hauskreis gewesen war. Plötzlich fragte Vicky mich, ob nicht vielleicht mit dieser Familie auch ein gemeinsames Wohnprojekt denkbar wäre. Und da fiel es mir wie Schuppen von den Augen! Ein glasklarer göttlicher Impuls schoss mir durch den Kopf: Nein, eigentlich könnte ich mir vielmehr mit EUCH eine Lebens- und Wohngemeinschaft vorstellen! Aber das sprach ich natürlich nicht laut aus. Viel zu überrascht war ich von diesem plötzlichen Gedanken! Aber er ließ mich nicht mehr los, dieser just durch Vicky angestoßene »göttliche Spülgedanke« ... Bis wir im Sommer gemeinsam zu unserem Urlaub nach Schweden aufbrachen. Wir verbrachten einen wunderschönen Urlaub dort zusammen – bis auf die Tatsache, dass mich einige schlaflose Nächte quälten. Und dies lag nicht etwa an der in Nordschweden im Sommer einfach nicht untergehenden Sonne. Vielmehr raubte mir der Gedanke den Nachtschlaf, ob ich Familie Gentsch einmal fragen sollte, ob sie sich mit mir eine Lebensgemeinschaft vorstellen könnten. Und wenn sie sich durch eine solche Frage überrumpelt fühlen? Und wenn ich ihnen damit zu nahe trete? Und wenn sie das nicht wollen? Und wenn ...? Und wenn ich mich nicht trauen würde, diese Frage zu stellen, würde ich nie eine Antwort bekommen! Ermutigt durch eine Freundin, traute ich mich schließlich eines Abends doch, die berühmte Frage zu stellen: Wollt ihr mit mir gehen? Könntet ihr euch vorstellen, mit mir in irgendeiner Form von Lebensgemeinschaft zu leben? Und die Antwort war spontan positiv. Auch wenn Vicky gleich den Einwand erhob: Aber keine WG! Wie genau unsere Lebensgemeinschaft aussehen sollte, war uns allen noch nicht ganz klar. Darum sind wir einige Monate später gemeinsam zu einem Werkstattwochenende »Gemeinschaftliches Leben« von EmwAg gefahren und dort haben wir gemeinsam ein paar »Verbindlichkeiten« aufs Papier gebracht, die so ähnlich auch heute noch von uns gelebt werden, auch wenn sich inzwischen vieles verändert hat. Inzwischen wohnen wir nämlich nicht mehr 20 km von-einander entfernt, sondern tatsächlich in »Puschennähe« Hauswand an Hauswand. Direkt neben ihrem Reihenhaus wurde nämlich ein Reihenhaus zur Miete frei, in das ich vor vier Jahren eingezogen bin. Jeden Mittwochnachmittag und -abend verbringen wir gemeinsam, jeden Abend essen wir gemeinsam Abendbrot und mindestens einmal im Jahr fahren wir zusammen in den Urlaub und teilen so unser Leben. Also, nur Mut zum Heiratsantrag – auch als Single! Es lohnt sich ...

## Nächste Station: Mehr Gemeinschaft

Die Geschichte von Rahel macht dir hoffentlich viel Mut, eigene Schritte zu gehen – runter von deinem Bahnsteig, rein ins Leben.

Vielleicht machst du es in diesem Jahr wie ich vor ein paar Jahren und veranstaltest zum nächsten Fest eine eigene Party. Ob Geburtstag, Weihnachten, Examen oder sonst etwas – das Leben sollten wir feiern. Gerade wir Singles! Wir können im Moment zwar nicht mit Verlobung, Hochzeit, Geburt und Taufe aufwarten. Aber Gründe gibt es trotzdem genug! Hast du schon mal den Abschluss einer Fortbildung gebührend gefeiert? Deinen neuen oder verlängerten Arbeitsvertrag? Oder den Beginn deines Urlaubs? Die Sonne dieses Tages? Oder das Leben an sich?

Eine Frau Mitte 40 aus dem EmwAg-Netzwerk hat vor Jahren etwas Wunderbares ins Leben gerufen: das Open House. Sie leistet sich bewusst als Single 130 Quadratmeter Wohnraum, um ihre Vision von Gemeinschaft zu leben. Alles ist so, wie es für sie als Single gut ist – und für sie als Gastgeberin. Sie hat ein großes Wohnzimmer mit offener Küche und angrenzendem Wintergarten. Einmal im Monat öffnet sie ihr Haus. Im E-Mail-Verteiler sind sehr viele Adressen. Die Einladung ist immer die gleiche: Kommt, bringt mit, was ihr möchtet, und macht, was ihr wollt. Sie als Gastgeberin bereitet nie etwas vor. Sie plant auch nichts. Dafür staunt sie umso mehr, was an diesen Open-House-Samstagen passiert. Wenn die Truppe Hunger bekommt, geht eben jemand einkaufen. Jemand anderes kocht dann, während die Mutter in der Ecke ihr Kind stillt und jemand anderes Klavier spielt. Manchmal landen sie alle im Garten oder umstricken den Laternenpfahl vor der Tür. Was alle an diesem Tag erleben, ist tiefe Gemeinschaft. Das Open House entwickelt sich mittlerweile zum Trend und breitet sich von Norddeutschland aus. Wie wunderbar!

Es liegt an dir. Es ist deine Entscheidung, ob du Gemeinschaft entdeckst oder nicht. Natürlich kannst du warten bis zum Sankt-Nimmerleins-Tag, dass dich andere ansprechen und einladen. Du kannst schmollend und selbstmitleidig in der Ecke sitzen und jammern, dass du so einsam und allein bist. Du kannst dich aber auch auf die Socken zu anderen machen. Angst vor Absagen, Enttäuschung und Verletzung sollte dich daran nicht hindern. Selbst wenn du das vielleicht schon so oft erlebt hast. Trau dich. Lade zu einem Fest ein. Anlässe gibt es genug. Wenn deine Wohnung nicht groß genug ist, dann feiere auf einer Wiese, während einer Wanderung, im Schwimmbad, im Partykeller von Freunden oder im Restaurant. Aber feiere. »Für den Glücklichen ist das Leben ein Fest« steht in den Sprüchen (Sprüche 15,15b; HfA).

Eine Frau Mitte 40 aus Norddeutschland schrieb mir:

»Ich habe weder Eltern (verstorben) noch leibliche Geschwister, weder Partner noch Kinder. Die um mich wohnende Verwandtschaft ist mit ihrer eigenen familiären Situation beschäftigt und meine besten Freunde wohnen leider nicht hier am Ort. Jeden Tag neu habe ich die Wahl: im Selbstmitleid versinken oder nicht. Das ist an Weihnachten nicht anders. Und so lasse ich die Weihnachtsfeiertage (wie auch alle anderen) nicht zum »Keiner-hat-mich-lieb«-Drama werden, sondern gestalte sie so bewusst, dass ich mich jedes Mal schon lange vorher darauf freue! An Heiligabend gehe ich zum Gottesdienst meiner Gemeinde, esse danach etwas Schönes (wie und wo, das kann variieren) und verbringe dann die Heilige Nacht in einer Kneipe auf der Reeperbahn, wo zwei Dutzend Christen mit Kneipengängern und Obdachlosen Weihnachten feiern, sich Zeit zum Reden und Zuhören nehmen. Ich vermisse nichts – im Gegenteil! Am ersten Feiertag lade ich meistens ein bis drei Leute ein und koche was Schönes für uns, mindestens drei Gänge werden zelebriert mit dem guten Geschirr, Weihnachtsbaum, Musik usw. Am zweiten Weihnachtstag dann abends das große Finale: Ich lade Singles zur Jesus-Birthday-Party ein! Jede/r bringt was für ein Büfett mit, alles ist ganz entspannt und doch festlich, jedes Mal ein bisschen anders. Wir beginnen mit einem Geburtstagsständchen für Jesus, stoßen mit Sekt an, erzählen von ihm, schlemmen, klönen, musizieren, machen einen nächtlichen Fackelspaziergang u. v. m. Fazit: Feiertage sind immer das, was man draus macht – die Entscheidung liegt bei mir!«

Wenn du also Sehnsucht nach mehr Gemeinschaft hast, dann mach dich auf die Suche danach. Checke deine Wünsche und deine Möglichkeiten. Nicht für jeden ist eine Wohngemeinschaft das Richtige. Aber irgendeine Form von Gemeinschaft wird auch für dich passen. Wichtig sind die Menschen darin. Vielleicht machst du es wie Rahel und fragst andere einfach mal. Das Gute liegt ja bekanntlich oft so nah ... Ja, hier gehört Mut dazu. Aber was um Himmels willen sollte uns abhalten von einem Leben in Gemeinschaft? Wenn du ehrlich bist, dann lebst du längst in Gemeinschaft. Glaubst du nicht?

## Die ganz besondere WG

Wenn der Miesmacher Einsamkeit und Alleinsein sich doch mal wieder auf deinem Sofa breitmacht, dann habe ich noch ein paar Tipps für dich. Einer kommt direkt von Susanne, Single-Frau Mitte 50:

»Einsamkeit ist am schlimmsten, wenn ich denke, ich darf es nicht sein. Denn ich bin ja in der Gemeinde, sollte christlich gut sozialisiert sein und so. Wenn ich zulasse, dass Einsamkeit zu meinem Leben gehört und dass sie auch sein darf, dann ist es schon nicht mehr so schlimm.«

Dieses Gefühl der Einsamkeit, die Wut übers Alleinsein, die Trauer über deine Situation – das alles darf auch mal raus. Erinnerst du dich? Unsere Gefühle als kompetente Berater in Sachen Bedürfnisse. Susanne weiß um liebe Menschen um sie herum, die in solchen Situationen helfen. Vertraute Freunde. Menschen, die sie sein lassen, wie sie ist. Wo sie nichts vormachen muss. Zusammen Spaß haben. Und ehrlich voneinander erzählen. Sie hat in ihrem Leben aber noch einen Mutmacher entdeckt:

»Zuerst hilft es, zu Jesus zu gehen, ehrlich zu sein vor ihm. Mir bewusst machen, dass er auch einsam war und das kennt. Ihn in meine Einsamkeit reinholen, mit ihm Gemeinschaft haben, mit ihm ein Team sein, mit ihm spazieren gehen.«

Susanne ist Liedermacherin und hat dazu noch eine ganze Menge Humor. Es blieb natürlich nicht aus, dass sie ein Lied geschrieben hat über die Gemeinschaft, in der sie zuallererst und vor allen Dingen lebt.

### WG mit Sohn, Vater und Geist (die »andere« WG)

*Der Vater, der Sohn und der Heilige Geist*
*sind immer bei mir. Was das wohl konkret heißt?*
*Ich lebe allein, doch wenn ich das so seh',*
*dann bilden wir vier irgendwie 'ne WG.*
*'ne Vierer-WG und dazu noch gemischt.*
*Pass auf, dass euch da nicht der Pfarrer erwischt.*

In christlichen Kreisen ist das ein Skandal.
Aber heut' ist mir diese Moral mal egal.

So stell' ich's mir vor und behaupte ganz dreist:
Ich hab 'ne WG mit Sohn, Vater und Geist,
'ne WG mit Sohn, Vater und Geist.

Vier Zahnbürsten stelle ich erst mal ins Bad.
Braucht einer von euch 'nen Rasierapparat?
Dann mach' ich das Frühstück. Kaffee oder Tee?
Bin ernüchtert, als ich in den Brotkorb seh',
denn der ist fast leer, das reicht nicht mal für zwei.
Na, macht nichts, wir haben ja Jesus dabei,
der macht aus den wenigen Krümeln ganz leicht
die leckersten Brötchen, 'ne Menge, die reicht.

Der Haushalt geht mir seltsam leicht von der Hand,
wir sind ja zu viert, jeder tut, was er kann.
Bei allem, was kommt, sind die drei mit dabei.
Selbst die Arbeit fühlt sich an, als hätte ich frei.
Wir geh'n durch den Tag. Ich bin irgendwie froh.
Das Beten fällt aus, denn wir reden nur so.
Es gibt keinen Streit, und ich komm' zu dem Schluss,
dass mich jeder der drei einfach nur lieben muss.

Der Vater nimmt mich liebevoll in den Arm.
Der Geist bläst mich an, und in mir wird es warm.
Freund Jesus gibt mir einen Kuss, und ich weiß:
Ich hab' 'ne WG mit Sohn, Vater und Geist.

Am Abend – ich geb' zu, jetzt spinn' ich komplett –
geh'n wir doch tatsächlich gemeinsam ins Bett.
Ich frag' gleich den Vater, was er denn hier macht,

denn es steht ja geschrieben, dass er immer wacht.
Nur Jesus war Mensch, der ist müde wie ich.
Was der Geist tut, das weiß ich jetzt wirklich mal nicht.
Ich schließe die Augen, hab' Frieden in mir,
denn die drei sind und bleiben ab jetzt immer hier.
Susanne Frankholz, 2011

# 8.
# Miesmacher #6:
# Sex gehört in die Ehe

Ich will meine Sexualität leben.
Ich will mir auch als Single meiner Körperlichkeit
bewusst sein. Ich will körperliche Empfindungen,
Regungen und Vorgänge erleben. Und ich will,
dass wir alle das als Riesengeschenk
von Gott feiern. Dass wir uns selbst lieben,
so, wie wir sind.

# Ich mach mich dann mal frei

Ich war ein braves Teenager-Mädchen, als ich anfing, die BRAVO zu lesen. Das an sich ist nicht spektakulär. Vermutlich gibt es nicht allzu viele Leute in meinem Alter, die diese Zeitschrift ausgelassen haben. Ich habe die BRAVO bei meinen Nachbarn gelesen. Auch das scheint wenig spektakulär. Deshalb erzähle ich völlig unverfroren weiter: Meine Nachbarn gehörten zu einer konservativen christlichen Brüdergemeinde. Das sind die, wo Männer und Frauen im Gottesdienst getrennt sitzen und die Frauen stets lange Haare und Röcke tragen. So auch bei meinen Nachbarn. Fernsehen war verboten, deshalb stand das entsprechende Gerät gut geschützt vor den neugierigen Blicken der Großeltern im Schlafzimmerschrank der Eltern. *Hier* las ich die BRAVO. Gemeinsam mit den Mädels des Hauses – sie waren etwa in meinem Alter – studierte ich den menschlichen Körper. Anders als für meine Nachbarinnen war mir das meiste nicht neu. Interessant war es trotzdem.

Die BRAVO gehört bei sehr vielen von uns – vielleicht auch bei dir – zur sexuellen Lerngeschichte. Das kann man gutheißen oder schlechtreden. Der Fakt bleibt. Ich habe da kein Trauma entwickelt. Ob ich viel gelernt habe, weiß ich nicht. Ob mir deren Konsum geschadet hat, bezweifle ich. Ob ich meinen Kindern solch ein Blättchen heute empfehlen würde – ich glaube, eher nicht. Ich würde meine Kinder gerne so erziehen, wie ich es erlebt habe. Denn meine Eltern haben an mir und meinem Bruder großartige Arbeit geleistet und uns zu einer gesunden Freiheit und einem liebevollen Verhältnis zu unserem Körper erzogen. Davon profitiere ich bis heute – und ich bin sehr, sehr dankbar dafür.

Als ich vier Jahre alt war, half ich meinem Vater, die Sauna im Keller unseres Hauses aufzubauen. Bis heute steht Saunieren im Hause Tschage hoch im Kurs. Als meine Eltern vom großen Haus in eine kleinere Wohnung umzogen, war klar, dass es auf jeden Fall einen Saunaraum geben musste. Nacktheit ist für uns alle etwas völlig

Normales. Das zeigt sich auch daran, dass wir schon immer gerne an FKK-Strände gingen. Viele Jahre hatten wir ein Feriendomizil in St. Peter-Ording an der Nordseeküste. Am kilometerlangen Sandstrand dort gibt es neben dem Textil- und dem Hundebereich auch eine FKK-Zone. Für mich war das von klein auf völlig normal, nackte Menschen zu sehen und mich auch selbst im Evakostüm am Strand zu sonnen. Anlässlich dieses Buches habe ich meine Eltern mal gefragt, warum sie uns eigentlich lieber an den FKK-Strand geschleppt haben als in den Textilbereich. Die Antwort: »Wir mochten diese Freiheit einfach. Nichts, was an uns klebte. Und wir liebten die Tatsache, dass wir nie Sand in den Klamotten hatten.«

Aus dieser Zeit gibt es Bewegtbild-Aufnahmen in einem alten Filmformat. Vor einigen Jahren gab ich dieses Material einem kanadisch-stämmigen Kollegen, der mir die Filme in eine digitale Version wandeln sollte. Irgendwann zwischendurch – er hatte bereits mit seiner Arbeit begonnen – bekam ich einen völlig verstörten Anruf: »Tina, diese Sachen kannst du aber niemals deinen Kindern zeigen!« Ich wusste nicht, wovon er sprach. Also fragte ich nach. Der Kollege beschrieb mir dann ziemlich verschämt, was er da so sah. Ich verstand. Ein Jahr in Kanada hatte mich über die Prüderie Nordamerikas aufgeklärt. Ich musste schließlich herzhaft lachen – verstand den Kollegen aber. Für ihn war das ein Ding der Unmöglichkeit: Ein Nacktbadestrand. Unbekleidete Menschen. Und das Ganze auch noch auf Video!

Für mich war das normal. So wurde ich von Kindesbeinen an geprägt. Wenn du jetzt denkst, ich sollte mich was schämen – keine Sorge, diese Zeiten gab es auch. Ich weiß, dass es bei aller Freizügigkeit im Hause Tschage durchaus Grenzen gab. Mein Bruder als der ältere von uns beiden fing an. Als er in die Pubertät kam, war das Geschrei plötzlich groß, wenn ich mit ihm wie schon immer das Bad teilen wollte. Als er durch war, fing ich an. Ich erinnere mich an lautstarke Auseinandersetzungen, die sich in einem Wort zusammenfassen lassen: »Raaaaaaauuuuuus!«

Ich entsinne mich auch, dass wir in dieser Zeit partout nicht mehr die Sauna teilen wollten. Mittlerweile ist das längst wieder anders und ich weiß: Das damals war eine sehr gesunde Reaktion auf uns selbst und das, was sich in unserem Körper abspielte. Je mehr ich zurückblicke, desto dankbarer bin ich für den guten Umgang, den ich mit mir selbst und meinem Körper gelernt habe. Ich habe eine gesunde Scham, kann im Zweifelsfall in der Sporthalle aber auch mit anderen in der Gemeinschaftsdusche stehen. Auch da erinnere ich mich mit einem Schmunzeln an mein Jahr in Kanada: Wir waren als Studierendengemeinschaft mal auf Exkursion und übernachteten in einem CVJM-Haus. Dort gab es nur Großraumgemeinschaftsduschen – und ich war die Einzige, die nicht im Badeanzug drinstand.

Das alles sind Teile meiner sexuellen Lerngeschichte. Es ist enorm wichtig, dass wir sie kennen und studieren – dass wir uns selbst kennen und studieren. Warum bin ich, wie ich bin? Warum fühle ich, was ich fühle? Warum ist mir manches fremd und anderes nicht? Warum schäme ich mich an der einen Stelle, an der anderen aber nicht?

## Meine Einzigartigkeit

Jede und jeder von uns ist anders. Wir haben alle unsere eigene Geschichte. Aber wie ist deine Geschichte?

Eines der wenigen Bücher zum Thema, das ich wirklich hilfreich finde, ist das von Ute Buth: »Frau sein. Sexualität mit Leib und Seele.« Ute ist Frauenärztin und Sexualberaterin. Was mir an ihrem Werk so gut gefällt, ist das fehlende Schwarz-Weiß-Denken, das mir sonst in der christlichen Literatur begegnet. Nach dem Motto: »Mach es so, dann wird es so« oder »Es muss genau so sein, sonst ist es nichts« oder »Wenn es so nicht ist, dann ist es falsch«. Ute Buth macht klar: Jeder Mensch hat seine ganz einzigartige und persönliche sexuelle Lerngeschichte.[37] Unsere Geschichte beginnt keineswegs erst mit der

Pubertät oder dem ersten sexuellen Kontakt zum anderen Geschlecht. Sie beginnt im Mutterleib und endet im Grab. Wir Menschen sind so geschaffen, dass wir alles abspeichern. Das ist von Hirnforschern längst bewiesen. Ute Buth vergleicht unsere Lerngeschichte mit einer Computerfestplatte. Jeder von uns hat sie zu Beginn des Lebens mitbekommen. Schon vor der Geburt beginnen wir, Daten zu speichern. Alles speichert sich automatisch. Einfach löschen geht zwar nicht, aber überschreiben können wir Dinge schon. Unser Gehirn ist großartig, wenn es ums Lernen geht. Und das können wir uns aktiv zunutze machen. Gerade dann, wenn wir Altes, Unnützes oder gar Schlechtes durch Neues ersetzen wollen. Auch wenn du es nicht merkst, dein Gehirn merkt sich ständig alles. Eines ist deshalb klar: Wir sollten verantwortungsvoll mit uns umgehen, gerade dann, wenn es um unsere Sexualität geht. Welche Informationen wir hinzufügen und welche nicht, aktiv oder passiv – das liegt ab einem gewissen Alter an uns.

Nimm dir doch mal ein kleines Büchlein oder ein großes Blatt Papier und schreibe einen Lebenslauf. Deinen sexuellen Lebenslauf. Krame in deiner Erinnerung und notiere, was dich geprägt hat: Wie seid ihr in deiner Kindheit zu Hause miteinander umgegangen? Hast du Eltern und Geschwister nackt erlebt oder nicht? Gab es Erlebnisse, die dir in den Sinn kommen – gute wie schlechte? Habt ihr zu Hause über Empfindungen gesprochen? Was hast du gelesen oder angeschaut? Welche Informationen hast du aufgesogen und ab wann? Wann hast du dich das erste Mal verliebt? Wann – wenn überhaupt schon – jemanden geküsst oder mit jemandem geschlafen? Und wie denkst und fühlst du heute? Wie ist die Beziehung zu dir selbst und zu deinem Körper? Welche Verbote kursieren in dir – und was ist erlaubt?

Vor vielen Jahren habe ich während einer Gemeindefreizeit die Kinder betreut. Im Freizeithaus gab es ein Schwimmbad, das ich mit den Kleinen auch mal besuchte. Die Umkleiden waren zwar geschlechtlich getrennt – aber es waren Gemeinschaftsumkleiden.

Eine Umkleide für alle Mädchen. Kein Raum für weitere Privatsphäre. Ein damals vierjähriges Mädchen hat mich beim Umziehen echt überrascht. Es stand auf einmal mit seinem viel zu großen Handtuch vor mir und bat mich, es zu halten:»Ich möchte nicht, dass die anderen mich sehen«, sagte sie mit ihrer zarten Stimme. Ich hielt also ihr Handtuch und drehte mich selbst etwas verschämt zur Seite. Dieses Mädchen war vier Jahre alt! VIER! In diesem Alter spielte ich wie viele andere Kinder und Erwachsene halb nackt am Nordseestrand. Das wäre für dieses Mädchen ein Ding der Unmöglichkeit gewesen. Offensichtlich hatte sie von zu Hause eine ordentliche Portion Scham mitbekommen. Ich vermute, dass Scham bis heute ihr Leben prägt und sie niemals in eine Sauna gehen würde, schon gar nicht in eine gemischte.

## Liebe dich selbst

Ich bin nicht so fromm aufgewachsen. Die Tschages waren Landeskirchler und gingen – so, wie sich das gehörte – an den großen Festtagen zum Gottesdienst. Ansonsten überwog lange Jahre unser sportliches Interesse: Die Sonntage verbrachten wir in Sporthallen und Stadien. Ich wurde groß mit Turnvater Jahns »frisch, fromm, fröhlich, frei« und seiner Leibeserziehung. Und die hatte so gar nichts mit Leibfeindlichkeit zu tun. Im Gegenteil: Mein Körper brachte die Leistung und ich staunte nicht schlecht über so manches. Ich werde nie vergessen, wie ich das erste Mal einen ordentlichen Spagat schaffte! Ein tolles Gefühl.

Von der frommen Umwelt damals in Mittelhessen – von manchen als »deutscher Bible Belt«[38] bezeichnet – bekamen wir lange nichts mit. Heute wissen wir, dass wir von vielen Nachbarn kritisch beäugt wurden. Wir gingen sonntags zum Sport, wir hatten eine Sauna im Keller und wir lagen an der Nordsee am FKK-Strand. Ein skandalöses Leben!

Ich kann meiner sexuellen Lerngeschichte aber partout nichts Schlechtes abgewinnen – im Gegenteil. Das alles hat mich geprägt, ja. Und es hat mich frei gemacht, mich selbst zu entscheiden. Das ist überhaupt etwas, für das ich ewig dankbar sein werde: Ich durfte in aller Ruhe zu einer mündigen, entscheidungsfreudigen Erwachsenen heranreifen. Zu Hause wurde mir nie verboten, Zeitschriften wie die, BRAVO zu lesen. Bei Nachbars war das aber ja viel spannender. Und meine Eltern und ich haben immer über alles gesprochen, wenn ich Gesprächsbedarf hatte. Den gab es spätestens ab dem Zeitpunkt, als Gott mein Herz erobert hatte und ich mich mehr und mehr in frommen Kreisen bewegte. Da hörte ich dann mit einem Mal Sachen, dir mir total fremd waren. Dankbarerweise habe ich mir schnell angewöhnt, das Gute zu behalten und alles andere fröhlich nicht anzunehmen. Aber ein bisschen verwundert es mich schon, dass ich Argumente gegen fromme Leibfeindlichkeit ausgerechnet bei den Katholiken finde. Papst Johannes Paul II. hat von 1979 bis 1984 eine »Theologie des Leibes« geprägt, die die Katholiken selbst als »sexuelle Revolution« bezeichnen. Das waren 129 kurze Ansprachen, in denen der damalige Papst anhand der Bibel die Bedeutung der Leiblichkeit des Menschen betrachtete. Es ging ihm im Kern um die Sexualität und das erotische Verlangen. Ein Papst(!) sagt: »Schaut auf diese Themen!« Das begeistert. Mich begeistert vor allem dieses Statement – und das möchte ich zu gerne dem einen oder anderen so sehr fromm geprägten Menschen zurufen: Der christliche Glaube ist nicht körperfeindlich. In einer Ausarbeitung zu dieser Theologie des Leibes heißt es: »Tragischerweise wachsen viele Christen mit dem Denken auf, ihr Körper (und insbesondere ihre Sexualität) wäre von vornherein ein Hindernis für ihr geistiges Leben. Viele denken, die christliche Lehre besage, ihr Geist wäre ›gut‹ und ihr Körper ›schlecht‹. Eine solche Denkweise könnte von einer authentischen christlichen Sicht nicht weiter entfernt sein!«[39] Der Autor beschreibt dann weiter, woher dieser sogenannte Manichäismus kommt: von Manichäus, einem persischen Religionsstifter aus dem 3. Jahrhundert, der den Leib und alles Sexuelle als die Quelle des Bösen sah. Allerdings, so schreibt der Autor weiter, glauben wir Christen ja, dass alles, was Gott erschaffen hat, »sehr gut« ist (vgl. 1. Mose 1,31). Und Papst Johannes Paul II. trieb es dann auf die Spitze, als er wohl sagte, dass der Leib und die Sexualität ein »nicht hinreichend gewürdigter Wert« seien: »Der Körper ist so gut, dass man es gar nicht ermessen kann.«[40]

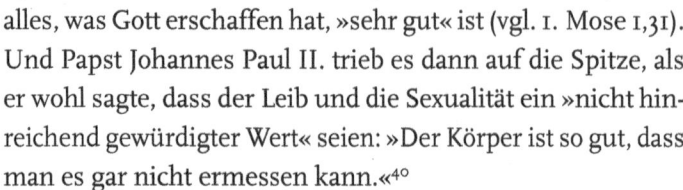

»Amen dazu!«, möchte ich lautstark rufen und verweise gerne an die Protestantin Dr. Ute Buth, deren erstes Kapitel im Buch »Frau sein« fröhlich festhält: »Sexualität – das sehr gute Geschenk Gottes.« Und das würde in einem Buch mit dem Titel »Mann sein« sicherlich genauso stehen!

Ich möchte dich jetzt so gerne ermutigen, dass du dich selbst anerkennst, entdeckst und liebst. Auch in deiner Körperlichkeit. Nicht nur bei uns Frauen will zu oft das »zu dick«, »zu dünn«, »zu groß« oder »zu klein« regieren. »Alles Schmarrn!«, würde der Bayer sagen. Nicht, dass ich nicht auch auf mich achten sollte und mehr Sport und weniger Essen mir mitunter recht guttun würden. Aber im Kern steht eines fest: Ich bin sehr gut geschaffen. Meine Sexualität gehört dazu. Und zwar komplett. »Liebe dich selbst«, ist zumindest von mir heute keine Aufforderung, die nur deinen Geist und deine Seele betrifft. Körper, Seele und Geist gehören zusammen. Und das wiederum ist nicht meine Idee.

## Drei macht eins: nämlich mich

Manchmal wundert es mich als überzeugte Protestantin selbst, dass ich Klartext in diesem Bereich ausgerechnet bei katholischen Ordensleuten finde. Aber von ihnen sind die Texte und Ausarbeitungen, die mir selbst tatsächlich am meisten weiterhelfen. Der Benediktiner-Pater Anselm Grün zum Beispiel bezeugt ganz klar die Einheit von Seele und Leib, wenn es um Eros geht. Eros: eines der vielen

Worte, die ich gerne um unserer selbst willen aus der Schmuddelecke holen möchte. Eros, vom griechischen Wort her die sexuelle Liebe, im Unterschied zur Agape, der göttlichen Liebe, und Philea, der geschwisterlichen Liebe. Den Eros bringt Anselm Grün fast ausschließlich im Rahmen der Mystik zum Ausdruck. Das ist jener Teil des Glaubens, der die geheimnisvollen Erlebnisse beschreiben möchte. Das, was ich schwer in Worte fassen kann, was aber doch Realität ist, weil ich es erlebe. Das ist uns Theologen oft nicht ganz geheuer. Doch die Mystik gehört zu meiner Theologie.

»Die Sexualität ist eine Quelle von Spiritualität und der Eros möchte den Menschen zum Einswerden mit Gott führen«, heißt es bei Anselm Grün und Gerhard Riedl.[41] Bei mir gehören also Leib, Seele und Geist zusammen. Wenn ich meine Sexualität als wichtigen Teil meines Leibes außer Acht lasse, dann verpasse ich nicht nur etwas, sondern es fehlt mir eine entscheidende Komponente – auch meines Glaubenslebens. Das lerne ich ausgerechnet vom Benediktiner-Mönch Anselm Grün, der ja bekanntlich zölibatär lebt – also ohne Frau.

Vielleicht hast du bisher – so wie ich auch – gedacht, bei der Sexualität geht's nur ums Schnackseln (so nennt der Bayer den Akt von Mann und Frau) und als Singles schauen wir da eben in die Röhre. Nix da! Sexualität ist mehr als nur Sex. Meine Sexualität ist für mein Glaubensleben wichtig. Ich zitiere nochmals den Benediktiner-Pater: »Wenn wir Gott nur als Menschen lieben können, die immer schon sexuelle Wesen sind, dann muss in unsere Gottesliebe auch die Kraft und die Zärtlichkeit der Sexualität hineinfließen.«[42] Und: »Wenn ich meine Sexualität als Geschenk von Gott erlebe, mich in sie hineinfühle und mich von ihr über mich hinausführen lasse, dann ist sie nicht mehr der zu überwindende Trieb, sondern der Trieb, der mich auf Gott hintreibt, der mich zum Leben antreibt, der mich in Gott hineinfallen lässt.« Kleine Erinnerung: Das sind Worte eines katholischen Mönchs! Er schreibt weiter: »Damit das geschehen kann, muss ich das tief in mir sitzende Misstrauen gegenüber meiner Sexualität aufgeben und mich mit ihr anfreunden als einem Gottesfreund. Dann ist sie keine lauernde Begierde mehr, sondern ein Drang nach Leben, nach Liebe, nach Gott.«[43]

Körper, Seele und Geist gehören zusammen. In diese Trias gehört auch meine Sexualität. Wenn ich die von mir isoliere, habe ich ein Problem – denn dann ist dieser Dreiklang gestört, es fehlt etwas sehr Wesentliches. Es fehlt ein Teil von mir. Diesen Mangel nehme  ich tatsächlich in Gesprächen und im Umgang mit Singles wahr. Da bemerke ich so oft dieses »das darf nicht sein« (gemeint ist die Lust) und »ich muss verzichten« (gemeint ist meist jede Form der Sexualität). Dabei sollten wir unsere Sexualität nicht nur annehmen, sondern auch ausleben. Und zwar in dem Rahmen, wie es zu unserer Lebenssituation passt. Ja, der Beziehungsstatus spielt hier eine Rolle. Aber nicht die entscheidende.

## Sex: Ein Feuerwerk

»Sex gehört in die Ehe« – dieser Satz spukt seit meiner Zeit im Teenkreis einer Kirchengemeinde drohend durch meinen Kopf. Mittlerweile nervt er mich und ich habe ihn rausgeschmissen. Dafür aber einen anderen eingeladen: Sexualität ist mehr als Sex – wunderbar!

Mich nervt es, dass »Sex gehört in die Ehe« meist das Einzige ist, das uns Frommen zum Thema einfällt. Dass das nicht weiterhilft, habe ich als Single-Frau recht früh schon gemerkt. Dass Sex in die Ehe gehört, werde ich an dieser Stelle nicht diskutieren. Mann und Frau schlafen miteinander – das ist der intimste Vorgang, den wir in dieser Welt erleben können. Der gehört in die Ehe, das bezeuge ich fröhlich, und ich hoffe, dass ich selbst das ein Leben lang genau so handhaben werde. Ich weiß, dass ich mit dieser Haltung in unserer Gesellschaft recht einsam dastehe. Das macht aber nichts. Mir ist die Treue zu meinem Schöpfer und das Vertrauen in ihn, dass er es gut mit mir meint und das Beste für mich im Sinn hat, wichtiger als die vermeintliche Freiheit, die in unseren Betten herrscht. So schütze ich mich selbst vor der Perversion unserer Tage und freue mich an dem, was Gott mir schenkt: meine Sexualität.

Die körperliche Vereinigung von Mann und Frau ist das größte Feuerwerk, das wir haben können: an Sinnlichkeit und Intensität nicht zu übertreffen. Obwohl ich bezweifle, dass viele Paare das so erleben. Aber vom Schöpfer her ist es genau so gedacht. Eine Gipfelerfahrung, ein Höhepunkt.

Und ja, als Single bleibt mir das verwehrt. Da verzichte ich bewusst. Weil ich in Gottes Namen anerkenne, dass diese körperliche Einswerdung Mann und Frau in ihrer festen Verbundenheit vorbehalten ist.

Doch Sexualität ist mehr als Sex. Wir reduzieren Sexualität gerne auf das, was zwischen Mann und Frau passiert. Was für ein Fehler! Meine Sexualität ist doch ein wunderbares Geschenk, das mir mein Schöpfer mitgegeben hat. Wenn ich Anselm Grün glaube, dann sollte Sexualität auch zu meinem Glaubensleben gehören – als Kraft der Lebendigkeit, die auch ich als Single erleben darf und soll! Ich zitiere: »Wenn ich sie (meine Sexualität, Anm. d. A.) dankbar annehme als eine Kraft, die mich lebendig hält, die mich über mich selbst hinausführen möchte, die mich ganz Mann sein lässt, dann gibt es Augenblicke, in denen sich meine Sexualität in eine spirituelle Energie verwandelt. Dann fühle ich in mir tiefen Frieden.«[44]

Hier geht es um mehr als Sex. Hier geht es um Sinnlichkeit. Hast du dich mal gefragt, wie so ein zölibatär lebender Mönch seine Sexualität lebt? Hier die Antwort: »Wie ich die Dinge behandle, darin zeigt sich nicht nur meine Ehrfurcht vor Gott, sondern auch die Integration oder Desintegration meiner Sexualität. Sexualität will in jede zärtliche Berührung einfließen, sie will mir Lust schenken beim Ertasten der Dinge, beim Umgang mit Handwerkszeug, mit dem Essgeschirr, mit den Altargeräten.«[45] Stell dir das mal vor: Wie dieser Mann liebevoll den Teller am Mittagstisch umfasst. Oder wie er beim Schreiben eines Buches seine Finger sanft über die Tasten führt. Das ist sinnlich. Das ist ausgelebte Sexualität.

Das mag jetzt alles völlig seltsam klingen in deinen Ohren. Beschreibt Anselm Grün hier nicht etwas Wunderbares, das noch dazu Gott die Ehre gibt? Unsere Sexualität – sofern wir sie anerkennen und leben – ermöglicht uns diesen zärtlichen Umgang. Es ist eben nicht nur der sexuelle Akt, in dem wir uns spüren und über uns hinauswachsen. Gott wünscht sich, dass wir uns immer spüren, immer wieder über uns hinauswachsen. »Wenn Sexualität sich nicht in der zärtlichen und behutsamen Berührung ausdrücken kann, dann braucht sie immer gleich den Geschlechtsakt«[46], schreibt Anselm Grün. Deshalb sei der sexuelle Akt für manche Menschen auch der einzige Ort, wo sie sich selber spüren und über sich hinauswachsen. Wie wunderbar, wenn das nicht so ist! Nicht nur für uns Singles ist dieser Aufruf, unsere Sexualität derartig ins Leben zu holen, ein höchst wertvoller!

## Ich will!

Der griechische Begriff »porneia« begegnet mir bei den Themen Sex und Sexualität immer wieder. Zu Recht. Denn was in unserer Gesellschaft passiert, ist erschreckend. Zu viele leiden unter Pornografiesucht. Schon in sehr jungen Jahren konsumieren wir Bilder, die uns nicht guttun. Die BRAVO ist spätestens heute nichts mehr als ein Pornoheft. Die größte Kraft unserer Werbung sind Inhalte, die an unsere Lust appellieren. Halb nackte Menschen, eindeutig zweideutige Slogans und Bilder und die grundsätzliche Aufforderung, zu tun, was wir wollen und wozu wir Lust haben. Das ist nicht gut. Und das tut uns nicht gut. Ich möchte das nicht weiter ausführen, verweise stattdessen an dieser Stelle gerne auf gute Literatur zum Thema. Zum Beispiel auf das Buch »Egosex« von Christina Rammler[47]. Sie hat mit einigen Männern und Frauen über deren Konsum von Pornografischem und etwaigen Folgen sprechen können.

Was mich wirklich nervt, ist dieser Satz:»Sex gehört in die Ehe« – den auch ich als Single immer wieder höre. Leute wollen mir damit einfach mal platt verbieten, meine Sexualität anzunehmen. Als Single habe ich angeblich kein Recht auf Sexualität, das ist den Eheleuten vorbehalten. Das ist ganz großer Blödsinn. Es fällt dann auch immer wieder das griechische Wort »porneia«, das aber nun mal wirklich nur den Beischlaf von Mann und Frau außerhalb der Ehe beschreibt. Das hat mit mir als Single also erst mal nichts zu tun. Denn diese Frage stellt sich mir nicht. Diese Frage sollte sich keinem Single stellen – und das ist auch der einzige Pflock zu diesem Thema, den ich hier einrammen möchte: vorehelicher Sex, Kontakt mit Prostituierten und Ehebruch sind ein Unding. Sünde. Das trennt mich von Gott. Ich danke meinem Kollegen Markus Schäller, der das Wort »porneia« in seiner Examensarbeit untersucht und die Ergebnisse zusammengefasst hat[48]. Nach aufwendigen Wortstudien und biblischen und außerbiblischen Recherchen kommt er zusammen mit anderen Theologen zum Schluss, dass »porneia« aufgrund der jüdischen Tradition als Sammelbegriff von jedem illegitimen Sexualkontakt zwischen Menschen zu verstehen sei. Punkt.

Ich will meine Sexualität leben. Ich will mir auch als Single meiner Körperlichkeit bewusst sein. Ich will körperliche Empfindungen, Regungen und Vorgänge erleben. Und ich will, dass wir alle das als Riesengeschenk von Gott feiern. Dass wir uns selbst lieben, so, wie wir sind.

Vor einiger Zeit habe ich ein Zitat des US-amerikanischen Komikers und Schauspielers Woody Allen gelesen, und ich habe herzhaft gelacht. Der Mann ist um die 80 und hat mal gesagt: »Was habt ihr denn alle gegen Masturbation? Masturbation ist doch Sex mit jemandem, den ich wirklich liebe!«

Vielleicht läufst du jetzt rot an. Auf jeden Fall bin ich mir ziemlich sicher, dass du dir diese Frage auch schon gestellt hast: Darf ich mich selbst befriedigen? Ist das Sünde? Und bei dieser Frage plagt dich vermutlich ein unheimlich schlechtes Gewissen. Oder ein tiefes Schuldgefühl. Ehrlich gesagt, möchte ich Woody Allen zustimmen. Der Kerl nimmt diesem Thema die Schwere – und das finde ich gut! Denn genau das brauchen wir. Aber ganz so einfach ist es dann doch auch nicht.

Meine Antwort auf deine Frage – die übrigens auch lange Zeit meine war: Nein, Selbstbefriedigung ist keine Sünde. Jedenfalls nicht in jedem Fall und immer. Mich drängte diese Frage zu Beginn meines Studiums (und das nicht wegen theoretischer Überlegungen). Ich klärte sie unter anderem mit einer anonymen E-Mail an eine seelsorgerliche Online-Beratung.

Die Antwort, die ich gerade gegeben habe, bekam ich damals. Sie überraschte mich. Mittlerweile ist mir wichtig, darüber ins Gespräch zu kommen. Und zwar ehrlich. Nicht immer und überall und auch nicht mit jedem. Aber irgendwo, mit Menschen, denen ich vertraue. Bei mir sind das meist gute Freundinnen. Aber ich habe es auch schon während einer Frauen-Tagung erlebt, auf dem Weg von A nach B, mitten in der U-Bahn. Da sprachen wir fünf Mädels auf einmal in der Privatsphäre eines U-Bahn-Waggons ganz offen über unsere Wünsche, Sehnsüchte, Erfahrungen und Gedanken. Von »ich bin echt prüde erzogen« über »an mir selbst Hand anlegen tue ich schon auch manchmal« bis hin zu »ich möchte endlich mal einen Penis zwischen meinen Beinen spüren«, kam da alles. Ich war überrascht – und ermutigt, Dialoge wie diese auszubauen.

## Die Sache bei uns Frauen

»Oh, ich hab so einen Spaß! Endlich darf ich mal drüber reden«, war die Rückmeldung einer sehr guten Freundin, als ich um Input für dieses Buch auch zu diesem Thema bat. Mir war wichtig, herauszufinden, wie das bei uns Frauen ist mit der Lust. Welche Fragen uns drängen, was uns fehlt, was wir tun und lassen. Und was gut für uns ist und was nicht. Ich weiß von Frauen, die ihren Körper gar nicht kennen. Sie haben sich noch nie im Schambereich berührt – außer beim Abtrocknen mit dem Handtuch. Ich kenne auch Frauen, für die ist es wunderbar, in ein heißes Bad zu steigen. Körpergefühl pur. Und das reicht ihnen. Und ich kenne Frauen, die sich sehr gut kennen. Dazu gehöre ich. Ich kenne meinen Körper so gut, dass ich mir einen Zykluskalender sparen kann: Wann Eisprung ist und wann meine Periode kommt, das merke ich – weil ich die Zeichen deuten kann. Diese Frauen wissen auch, wann sie Lust haben – so wie diese hier Anfang 30:

»Das ist sooo lustig! Ich bin immer wieder überrascht, wie sehr mein Körper sich zu seinem Recht verhilft, beziehungsweise wie sehr mein Zyklus und mein sexuelles Verlangen gekoppelt sind, und zwar zu dem Zeitpunkt, an dem es befruchtungstechnisch den größten Nutzen hätte. Heißt im Klartext: Ich habe an manchen Tagen ständig Sex im Kopf und bin einfach ›horny‹, und ich kann mir sicher sein, dass es sich dabei um die Tage um den Eisprung herum handelt (wer einen Zykluskalender führt, kann das recht leicht feststellen). Ich habe also eine echte, vermutlich auch messbare, körperliche Reaktion, und die Hormone sorgen dafür, dass ich in der bestmöglichen Stimmung bin, um mich zum richtigen Zeitpunkt fortpflanzen zu wollen. Wie sollte ich das unterdrücken können? Warum sollte ich das unterdrücken wollen? Das sind dann auch meistens die Tage, an denen ich mich mit mir selbst vergnüge.«

Wir Mädels entdecken von Anfang an unseren Körper anders als Jungs. Wir müssen tiefer graben, um unsere Geschlechtlichkeit zu entdecken. Der Busen wächst erst später und alles andere liegt ziemlich versteckt. Bei Jungs ist das anders: Ihr Penis ist von Anfang an greifbar. Sie erleben auch recht früh, dass sich da was tun kann. Schon bei den ganz Kleinen zeigt sich der Penis manchmal etwas größer und steifer. So etwas gibt's bei uns Frauen nicht. Unsere Entdeckungsreise passiert nicht so offensichtlich. Bei Kleinkindern sind sogenannte Doktorspielchen wohl recht normal. Das zumindest lese ich in entsprechenden Büchern. Kinder entdecken auf diese Weise Teile ihrer Sexualität. Den Eltern ist das dann furchtbar peinlich. Aber diese Entdeckungsreisen scheinen wichtig zu sein, wenn wir ein gesundes Körpergefühl entwickeln wollen.

Das war vielen von uns nicht möglich. Entweder, weil es schlicht nicht zur Erziehung gehörte. Oder weil es verboten wurde. Hier lohnt es sich, aufs eigene Leben zu schauen – die eigene sexuelle Lerngeschichte zu betrachten. So wie diese junge Frau um die 40. Sie beschreibt, wie es vielen christlichen Singles ergeht:

»Gerade zu dem Thema befällt mich oft Traurigkeit, weil ich mich so ausgeschlossen fühle von einem besonderen Lebensgefühl, von besonderen Erfahrungen, von ganz besonderer Nähe und Intimität ... Ganz oft habe ich auch mit Scham zu kämpfen. Ich habe ja weniger Ahnung als so manche 12- bis 13-Jährige! Was ist, wenn andere herausfinden, dass das so ist ... Wie sehen die mich dann, welche Schlüsse ziehen sie über mich? Und auf der anderen Seite die sehr starren frommen Verhaltensregeln! Manchmal fühle ich mich da zwischen zwei Welten – weltlich und fromm – und habe das Gefühl, mich in beiden Welten für irgendetwas schämen zu müssen ... Und nur weil ich Single bin, heißt es ja nicht, dass ich nicht auch sexuelle Empfindungen kenne ... und was denkt da Gott? Und mit wem kann ich offen reden? Wer stellt sich diesem Tabuthema? Ich glaube, da ist gerade in unseren frommen Kreisen noch ganz viel Luft nach oben ... wir sollten ins Gespräch kommen – aber wer traut sich?«

Ja, was denkt da Gott? Da sind dir aus den vorherigen Seiten hoffentlich schon einige Kronleuchter aufgegangen. Gott denkt: »Das ist wunderbar! Deine Sexualität ist mein Geschenk an dich!« Und wer traut sich? Ich hoffe, dass wir alle uns mehr und mehr trauen. Dass wir diese Worte in den Mund nehmen – Scheide, Penis, Busen, miteinander schlafen, Selbstbefriedigung, Orgasmus und so weiter. Nicht um abzustumpfen, sondern um ehrlich zu werden. Und um unsere Gefühle von Miesmachern in Mutmacher zu wandeln.

Ich plädiere dafür, dass wir anfangen, zu reden. Auch über uns selbst. Das ist auch das beste Mittel, falsche Wege zu entlarven.

## Die Sache bei den Männern

Sexualität ist bei Jungs oft sehr viel greifbarer als bei uns Mädels. Das liegt in der Natur der Sache, wie mir ein Single-Mann Mitte 30 schrieb:

>»Bei durchaus einigen Vorteilen und schönen Seiten des Single-Seins finde ich die größte Herausforderung den Umgang bzw. das Aushalten der unerfüllten Sehnsucht nach erfüllter Sexualität mit einer Frau. Natürlich ist die Sehnsucht immer auch ein Grund zur Vorfreude und Hoffnung, auf Dauer finde ich es jedoch oft anstrengend. Auf der einen Seite der körperliche Aspekt an sich: Morgens ›in Form‹ aufzuwachen und immer denken zu müssen, ›wäre schön, wenn man jetzt neben seiner Frau liegen würde ...‹. Selbstbefriedigung schafft dann erst mal körperliche Erleichterung, aber immer noch bleibt die Sehnsucht nach Vereinigung und auch danach, ein guter Liebhaber einer Frau sein zu können.«

»In Form aufwachen«, fand ich einen tollen Ausdruck für das, was bei Männern oftmals passiert. Und das können sie wohl tatsächlich nicht steuern. Wir Frauen können das auch nicht – es merkt aber im Grunde auch niemand, wenn sich bei uns was regt. Anders beim männlichen Geschlecht. Das bringt sie vermutlich immer mal wieder in die Bredouille.

Aber es ist nicht nur das Körperliche, der Akt an sich, der den Männern fehlt. Auch ich unterschätze oft die Sinnlichkeit, die mancher Mann zeigt:

»Ich vermisse das Kuscheln auf der Couch, das Streicheln, das Gestreichelt-werden, das Küssen und Geküsst-werden. Der angesprochene Mangel wird natürlich teilweise mit Masturbation abgebaut, aber ein wirklicher Ersatz ist das natürlich nicht.«

## Darf ich oder darf ich nicht?

Ich habe die Antwort schon einmal angedeutet: Ja, du darfst. Nirgends in der Bibel steht, dass Selbstbefriedigung verboten oder gar Sünde ist. Aber, und da zitiere ich Paulus: »Alles ist erlaubt, aber nicht alles dient zum Guten. Alles ist erlaubt, aber nicht alles baut auf« (1. Korinther 10,23; L).

Ähhhhm. Ja.

Beim »Ja, du darfst« gibt es einige Stolperfallen.

Wegen dieser Stolperfallen bin ich unsicher, ob ich jemandem raten sollte, sich sexuell selbst zu befriedigen. Wobei ich jenen Menschen, die völlig prüde aufgezogen wurden und die ein schräges Körpergefühl haben, schon empfehlen würde, sich selbst aktiv zu erkunden. Um ihrer selbst willen, um ihrer Seelenhygiene willen und um ihres Glaubens willen. Das sagen übrigens auch christliche Sexualtherapeuten, die es zu meiner Überraschung gibt. Ich lernte zum Beispiel in einem Gottesdienst die Schweizerin Veronika Schmidt kennen. Auf ihrer Website steht: »Gute Sexualität ist erlernbar. Wer Sex hat, lebt länger und besser. Als Sexologin informiere/berate/

unterrichte ich zu allen Fragen rund um die Beziehung und Sexualität.«[49]

Vielleicht ist es für dein Leben wichtig, dass du dir in diesem Bereich Unterstützung holst. Ich ermutige dich sehr! Uns alle ermutige ich, ehrlich zu werden.

Wir Frauen füllen mit Selbstbefriedigung manchen Mangel aus. Ich kenne Frauen, die fummeln an sich selbst rum, wenn sie sich einsam fühlen. Andere belohnen sich nach anstrengenden Arbeitstagen. Es mag erlaubt sein, aber nichts davon ist gut und hilfreich – um Paulus zu zitieren. Sobald ich mit meiner Sexualität versuche, ein bestimmtes Loch zu stopfen, hängt was schief. Das wird nicht klappen. Das Loch wird größer und der Schritt zur Sucht ist meist nicht weit. Mit gesunder Sexualität hat das nichts mehr zu tun.

Zudem kommen wir alle eigentlich ohne Bilder nicht in Stimmung. Hier liegt ein sehr großer Stolperstein. Sex mit mir selbst – allein? Das funktioniert nicht, so ehrlich bin ich. Zum Höhepunkt bringt weder Mann noch Frau sich rein mechanisch. Bei Männern mag das vielleicht fast noch gehen, bei uns Frauen geht das gar nicht. Ich kenne Frauen, die haben bei der Selbstbefriedigung »ihren Mann« im Kopf. So stellen sie sich das vor. Keine bestimmte Person. Das mag erst mal nicht weiter schlimm sein. Aber diese Bilder bleiben – auch dann, wenn der echte Mann mal da ist und einen beglücken will. Und wenn der dann im Kopfkino schlechter abschneidet als der, den man von vorher gekannt hat … Selbstbefriedigung ist nicht selten auch der Einstieg in die Pornografie – eben weil es ohne Kopfkino nicht funktioniert.

Du siehst, hier gibt es ein paar Dinge zu bedenken. Ich möchte liebevoll warnen und herzlich ermutigen.

Ich weiß von einigen Freundinnen – und so ist es bei mir auch –, dass es diese paar Tage im Monat gibt, wo wir Mädels einfach Lust haben. Einigen von uns reicht dann das heiße Bad. Andere bringen sich dann mal zum Höhepunkt – fertig. Bei Männern ist es wohl so – habe ich mir sagen lassen –, dass sie ab und zu ihren Staudamm leeren müssen. Das schafft dann zwar Abhilfe, aber die Sehnsucht nach mehr bleibt. Das ist alles in Ordnung. Das tut mir gut. Weil ich versöhnt lebe mit meiner Sexualität, mit meiner Lust, mit meinem Körper. Ja, ich erlebe hier meine Lebendigkeit. Das große Feuerwerk fehlt – darauf verzichte ich als Single-Frau bewusst. Das finde ich manchmal ätzend, aber es ist in Ordnung. Ich gehöre zu den Menschen, die nicht wissen, was sie verpassen – weil ich noch nie mit einem Mann geschlafen habe. Ich habe Freunde und Freundinnen, da ist das anders. Die waren schon in intimen Beziehungen und merken jetzt den körperlichen Mangel. Das ist ungleich schwerer als das, was ich erlebe. Aber ich wünsche mir, dass wir alle aufhören, unsere Sexualität mit aller Lust zu ignorieren. Sie einfach abzuschneiden. Oder schlimmer noch: Sie in den Griff bekommen zu wollen. Denn das geht nach hinten los. Anselm Grün schreibt dazu: »Sein zerbrochenes Herz Gott hinhalten, ist Gott angenehmer als das Vorweisen seiner asketischen Leistungen und seines moralischen Unbefleckt-seins. Nicht Beherrschung, sondern größere Liebe ist das Ziel des rechten Umgangs mit der Sexualität.«[50] Und was meint er mit »größerer Liebe«? Ganz klar: »Sie (die Sexualität – Anm. d. A.) erinnert uns vielmehr immer wieder neu daran, dass nicht die Befriedigung der sexuellen Wünsche, sondern allein die Hingabe an den lebendigen Gott Ziel unseres Lebens ist, dass unsere Sehnsucht in der Liebe Gottes erfüllt wird.« Körper, Seele, Geist – meine Liebe zu Gott und meine Sexualität gehören zusammen, sagt Anselm Grün.

## Dein Weg

Dr. Ute Buth vergleicht die sexuelle Lerngeschichte ja mit einer Computerfestplatte, die beschrieben wird – schon von unserer Zeit im Mutterleib an. Die gute Nachricht ist: Wir können alte Programme deinstallieren und neue installieren. Wir können Dateien überschreiben. Dass genau das in einigen Fällen nicht leicht ist, kann ich nicht leugnen. Aber möglich ist es. Irgendwas geht immer. Mir ist wichtig, dass wir uns genau dieses trauen: Dass wir uns unserer selbst bewusst werden, dass wir mutig unsere über Jahre gespeicherten Dateien erkunden und gegebenenfalls überschreiben. Und dass wir uns schließlich auch unsere eigene Meinung und Überzeugung bilden. Nicht nur, wenn es um Sexualität geht.

Denn diese Leute nerven mich: Die immer nur anderen nachplappern und niemals ihre vermeintlich eigene Meinung in Worte fassen oder gar argumentativ darlegen können. Aussagen wie »Das ist halt so«, »Das habe ich so gelernt« oder – am schlimmsten – »Das will der Herr so«, empfinde ich als äußerst unangebracht.

Natürlich darf ich auf andere hören. Aber es ist so wichtig, dass jeder und jede von uns den ganz eigenen Weg findet – und zwar an Gottes Hand. Auf diesem Weg sind wir zutiefst abhängig von unserem Schöpfer, und oftmals brauchen wir Hilfe. So wie ich mich damals anonym an einen Seelsorge-Dienst gewendet habe. Da ist doch nichts dabei! Im Gegenteil. Das erfordert vielleicht ein bisschen mehr Mut – aber es lohnt sich. Um meiner selbst willen und auch um Gottes willen. Ich möchte dich sehr stark ermutigen, deinen eigenen Weg zu finden. Zu überprüfen, wer und was dich geprägt hat. Es wird dir helfen, ins Gespräch zu kommen. Mit dir selbst, mit deinem Gott, mit guten Freunden – und dann auch mal mit einer Partnerin oder einem Partner.

Sei in der gleichen Reihenfolge auch ehrlich: Zuerst mit dir selbst. Dann mit deinem Schöpfer. Und schließlich auch mit anderen. Du glaubst doch nicht wirklich, dass du mit deinen Gedanken, Sehnsüchten und Herausforderungen allein bist, oder? Auch nicht als Single, das sollte dir spätestens jetzt klar sein. Ich bin mir ziemlich sicher, dass nichts, was du von dir erzählst, andere erschrecken würde … Vermutlich freut sich dein Gegenüber eher, dass er oder sie sich nicht mehr allein auf weiter Flur fühlt. Diese Erfahrung mache zumindest ich immer wieder. Also, machen wir uns doch einfach mal frei!

# Von der Liebe überrascht

Mein Name: *Julia*
Mein Jahrgang – tatsächlich: *Mitte der 70er*
Hier lebe ich: *weit im Westen der Republik*
Wenn ich gerade nicht arbeite, findest du mich: *im Urlaub gern im ehemaligen Osten und freue mich da über restaurierte Städte, Dialekte und guten Kuchen*

Vergangenen Herbst war ich zur Kur. Eine Freundin sagt mir vorher noch: »Wer weiß, wen du da kennenlernst? Einen Kurschatten vielleicht!?« »Blödsinn«, antworte ich, »so weit kommt's noch!« Als fromme Single-Frau Ende 30 bin ich für solche Abenteuer definitiv nicht gemacht.

Überhaupt ist mir die ganze Sache mit der Liebe nie leichtgefallen. Schließlich gibt es da scheinbar so viele Faktoren, die zueinander passen müssen. Wenn Kriterien wie »Frömmigkeit« und »Intelligenz« stimmen, hat man oft leider immer noch keinen »Treffer« gelandet, da eine Beziehung eben keine reine Arbeitsgemeinschaft ist. Was taugt der frömmste und klügste Mann, wenn ich ihn nicht riechen kann? Auch soll es einer sein, der es ernst meint mit mir. Der zuverlässig ist usw. Das ganze Kapitel »Beziehung« kommt mir oft nicht leicht und locker, sondern eher kompliziert vor.

Und doch: Mittendrin in der Kur – überrascht mich die Liebe. An einem Ort, wo ich persönlich am wenigsten damit gerechnet hätte, treffe ich einen, der sich einfach so, scheinbar ohne innere Richtwertskala und komplizierte Trefferquote, in mich verliebt. »Wie schön!«, sagen die anderen. »Wie unpassend!«, denke ich. »Das gängige Klischee vom Kurschatten auch bei mir? Hab ich es nötig, dass ich meine Prinzipien jetzt über Bord werfe? Inwiefern passt der Mann in mein persönliches Beuteschema? Hab ich mich nicht als unabhängige Single-Frau mit meinem Lebensmodell gut arrangiert und mich in diesem Zusammenhang mit der Frage nach Lebensgemeinschaften und

Kommunitäten beschäftigt? Treffen bei dem Mann überhaupt meine Topkriterien von Frömmigkeit und Intelligenz zu?« Zu diesen Fragen gesellten sich außerdem auch solche, die weniger von meinem Hirn als vom Körper beantwortet werden wollten, und mich umso mehr irritieren: Wie fühlt sich das an, wenn jemand dir zeigt, dass er sich in dich verliebt hat? Ganzheitlich? Körperlich? Wenn da einer ist, der dich immer wieder einen Augenblick zu lang anschaut? Der sich immer irgendwie neben dir platziert, um dann Stück für Stück den von dir geforderten Minimalabstand aufzuweichen?

So eine Erfahrung habe ich schon lange nicht mehr gemacht. Dass ich interessante Denkanstöße geben und mitdiskutieren kann, das war mir klar. Aber dass es noch was anderes gibt, als intellektuell zu punkten, habe ich mir selten zugestanden. Und vor allem, dass mein Körper mehr will, als sich nur von meinen Imperativen vorm heimischen Spiegel begrenzen zu lassen: »Schon wieder eine neue Falte! Drei Kilo weniger musst du doch schaffen! Die Hose passt nicht mehr!« Erst als ich mit scheinbar verliebten Augen, denen solche Kategorien fremd zu sein scheinen, betrachtet werde, fällt mir auf, wie kritisch ich mich selbst ansehe. Dieses ausgesprochene oder augenzwinkernde »Gut siehst du aus!« fühlt sich an wie eine innere Verjüngungskur, die besser wirkt als die teuerste Faltencreme und die schnellste Diät.

Und ich merke, wie anders sich das Leben anfühlt, wenn du weißt, dass es da jemanden gibt, der dich mit diesem Blick ansieht, ohne Vorleistung deinerseits und egal, was du gerade vielleicht Schlaues von dir gibst, denn darum geht es gar nicht. Ich verstehe plötzlich, dass ich als Frau gemacht und gedacht bin, dass mein ganzes Sein von meiner Weiblichkeit geprägt ist. Und mir wird klar, wie wenig das zu meinem alltäglichen Single-Leben gehört. Da geht es darum, seinen »Mann« zu stehen, sich in der Arbeit nicht ausnutzen zu lassen, die Steuererklärung nicht zu spät abzugeben und seine Freizeit so durchzuplanen, dass der ungebetene Gast »Einsamkeit« draußen bleibt.

Diese Erfahrung zu machen, ist schön und tut weh. Beides gleichzeitig. Weil ich jetzt mit aller Kraft spüre, was ich vermisst habe. Mein eigener Körper scheint plötzlich tausend Antennen zu haben, die mir detaillierte Sendeberichte liefern von dem, was mir als Single-Frau fehlt. Dass eine Umarmung viel mehr bewirken kann als der beste Argumentationsansatz. Dass es schön ist, jemanden, im wahrsten Sinne des Wortes, an seiner Seite zu haben.

Meine Kur ist zu Ende gegangen und mit ihr mein Kurschatten. Und ich frage mich seither manchmal, wofür das gut war, von der Liebe überrascht zu werden. Und warum beim Thema »Beziehung« eben so viele Faktoren zusammenkommen müssen. Was mache ich, wenn der attraktivste Mann mein Denken, Fühlen und meinen Glauben nicht versteht? Ich habe neu gespürt, dass ich eine Frau bin. Und zwar durch und durch. Das ist schön. Und ich stelle mir vor, dass Gott, der ja die Liebe erfunden hat, mich ganz liebt, umfassend und viel mehr als ein Mann, der seine Finger nicht von mir lassen kann. Wie aber kann diese Erfahrung ohne Partner deutlich werden? Wie kann ich mein Leben auch als Single so gestalten, dass ich mich nicht in Richtung »Eisklotz« entwickle? Mit solchen Fragen bin ich auf Gott geworfen. Ich kann mich dafür entscheiden, den Sinn und die Liebe meines Lebens nicht an äußeren Umständen – wie zum Beispiel einer erfüllten Beziehung – festzumachen, sondern von Gott Erfüllung zu erbitten und zu erwarten. Ich weiß, dass gelingendes Leben dann nicht von äußeren Bedingungen abhängt, sondern mein Herz bei ihm zur Ruhe kommen kann. Er kennt mich ja schon, weil er mich gemacht hat. Aber nicht neutral, sondern als Frau.

## Reden, reden, reden

»Liebe ist lernbar«[51], heißt eine Website, die eine Gemeinde zu einer Predigtserie zum Thema Sexualität installiert hat. »Mach dich auf, eine neue Freiheit im Thema Sexualität zu entdecken, und erfahre, warum Ehe auch heute noch Sinn macht.« Davon wünsche ich mir mehr! Genauso für Paare wie auch für uns Singles. Ich vermute, dass viele Ehepaare wenig Spaß im Bett haben und das große Feuerwerk zeitlebens ausbleibt. Wie schade! Und das nicht selten auch, weil uns der Mut fehlt und wir nicht gelernt haben, zu reden. Dem Partner zu sagen, was wir gerne hätten und was nicht. Ja, und da ist es gut, als Single mit anzufangen! Trainingslager für die Ehe könnte man das nennen. Und falls sie nicht kommt, haben wir mindestens viel über uns selbst gelernt und manches unnötig schlechte Gewissen in die Wüste geschickt.

Wir können uns doch auch als Singles beschenken. So wie eine Single-Frau Ende 30 es beschreibt:

»Vielleicht müssen wir gerade als Singles noch offener darüber sprechen, dass wir, gerade weil wir eben keinen Partner haben, doch genauso Körperkontakt und Nähe wie andere Menschen auch brauchen und gerne einmal in den Arm genommen oder berührt werden von unseren Freunden! Aber Sexualität meint ja auch, sich seiner Geschlechtlichkeit und seines eigenen Körpers bewusst zu sein. Und das kann ich auch ausleben, wenn ich es z. B. genieße, mich einfach mal schön zu machen, mich zu schminken, mir beim Friseur den Kopf massieren zu lassen oder mich von einer Freundin massieren zu lassen ... einfach einmal etwas Verrücktes tun wie schaukeln gehen, auf der Wiese Handstand machen oder Blumenkränze auf einer Wanderung flechten ...«

Spürst du, wie viel Leben hier drin steckt? Das ist es, was der Bene-diktiner-Pater Anselm Grün beschreibt: Sexualität ist Lebendigkeit. Darum geht es.

Ich werde nie vergessen, wie eine gute Freundin mir mal sagte: »Wir Singles haben viel zu wenig Körperkontakt!«, und mich fest in den Arm nahm. Da spüre ich doch die Zärtlichkeit, von der Anselm Grün immer wieder berichtet. Wie wir Singles unsere Sexualität leben können? Zum Beispiel genau so – und diesen Part wiederhole ich an dieser Stelle gerne: »Wie ich die Dinge behandle, darin zeigt sich nicht nur meine Ehrfurcht vor Gott, sondern auch die Integration oder Desintegration meiner Sexualität. Sexualität will in jede zärtliche Berührung einfließen, sie will mir Lust schenken beim Ertasten der Dinge, beim Umgang mit Handwerkszeug, mit dem Essgeschirr, mit den Altargeräten.«[52]

Zärtliche Berührungen. Wertschätzender Umgang. Liebevolles Ertasten von Dingen. Sexualität braucht für uns Singles kein Mies-macher zu sein. Jede und jeder von uns ist schließlich wunderbar gemacht.

# 9.
# Miesmacher #7:
# Kein Mann, keine Frau - kein Kind

Ein Blickwechsel nimmt der tickenden
Uhr deines Lebens die Batterien raus. Du entdeckst die Felder gleich nebenan, die reif sind für
die Ernte. So viele Schätze, die du in deine Scheune sammeln darfst. So viele Früchte, die du dieser
Welt schenken darfst. Ein Leben ohne Limits.
Dein Leben ohne Limits. Manchmal sind es
vielleicht erst die Ruinen, die den Blick
freigeben auf den Himmel,
der uns leben lässt.

# Ticktack, ticktack

Hörst du das? Dieses monotone Ticken, das von Zeit zu Zeit immer lauter wird? Als Frau hörst du es, da bin ich mir ziemlich sicher. Als Mann vielleicht auch. Aber möglicherweise später. Und leiser. Das liegt in der Natur der Sache. Unsere biologische Uhr tickt. Bei uns allen. Wir gehen alle dem Tod entgegen. Und unsere Fruchtbarkeit stirbt verhältnismäßig früh. Bei uns Frauen ist in der Regel irgendwann um die 45 Schluss. Die beste Zeit – so sagen es die Mediziner – wäre bei uns so mit Anfang 20. Aber wer ist heute in solch jungen Jahren schon fit fürs Kinderkriegen? Wer ist da schon in festen Händen eines Mannes, der Vater sein will? Ja, ich weiß, das gibt es. Und das ist wunderbar! Ich selbst habe Freunde, die sind mit Anfang 20 Eltern geworden. Nun ja, ich war mit Anfang 20 noch weit davon entfernt – und es hat sich bis heute nicht geändert. Mit Mitte 30 tickt bei mir diese Uhr immer lauter. Wenn ich kühl rechne, wird mir klar: Ein paar Jährchen habe ich noch. Aber ich muss ja auch erst mal jemanden kennenlernen! Diese Zeit plus Hochzeit plus erste Versuche plus x – die Uhr läuft in der Zwischenzeit fröhlich weiter. Ticktack, ticktack.

Mich nervt diese Sache mit der Uhr. Ich höre ihr Ticken zwar nicht so sehr wie andere. Mein Kinderwunsch ist da, aber er ist nicht so drängend. Ich würde meinen Eltern sehr gerne Enkel schenken. Meine Eltern wären tolle Großeltern! Aber ich kann es ja nicht ändern. Also, nur sehr bedingt. Denn nur Kind, ohne Mann – das ist zumindest so für mich keine Alternative.

Ich kenne Frauen, die leiden sehr unter diesem Ticken. Manche wachen mit Ende 30 plötzlich davon auf und erschrecken sich fürchterlich. Andere bemerken die Uhr schon mit Mitte 20 und leiden dann jahrelang still vor sich hin, solange sich nichts tut. Wieder andere – wie ich – bemerken das zwar und denken ab und zu mal drüber nach, wie es wäre, wenn ... nicht rechtzeitig doch noch der passende Mann fürs Kind kommt. Aber wir schieben diese Gedanken dann gerne auch einfach wieder weg.

Bei Männern ist es schon rein biologisch anders. Sie können in der Regel bis ins hohe Alter Kinder zeugen. Ich staune nicht selten über Zeitungsanzeigen in der Rubrik »Er sucht sie«, wenn da so was steht wie: »Gut erhaltener Jurist im besten Alter (60+) sucht eine attraktive sportliche Frau mit Kinderwunsch.« Der Altersunterschied in dieser Beziehung wäre dann schon recht ordentlich. Und ob das immer so gut und so einfach ist, wage ich zu bezweifeln. Zudem ist die Zeit mit Kindern – so höre und erlebe ich es immer wieder – ja auch nicht ganz einfach. Man braucht Kraft. Ich kenne Männer, die mit Mitte 40 und älter nochmals Väter wurden. »Man wird halt auch nicht jünger«, höre ich sie nicht selten ächzen. Ich vermute, dass sich unser Schöpfer was dabei gedacht hat, als er unsere fruchtbaren Jahre ins erste Drittel unserer Lebenszeit gelegt hat.

## Wenn der Wunsch bleibt

Wir alle, Frauen wie Männer, erleben früher oder später und in irgendeiner Form Trauer. Es tut weh, wenn der Wunsch nach Nachkommenschaft unerfüllt bleibt. Wenn man nie ein Kind im Bauch gefühlt hat und nie so ein Patschehändchen aus eigenem Fleisch und Blut in seiner Hand hatte. Oder, wie mir ein Single-Mann schrieb:

> »Unser Familienname wird mit meinem Tod in Baden-Württemberg aussterben, da meine Schwester den Namen ihres Mannes angenommen hat. Ich bin einer genealogischen Pflicht nicht nachgekommen. Das ärgert mich. Den klassischen Dreiklang von Sohn zeugen – Haus bauen – Baum pflanzen hat meine Schwester schon erfüllt. Ich jedoch nicht. Keinen der drei Punkte.«

Männer und Frauen sind hier unterschiedlich. Aber eines ist uns gleich: Ein großer Wunsch bleibt im Zweifelsfall unerfüllt. Was bei anderen so selbstverständlich erscheint, bleibt uns verwehrt.

Es ist wichtig, dass wir auch unsere Trauer zulassen. Denn die ist berechtigt! Niemand braucht sich dafür zu schämen. Auch beim unerfüllten Kinderwunsch braucht Trauer unsere Aufmerksamkeit und Zeit – beim einen mehr, beim anderen weniger. Seien wir ehrlich! Mit uns selbst und mit anderen. Denn es gibt auch Menschen, die gar keinen Kinderwunsch haben. So zum Beispiel eine gute Freundin von mir. Sie schilderte mir eine Begebenheit aus ihrer Jugendzeit in einer Kirchengemeinde, über die sie bis heute immer wieder stolpert:

»Ich muss zwischen 14 und 20 gewesen sein. Wir standen mit mehreren Leuten zusammen und unterhielten uns und es ging um das Thema Kinder und Ehe. Jedenfalls sagte ich, dass ich keine Kinder haben möchte. Daraufhin erwiderte eine Mitarbeiterin unserer Jugendgruppe: ›Dann wird Gott dir auch keinen Mann schenken.‹ BUMM! Einfach so. Dieser eine blöde Satz verfolgt mich bis heute. Denn ich frage mich, ob sie recht hatte. Meine Einstellung zu Kindern hat sich immer noch nicht geändert. Ich habe nach wie vor keinen Kinderwunsch, aber kann das wirklich der Grund sein, warum ich auch nach wie vor keinen Mann habe? Es gibt so viele Paare, die keine Kinder bekommen können, aus welchen Gründen auch immer, da kann ich mir nicht vorstellen, dass Gott nicht in der Lage wäre, mich mit einem Mann zusammenzubringen, der vielleicht keine Kinder zeugen kann … Heute bin ich auch manchmal ärgerlich auf diese Person … Wie kann man so etwas als Mitarbeiterin zu einer Jugendlichen sagen?!«

Ähnlich geht es dann Paaren, die sich erst einmal oder auch ganz gegen Kinder entscheiden. Sie müssen sich dann immer wieder Fragen anhören, ob es denn nicht klappt und so.

Und bei den Paaren, wo der Kinderwunsch unerfüllt bleibt, tun die Fragen nach dem Stand der Dinge auch sehr weh. Immer mehr

Leuten in meinem Freundeskreis geht das leider so. Wenn bei Mann oder Frau medizinisch-biologisch was nicht passt und das ärztliche Urteil »unfruchtbar« fällt. Ich habe Freunde, die still versuchen, mit so einer Diagnose klarzukommen. Ich habe andere Freunde, die damit sehr offensiv umgehen – um etwaigen Fragen vorzugreifen und auch, um ihr Vertrauen zum Schöpfer fröhlich, aber auch in Schmerzen, zu bezeugen.

Unseren besten Freunden hier in München ging das so. Da kam nach einigen Jahren des Probierens die Nachricht des Arztes, dass es mit leiblichen Kindern nichts werden wird. Der Schock war groß, die Trauer noch viel größer.

Der Druck wuchs, sie sollten alles probieren, was medizinisch und menschenmöglich wäre. Sie haben sich dagegen entschieden und das alles dem Schöpfer allen Lebens abgetreten. Ihren Wunsch nach Kindern in seine Hand gelegt. Bei den beiden ist gerade das zweite Kind unterwegs. Wo unsere Möglichkeiten aufhören, fängt Gott so gerne an. Und er ist es, der Wunder tut!

Aber was ist, wenn Gott unsere Wünsche nicht erfüllt?

## Unser Leiden am sinnlosen Leben

Bei uns Singles ist eben oft nicht nur der Wunsch nach einem Partner drängend, sondern irgendwann auch der Wunsch nach Kindern. Stellt sich beides nicht ein, leiden wir – weil unser Leben sinnlos erscheint. So wie eine Single-Frau es mir beschrieben hat:

»Was hinterlasse ich? Wen präge ich? Wer erinnert sich an mich? Das hab ich mit Anfang 30 so nicht erlebt – mit 40 umso mehr. Ich denke, dass den meisten Männern das Thema abgeht. Denn ›Mann‹ kann ja sozusagen zu fast jedem Zeitpunkt seines Lebens die eigene Lebensplanung überdenken und sich doch noch für Familie entscheiden.«

Dass »Mann« dieses Thema abgeht, stimmt nicht ganz, wie diese Geschichte von einem Single-Mann um die 40 zeigt:

»Meine Gedanken kreisen bzgl. dieses Punktes immer darum, dass ich meinen Kindern gern was mitgegeben hätte fürs Leben. Ob es solche Dinge sind wie Glaube, Liebe, Hoffnung, Mut und Zuversicht, Anstand und Ehrlichkeit oder praktische Fähigkeiten wie rechnen, Fahrradfahren, auf Bäume klettern, schwimmen und dergleichen. Aber mit eigenen Kindern habe ich gedanklich fast abgeschlossen und bin erstaunlicherweise kaum bedrückt deswegen. Wobei ich letztens irgendwo gehört oder gelesen habe, dass der Kummer darüber im höheren Alter durchaus heftig ausfallen kann.«

Ich bin mir sicher: Der Kummer kommt. Irgendwann. Bei jeder und jedem von uns. In irgendeiner Form. In unterschiedlicher Intensität. Erinnerst du dich an Viktor Frankl? Die Sache mit der Nachkommenschaft ist eine der Fragen des Lebens, der wir uns stellen müssen. Unbedingt.

»Kinder sind eine Gabe des Herrn, ja, Fruchtbarkeit ist ein großes Geschenk!« (Psalm 127,3; NGÜ). Im Alten Testament gehört die Hoffnung auf Nachkommen zu den zentralen Sehnsüchten. Denn in der Nachkommenschaft entfaltet sich doch irgendwie die ganze Lebenskraft eines Menschen. In unseren Kindern bleibt was von uns. Das Ausbleiben von Nachwuchs war damals ein großes Drama.

Heute ist das im Kern nicht anders. Wir leiden an unserem scheinbar sinnlosen Leben und übertünchen unseren Mangel mit viel Arbeit oder allen möglichen Süchten. Wir versuchen, die Löcher zu stopfen. Dabei wären wir gut beraten, uns folgende Fragen zu stellen: Was bleibt von uns? Welche Frucht soll ich bringen, wenn schon nicht die leibliche? Welchen Sinn hat mein Leben?

Viktor Frankl hat es auf den Punkt gebracht: »Was der Mensch wirklich will, ist letzten Endes nicht das Glücklichsein an sich, sondern ein Grund zum Glücklichsein. Sobald nämlich ein Grund zum Glücklichsein gegeben ist, stellt sich das Glück von selbst ein.«[53]

Aber was ist dein Grund zum Glücklichsein? Dieser Grund, dieser Sinn im Leben, kann nicht gegeben werden, sagt Frankl. Er muss gefunden werden. Und zwar von dir selbst. Also mach dich mutig auf die Suche nach dem Sinn in deinem Leben! Wenn du bisher dachtest, Mann oder Frau und Kinder wären der einzige Sinn, dann ist es möglicherweise an der Zeit, dass du dich neu orientierst. Das heißt nicht, dass du diesen Wunsch für alle Zeiten aufgeben musst. Biologisch erübrigt sich der Teil mit den Kindern möglicherweise. Aber mindestens heiraten kannst du ja auch mit 60 noch. Wenn du deinem Leiden ein Ende setzen willst, dann marschiere jetzt los auf eine Entdeckungsreise durch dein Leben. Finde die Scheune, die Viktor Frankl immer wieder beschreibt, um die Suche nach dem Sinn anschaulich zu machen.

Denn auch in deinem Leben gibt es so eine Scheune, in der du deine Erfahrungen sammelst. In dieser liegen die Schätze deiner Vergangenheit. Du kannst es dir jetzt schon in einem Schaukelstuhl gemütlich machen und bestaunen, was du so alles gesammelt hast. Das kann sehr schön sein! Aber auch sehr schmerzhaft. Nämlich dann, wenn wir in die leeren Ecken blicken, wenn die Trauer über unerfüllte Wünsche, gescheiterte Pläne und verfehlte Ziele deinen Blick vernebelt. Deshalb, so schlägt Frankl vor, und ich tue das auch: Geh vor deine Tür und schaue in die Zukunft. Lass deinen Blick über die umliegenden Felder schweifen und entdecke Bereiche, in denen du ernten kannst. Deine Scheune wird sich weiter füllen. Und dann ziehe los. Denn das Sinn-Angebot deines Lebens liegt in der Gegenwart. Wo kannst und willst du sammeln gehen? Wo findest du den Sinn deines Lebens? Niemand kann dir sagen, wo er ist, der Sinn. Es gibt ihn! Immer! Keine einzige Situation in unserem Leben ist sinnlos. Aber finden müssen wir ihn selbst: den Sinn. Was ist dein Grund zum Glücklichsein? Lass deine Wünsche, Pläne und Ziele erst einmal links liegen und schlage einen anderen Weg ein. Das ist besser, als beleidigt auf dem Bahnsteig stehen zu bleiben und auf einen Zug zu warten, von dem niemand weiß, ob und wann er kommt.

Das Ding mit der Fruchtlosigkeit ist im Kern heute nicht anders. Leibliche Frucht, Kinder, sind biblisch gesehen immer noch ein Geschenk Gottes, und der Wunsch nach Nachkommen ist für uns Menschen immer noch existenziell. Das ist auch gut so, sonst würden wir bald aussterben. Und doch ist heute auch alles ganz anders.

## Von wegen Fruchtzwerg!

Wer meint, dass ich ohne Kinder ein sinnloses Leben führe, der hat sich geschnitten und seine Rechnung ohne Jesus gemacht. Ein Leben als Single ist spätestens im Neuen Testament eine durchaus beachtenswerte Lebensform. Jetzt ist noch etwas wichtig: Wir Menschen sind zu fruchtbarem Leben aufgerufen – und hier sind nicht nur die leiblichen Früchte gemeint.

Die ausdrucksstärkste Geschichte zu diesem Thema beschreibt Jesus selbst. In einer langen Abschiedsrede kurz vor seinem Tod fordert er auf:»Seid fruchtbar!«Und er beschreibt ausführlich, wie das geht:

»Ich bin der wahre Weinstock, und mein Vater ist der Weinbauer. Jede Rebe an mir, die nicht Frucht trägt, schneidet er ab; eine Rebe aber, die Frucht trägt, schneidet er zurück; so reinigt er sie, damit sie noch mehr Frucht hervorbringt. Ihr seid schon rein; ihr seid es aufgrund des Wortes, das ich euch verkündet habe. Bleibt in mir, und ich werde in euch bleiben. Eine Rebe kann nicht aus sich selbst heraus Frucht hervorbringen; sie muss am Weinstock bleiben. Genauso wenig könnt ihr Frucht hervorbringen, wenn ihr nicht in mir bleibt. Ich bin der Weinstock, und ihr seid die Reben. Wenn jemand in mir bleibt und ich in ihm bleibe, trägt er reiche Frucht; ohne mich könnt ihr nichts tun. Wenn jemand nicht in mir bleibt, geht es ihm wie der ›unfruchtbaren‹ Rebe: Er wird weggeworfen und verdorrt. Die verdorrten Reben werden zusammengelesen und ins Feuer geworfen, wo sie verbrennen. Wenn ihr in mir bleibt und meine Worte in euch bleiben, könnt ihr bitten, um was ihr wollt: Eure Bitte wird erfüllt werden. Dadurch, dass ihr reiche Frucht tragt und euch als meine Jünger erweist, wird die Herrlichkeit meines Vaters offenbart« (Johannes 15, 1-8; NGÜ).

Hier erstaunt mich Jesus und rüttelt mein Ego regelmäßig auf: Es geht in diesem Leben nicht um mich. Also, mindestens nicht nur. Es geht um Gott. Es geht darum, dass ich in seinem Namen Frucht bringe. Dass mein Leben ihm Ehre gibt. Ich bin für Gott da – nicht andersherum.

Gott ist Weinbauer aus Leidenschaft. Es gibt für ihn nichts Größeres, als sich um seinen Weinberg, um seine Reben zu kümmern. In vielen neutestamentlichen Gleichnissen wird Gott als ein Geschäftsmann beschrieben, der einen Auftrag erteilt und später wiederkommt, um nach dem Rechten zu sehen. Gott ist da und legt selbst Hand an. Er sorgt sich. Er beschneidet die Pflanzen, weil er nur ein Ziel hat: Saftige, fette Trauben an starken Reben.

Das sind wir. Du und ich. Wir sind die Rebzweige in Gottes Weinberg. Um uns will Gott sich kümmern. An uns arbeitet er, damit wir gute und reiche Frucht bringen. Denn uns will Gott genießen. Er hat seine Freude an uns!

Mit diesem Gleichnis vom Weinstock zeigt Jesus, dass es in diesem Leben nicht nur um uns geht. Es geht nicht darum, dass wir stets auf uns selbst bezogen sind und wir immer nur gerne nehmen, aber nie geben. Wir leben nicht zum Selbstzweck. Wir haben eine höhere Bestimmung: Frucht bringen. Von wegen Fruchtzwerge! Gott will, dass wir starke Reben sind und die fettesten Trauben tragen.

Nur: Früchte wachsen langsam. Und nicht aus sich selbst heraus. Wachstum braucht Zeit. Und Wachstum funktioniert nur, wenn die Frucht fest am Stamm bleibt. Wir meinen immer, dass Gott Dinge ändert, Wünsche erfüllt und so weiter, wenn wir sie an ihn abgeben. Wir vergessen, dass so eine Traube viele Monate braucht bis zur Reife. Und aus manchen Trauben wird auch einfach gar nix. Unser eigenes Wachstum als Rebzweig und auch das unserer Trauben hängt nicht von uns selbst ab. Alles, was wir tun können, ist, uns bewusst zu machen, an wem wir hängen. Und zuzulassen, dass der Weinbauer mächtig an uns arbeitet.

Im Neuen Testament wird der Begriff »Frucht« überwiegend im geistlichen Sinn benutzt. Die klarste Stelle hierzu findest du im Brief des Paulus an die Galater, Kapitel 5: »Die Frucht hingegen, die der Geist Gottes hervorbringt, besteht in Liebe, Freude, Frieden, Geduld, Freundlichkeit, Güte, Treue, Rücksichtnahme und Selbstbeherrschung« (Galater 5,22f; NGÜ). Was wäre das für eine schöne, liebevolle Welt, wenn wir viel mehr von diesen Früchten ernten könnten! Das spornt mich an. Gott selbst bringt diese Frucht hervor. Wenn es also um ein fruchtbares Leben geht und den Sinn, den wir suchen, sind wir recht gut beraten, unseren Schöpfer mit einzubeziehen.

## Ein Korb voller leckerer Früchte

Wenn du aus deiner Scheune heraustrittst und deinen Blick über die Felder schweifen lässt, die du ernten könntest, dann bitte Gott, deine Augen zu lenken. Niemand anderes kann das tun. Versuchen wir es, kann das große Wunden verursachen.

Wenn ich einem ungewollt kinderlosen Paar vorschlage, dass sie doch dann jetzt Pflegekinder aufnehmen oder sich in einem Waisenhaus engagieren könnten, bekomme ich hoffentlich eine ordentliche Portion Ärger. Solch eine Idee kann nicht von außen kommen. Auch wenn sie noch so gut gemeint ist. Solch eine Idee muss von innen kommen. Gott selbst muss sie ins Herz pflanzen, sonst wird die Frucht niemals reifen. Im Gegenteil: Es wird Unkraut wachsen. Versteh mich nicht falsch: Es kommt auch hier wie so oft auf die

Beziehung an, in der wir stehen. Meinen besten Freunden kann ich sehr wohl im geeigneten Moment und so sensibel wie möglich Ideen unterbreiten und ihnen auf diese Weise vielleicht eine neue Sichtweise eröffnen. Aber gehen wir da sehr behutsam vor. Gut gemeint, ist hier leider oft nicht sehr weise und liebevoll durchdacht.

Bei einem meiner Studienkollegen und seiner Frau war recht früh klar, dass sie aus medizinischen Gründen keine leiblichen Kinder haben werden. Klar war beiden aber auch, dass sie ihren Traum von Familie leben werden. Also haben sie sich auf die Suche nach Alternativen gemacht. Heute sind sie Eltern von fünf Pflegekindern. Statt beleidigt stehen zu bleiben und zu warten, haben sie sich einen anderen Weg gesucht. Und sie haben einen gefunden.

Aber Frucht bringen geht auch noch ganz anders, wie eine Single-Frau um die 40 mir schrieb. Ihr Augenöffner in diesem Bereich war eine Mut machende Begegnung mit einer Seniorin ihrer Gemeinde:

»Nachdem ich im Gottesdienst an Karfreitag die Gottesdienstleitung und Moderation gemacht hatte, gab mir die ältere Dame folgende Rückmeldung: ›Ich möchte dir einfach sagen, wie wichtig dieser Gottesdienst für mich war. Du hast so gute Gedanken und Impulse in deiner Leitung weitergegeben, mit so viel Tiefgang und so gut formuliert auf den Punkt gebracht ... das fand ich ganz erstaunlich! Und ich möchte dir noch dazu sagen: Ich weiß ja um deinen Schmerz, dass du keine eigene Familie gegründet hast ... aber heute habe ich gespürt, du bringst Frucht auf einer ganz anderen Ebene – und die Entwicklung, die du genommen hast, hättest du so nicht genommen, wenn du Familienmutter wärst ... da ist eine andere Ebene von Segen in deinem Leben, die man deutlich spürt!‹ Das war für mich eine wichtige Begegnung. Da sprach mal jemand, der nicht nur mein ›vermeintliches Defizit‹ sah, sondern Gottes Spuren wahrgenommen hat, die sich gerade in meinem Single-Sein einen Weg bahnen konnten! Und sie hat dies gesagt, ohne meine Traurigkeit, die zum Teil auch da ist, zu verleugnen ... Das tat einfach gut! Von diesen Begegnungen brauchen Singles mehr! Und diese Begegnung hat mir Mut gemacht, ›Fruchtbringen‹ viel weiter zu fassen ...«

Fassen wir doch Frucht bringen viel weiter! Ich bin mir sicher, dass wir alle einen großen Korb voll mit leckerem Obst haben – um beim Bild zu bleiben.

Was steckt bei dir drin? Was ist deine Antwort auf diese Frage, die dir dein Leben stellt? Was ist der Sinn deines Lebens? Welchen Weg kannst du gehen – und welcher ist der erste Schritt?

Wenn ich an mich denke, dann kommt mir an dieser Stelle immer das SegensReich in den Sinn. Diese Lebensgemeinschaft hat Gott selbst Esther und mir aufs Herz gelegt. Wir wissen, dass irgendwas werden wird. Wir träumen von dem großen Haus. Und wir erleben schon jetzt, wie dieses Leben in Gemeinschaft Frucht bringt. Oft sind Menschen bei uns zu Besuch oder zu Gast, die verabschieden sich mit Worten wie: »Bei euch habe ich mich sofort zu Hause gefühlt«, oder: »Hier durfte ich einfach sein, danke«, oder: »Ein wahrhaft segensreicher Ort ist das hier!«. Das freut uns immer sehr und wir geben diesen Dank stets nach oben weiter. Weil wir wissen, von wem das alles kommt. Immer mal wieder kommt mir beim Blick aufs SegensReich dann auch ein Wort in den Sinn: Lebenswerk. Mein Lebenswerk. Auf die Frage, was von mir bleibt, kann ich in jedem Fall antworten: Segensreiches Leben bei vielen Menschen!

Stell du doch mal deinen eigenen Obstkorb zusammen. Nimm dir viele bunte Klebezettel, schreibe die Früchte deines Lebens auf und klebe sie an eine Stelle deiner Wohnung. Da kommt sicher eine wunderbar bunte Mischung zusammen, zum Beispiel bestehend aus:

*Simone getröstet*
*Als Arzt in der Notaufnahme schon viele Menschenleben gerettet*

*Auf die Kinder von Hanna aufgepasst und ihr so einen freien Nach-*
*mittag geschenkt*
*Die Reifen von Paulas Auto gewechselt*
*Als Lehrerin schon viele Kinder fürs Leben geschult*
*Kurt ein offenes Ohr geschenkt*
*Zusammen mit Susanne ihr neues Regal aufgebaut*
*Meinen Nachbarn einen Kuchen gebracht*
*Mit Tim beim Angeln gewesen und tiefe Gespräche geführt*

## Der Job meines Lebens

Was ist der Sinn deines Lebens?

Um eine Antwort zu finden, empfehle ich dir eine kleine Übung, die es in sich hat.

Male dir auf ein großes Blatt einen Kreis auf und setze auf den Rand des Kreises mindestens zehn Kästen. In diese schreibst du nun, was dir im Leben wichtig ist. Wenn du das getan hast, schau dir alle Begriffe oder Beschreibungen nochmals in Ruhe an. Und dann finde ihn: den Job deines Lebens.

Hier sind Stichworte, die mir in meinem Leben wichtig sind: Verlässlichkeit, Ausgewogenheit, Sicherheit, Kreativität, Flexibilität, Glücksgefühl, Freude und Spaß, Ehrlichkeit, Jesuszentriertheit und positive Entwicklung.

Na, was denkst du, könnte der Job meines Lebens sein? Ich verrate es dir: Ich bin eine *begeisterte Lebensliebhaberin*. Die christliche Lebensgemeinschaft, die ich gemeinsam mit Esther und auf Gottes Wort hin ins Leben gerufen habe, ist ein Ausdruck dessen. Mein Arbeitsplatz sozusagen. Der ist mein absoluter Mutmacher.

Diesen Wertekreis kann man auf alle möglichen Themen anwenden. Wenn du zum Beispiel eine neue berufliche Herausforderung suchst, tut es gut, wenn du dir bewusst wirst, was dir wichtig ist und was du brauchst. Und welcher Job dann der richtige ist.

# Mein Lebenstraum

Mein Name: *Ulrike*
Mein Jahrgang – tatsächlich: *1964*
Mein Jahrgang – gefühlt: *1964*
Hier lebe ich: *Esens, Ostfriesland*
Hier bin ich am liebsten: *Ostseeküste*
Mein Job: *Allgemeinärztin*
Wenn ich gerade nicht arbeite, findest du mich: *auf dem Balkon, am PC, auf dem Fahrrad, bei EmwAg*

Für mich war immer klar: Familie. Ehefrau und Mutter sein. So kannte ich es von zu Hause, so war es normal für mich. Das war mein Traum! Schon als Kind und Teenie habe ich mir überlegt, wie meine Kinder heißen sollen und dass es z. B. sieben Kinder sein würden.

Während meiner Ausbildung (Medizinstudium) habe ich hinter jeder Ecke auf *den* Partner gehofft und entsprechend pflichtbewusst und ein bisschen halbherzig das Studium und die anschließenden Jahre gestaltet. Die Perspektive, tatsächlich langfristig in meinem Beruf zu arbeiten, mich in das System »Krankenhaus« einzugliedern mit allem Stress, der durch die hohe Arbeitsbelastung und Verantwortung und durch Nacht- und Wochenenddienste entsteht, und die meiste Zeit in einer »fremden« Welt »fremdbestimmt« unterwegs zu sein, entsprach nicht dem, was mir vorschwebte. Ich wollte viel lieber in meinem eigenen kleinen Reich viele Freiheiten und Gestaltungsmöglichkeiten haben, mein Nest bauen und mich um »meine« Leute (= meine Familie) kümmern statt um fremde Menschen.

Irgendwann heirateten meine – jüngeren – Geschwister. Und bekamen nach einigen Jahren insgesamt neun Kinder. Ich arbeitete immer noch in meinem Beruf.

Ein Gefühl, das – meist unbewusst – tief in mir drinsteckte und sich auch heute immer mal wieder meldet, wurde dadurch verstärkt: Ich bin benachteiligt. Ich bin außen vor. Und auch: Ich muss es alleine schaffen.

Natürlich war ich in den Jahren mehrmals sehr intensiv und lang anhaltend verliebt. Aber zu einer Partnerschaft ist es nie gekommen.

Irgendwann begann ich, mich aktiv um eine Partnerschaft zu bemühen – durch eine Anzeige, die Freunde für mich in christlichen Zeitschriften aufgaben, und durch einen christlichen Partnerschaftsdienst. Und ich merkte sehr schnell: Das entspricht mir überhaupt nicht!

Sicherlich kann man so eine Entwicklung psychologisch beleuchten und versuchen zu erklären, warum ich keinen Partner gefunden habe (habe ich vielleicht doch mehr Angst vor Nähe und Intimität, als ich meine?). Die Gedanken »Ich bin zu anspruchsvoll« oder »Mit mir stimmt etwas nicht«, kamen immer mal wieder hoch. Man kann auch darüber nachdenken, warum ich so sehr auf Familie fixiert war und der Beruf für mich fremd blieb (ist es die Sehnsucht nach Nähe, Vertrautheit, Intimität, Schutz, die ich in meiner Ursprungsfamilie nicht so erlebt hatte, wie ich es gebraucht hätte?).

Bis in die ersten 40er-Jahre hinein lebte ich im Wartestand (in dem Wissen, dass es mit Kindern immer enger wird) und träumte von Ehe und Familie. Eine Herausforderung in dieser Phase war nach Jahren der Weiterbildung an verschiedenen Orten das Angebot, in eine Allgemeinarztpraxis einzusteigen mit eigenem Kassenarztsitz. Ich schreckte zunächst davor zurück, weil mir der Status als Berufstätige dadurch so endgültig zu sein schien und ich das Gefühl hatte, für den Rest meines Lebens festgelegt zu sein. Aber vernünftig war es und ein sehr gutes Angebot.

In den folgenden Jahren lernte ich einiges über das Leben als Single:

Es ist nicht gut, sein Leben im Wartestand auf dem Bahnsteig zu verbringen.

Als Single ist man nicht weniger wert als Verheiratete.

Jesus will derjenige sein, der meine tiefste Sehnsucht stillt.

Zwei Entwicklungen liefen (und laufen) parallel: An den Kernsätzen oben buchstabiere ich immer wieder herum, besonders am letzten. Ich gehe jetzt aber mit mir und der Tatsache, dass ich Single bin, anders um als früher. Zusammenfassend kann ich sagen: Ich erlebe es als

Berufung Gottes, in diesem Stand zu leben, und merke, wie dadurch vieles in mir und in meinem Leben in Bewegung kommt, sich verändert, heil und »erwachsen« wird. Wie ich an den Herausforderungen wachse (immer mal wieder aber auch scheitere). Und Gott benutzt diese meine Situation. Ich bin nicht vergessen worden oder übersehen, sondern er denkt sich etwas dabei und lässt meinen Stand auch anderen zum Segen werden.

Denn es gibt ja z. B. die neun Nichten und Neffen – inzwischen die meisten im Teenie-Alter. Zu meinen Nichten und Neffen könnte ich viele Geschichten erzählen. Auf jeden Fall merke ich: Ich habe als Tante eine ganz besondere Beziehung zu ihnen und einen Platz in ihrem Leben, den z. B. ihre Eltern so nicht haben. Dass sich alle neun zu meinem 50. Geburtstag haben einladen lassen, um ein ganzes Wochenende mit mir und meinen Gästen an der Ostsee zu verbringen, ist auch nicht selbstverständlich! Schade ist, dass sie alle so weit weg wohnen, dass wir uns nur ein paarmal im Jahr sehen und Lebenteilen im Alltag nicht möglich ist. Wichtig war sicher, dass ich gerade, als die Kinder klein waren, immer wieder längere Zeit bei ihnen verbracht habe. So gibt es eine gemeinsame Basis, auch wenn wir uns manchmal monatelang nicht sehen. Wichtig war sicher auch, dass ich meine Rolle nicht als die der »tantenhaften Miterzieherin« sah, sondern einfach die Zeit mit den Kindern genossen habe.

So ist mein Leben sehr anders, als ich es mir erträumt habe. Und ich habe an etlichen Stellen immer wieder zu kämpfen, immer mal wieder das Gefühl, benachteiligt und außen vor zu sein, habe es manchmal mit mir und mit anderen nicht leicht und mache es mir und anderen nicht leicht.

Ja, und der Traum vom Ehepartner ist nicht vollkommen begraben – ich habe mich nicht fürs Zölibat entschieden.

Aber: Mein Leben ist so reich und tief und immer wieder so schön! Es ist in Bewegung! Da sind tiefe, bewegende Zeiten mit meinem Gott! Da sind diverse Herausforderungen! Da ist der tiefe Eindruck, dass ich in dem bin, was Gott sich für mich ausgedacht hat, dass er segnet und mein Leben zum Segen werden lässt für mich und für viele Menschen, mit denen ich zu tun habe.

Gerade gestern hatte ich den Eindruck, dass er sagt: Genieße das, was ist, und sei dankbar! Das bin ich!

## Von den Harten lernen

Ich lerne sehr gerne von anderen. Und ich stelle mich selbst gerne mal in Relation zu anderen. So danke ich jeden Morgen, dass ich in diesem Teil der Welt und in diesem Land leben darf. Dass ich nicht nur ein Dach über dem Kopf habe, sondern auch ein extrem gemütliches Bett, Trinkwasser ohne Ende und immer zu viel im Kühlschrank. Diese Art des Vergleichens hilft mir nicht selten, mein scheinbares Leid ins rechte Licht zu stellen. Ich habe es unverschämt gut – da gibt es keinen Zweifel!

Ich habe an anderer Stelle schon mal auf Samuel Koch verwiesen. In seinem Buch »Zwei Leben«[54] beschreibt er eindrucksvoll, wie er sich nach dem schweren Unfall zurückkämpft. Alles ist anders – aber sinnlos ist nichts. Sein Leben trägt auch jetzt reiche Frucht. Als Rollstuhlfahrer macht er vielen mit ähnlichem Schicksal Mut. Samuel Koch zeigt allen, dass es geht.

Genauso macht das der US-Amerikaner Nick Vujicic. Der arme Kerl kam gänzlich ohne Gliedmaßen auf die Welt. Keine Arme, keine Beine. Aber ein großes Herz und ein klarer Verstand. Nick Vujicic ist ein halbes Jahr jünger als ich. Sein Start ins Leben war sehr viel härter als meiner. Aber er fiel in die liebevollen Arme seiner Eltern. Nach einem Selbstmordversuch im Jugendalter beschloss er, sein Leben trotzdem zu gestalten. Trotz aller Widrigkeiten. Nick arbeitet heute als Motivationstrainer. In der ganzen Welt wird er vor Managern, Führungspersönlichkeiten und allen anderen möglichen Leuten vorne auf einen Tisch gestellt (er kann sich ja nicht selbst irgendwohin bewegen) und haut dann Sätze raus wie »Es gibt immer Hoffnung, solange du nicht aufgibst«, »Wenn kein Wunder passiert, dann sei selbst eines« oder »Ohne Arme und Beine ist nicht halb so schlimm wie ohne Hoffnung«.[55] Mit der festen Überzeugung, dass Gott mit jedem von uns das Beste im Sinn hat, führt Nick Vujicic ein unverschämt gutes Leben, wie er selbst sagt. Er brauchte eine Zeit, das zu entdecken. Aber jetzt ist er sich seines Jobs bewusst: Andere zu einem unverschämt guten Leben anstiften.

Ich denke mir jedes Mal: Wenn er das kann, dann sollte ich es doch längst können! Meine Einschränkungen sind schließlich um ein Vielfaches geringer ... Was hält mich also davon ab? Was hält mich ab, nicht mehr wütend zu sein auf das, was ich nicht habe, sondern dankbar das zu feiern, was ich habe?

Dieser Blickwechsel nimmt der tickenden Uhr deines Lebens die Batterien raus. Du entdeckst die Felder gleich nebenan, die reif sind für die Ernte. So viele Schätze, die du in deine Scheune sammeln darfst. So viele Früchte, die du in Gottes Namen dieser Welt schenken darfst. Ein Leben ohne Limits. *Dein* Leben ohne Limits. Manchmal sind es erst die Ruinen, die den Blick freigeben auf den Himmel.

## Der Trick: Dranbleiben

Vom Himmel kommt übrigens auch das Glück. »Gott nahe zu sein ist mein Glück«, schreibt der Psalmist (vgl. Psalm 73,28; GNB). Das ist eine tiefe Überzeugung meines Lebens. Nah am Weinstock zu sein, ist das Glück meines Lebens und sorgt dafür, dass ich ein Leben erlebe, das an Fruchtbarkeit nicht zu übertreffen ist. Glückliches Leben eben.

Jesus ist der Weinstock und ich bin die Rebe. Von mir kommt die Frucht. Das geht aber nur, wenn ich an der Rebe hänge. Wenn ich mich von ihr nähren lasse. Und wenn der Weinbauer an mir arbeiten darf, damit alles optimal wächst.

Ich kenne mich mit Pflanzen und Gärten nicht aus, schon gar nicht mit dem Weinbau. Aber so viel weiß sogar ich: Wenn eine Frucht von der Pflanze abfällt, muss ich sie bald essen, sonst verfault sie. Wenn sie noch nicht reif war, ist sie ungenießbar. Eine Frucht braucht also den Stamm. Von dort kommt alles, was sie zum Leben und zum Wachsen braucht. Ohne Stamm keine Frucht. Ohne Jesus kein Leben. Und schon gar kein fruchtbares Leben. So ist das bei uns Menschen. Und dann ist da noch der Weinbauer, der zugunsten von guten Früchten auch gerne mal selbst aktiv wird und an den Reben rumschnippelt. Da ist von »zurückschneiden« und »reinigen« die Rede. Klingt unangenehm. Ist es auch oft. Aber es geht nicht anders, wenn die Frucht reifen soll, braucht es diese Arbeiten. Und das alles hat ein großes Ziel, für das es sich doch zu leben lohnt: Die Herrlichkeit des Vaters wird offenbart. Wenn wir gute Früchte tragen und dem Job unseres Lebens nachgehen, dann bringen wir ganz automatisch den Schöpfer dieser Welt ins Gespräch. Wir bringen ein Stück vom Himmel in diese Welt. Und das ist der größte und beste und wertvollste Mutmacher überhaupt.

## Plötzlich wieder Single

Mein Name: *Annelie*
Mein Job: *an zwei Arbeitsstellen*

Ein Motorradunfall verändert mein ganzes Leben. Noch an der Unfall-stelle verstirbt mein Mann durch Genickbruch.

Immer hatte ich ihn auf seine Verantwortung als Familienvater von drei Kindern hingewiesen, war oft sauer, wenn er auf Tour fahren wollte. Diesmal nicht. Ich wünschte ihm nur eine gute Fahrt und er sollte Grüße an seinen Vater mitnehmen. Er ist nie dort angekommen. Am nächsten Tag hätte er in unserem Garten Osterglocken pflanzen wollen.

Die Woche bis zur Beerdigung funktioniere ich. Wie ich mich fühle nach fast 26 Ehejahren? Einerseits habe ich ein tiefes Verlustgefühl, andrerseits aber spüre ich auch in einem Winkel meines Herzens die Erleichterung, frei zu sein, weil ich mich in unserer Ehe doch an vielen Stellen sehr eingeschränkt empfunden habe. Das löst natürlich auch Schuldgefühle aus. Die Freundschaften, die ich in meiner Ehe begon-nen habe, dauerten nicht lange, da mein Mann sie alle vergrault hat. Was natürlich auch Schuldgefühle auslöst. Ich muss auch feststel-len, dass er wirklich in diesem Sarg liegt. Er sieht so friedlich aus, so losgelöst von allem, was ihm dieses Leben hier auf der Erde schwer gemacht hat.

Dann kommt der Alltag:
Wie viel Heizöl muss bestellt werden? Wie ist das Haus finanziert? Wann muss das Auto zur Wartung, zum TÜV? Ich bin total überfor-dert. Sehr schnell gebe ich alle seine Sachen weg, kaufe mir auch ein neues Bett.

Oft treffe ich Bekannte in der Stadt und denke, dass ich ihm das erzählen muss.

Dazu kommt die Versorgung unserer Tochter mit Handicap, deren Begleitung und Pflege wir uns geteilt hatten. Für sie soll alles so weitergehen wie vorher, aber ich kann das neben meiner Tätigkeit als Nachtwache im Wohnheim für behinderte Menschen nicht leisten. Ich muss außerdem noch die Hobbys meines Mannes »pflegen«, mit dem Hund spazieren gehen, das Aquarium versorgen und den großen Garten bearbeiten. Immer wieder vergesse ich zu gießen.

Also verkaufe ich das Aquarium, gebe den Hund weg.

Kurze Zeit später findet meine älteste Tochter eine Wohnung und zieht aus. Wir versuchen, uns gegenseitig loszulassen, was uns gut gelingt. Mittlerweile führt sie ein selbstbestimmtes und selbstständiges Leben.

Ich ziehe mich zurück, denn ich habe durch das Verlassen einer Gemeinde und den Start in einer neuen noch keine Beziehungen geknüpft. Ich bin mir selbst genug. Ich lese sehr gerne, die Bücher und ein Glas Wein reichen mir. Nur, dass aus einem Glas mehr wird und eine Flasche schnell leer ist. Ich komme in keinen Tiefschlaf mehr, weil die Verantwortung für die Kinder, die Finanzen und der »Alltagswahnsinn« mich nicht zur Ruhe kommen lassen.

Gott redet in meine Träume: Ich sehe mich als vereinsamte alte Frau ohne Freunde in ihrem Haus im Walde. Sein Auftrag lautet: Einen Abend in der Woche einen Außenkontakt. So beginne ich, mich mit einer Freundin zu treffen.

Da wir ja erst vor Kurzem aus organisatorischen Gründen die Gemeinde gewechselt haben, kenne ich noch sehr wenige Leute. Und die meisten wissen auch nicht, wie sie mir begegnen sollen.

Dann wird eine Mitarbeiterin für die Mädchenjungschar gesucht. Ich treffe mich mit der verantwortlichen Leiterin und beginne mit dieser Arbeit.

Als Nächstes will ich das Haus verkaufen. Es ist zu groß, zu einsam und der Garten überfordert mich als Stadtmenschen. Parallel dazu suche ich eine Wohnung für meine jüngste Tochter und mich.

Beides klappt und wir ziehen um. Dann zieht auch mein Sohn wieder bei mir ein.

In der Gemeinde steige ich noch ins Lobpreis-Team ein, dessen Leitung ich dann auch übernehme.

Dann folgt nicht lange danach wieder eine Veränderung: Aus schmerzlichen, persönlichen Gründen verlasse ich auch diese Gemeinde.

Und wieder redet Gott in meine Träume: Ich baue ein Haus und es helfen viele Leute mit. Ich träume Namen und Gesichter. Als ich dann in eine Freikirche komme, sind dort die Menschen, die ich schon aus meinen Träumen gekannt habe. Also beginne ich, die Gottesdienste zu besuchen. Leider finde ich keinen Platz für die Mitarbeit. Ich bete, dass mich jemand anspricht – und genau das passiert. Ich beginne, mich im Alpha-Kurs einzusetzen.

Obwohl ich nie mehr in einer Gemeinde Mitglied werden wollte, heilen nach vielen Gesprächen meine Wunden, und ich entscheide mich doch zur Mitgliedschaft.

Vergeblich versuche ich, Gott Vorschriften zu machen: Nie wieder will ich Jugendarbeit machen, sagte ich ihm. Doch er hat einen anderen Plan. Man spricht mich an, ob ich für Jugendliche beten kann. Das mache ich doch gerne, sie nennen mir ihre Gebetsanliegen. Nur, wie soll ich weiter für sie beten, wenn ich nur einmal dort bin? Also gehe ich regelmäßig in den Jugendkreis und wachse hinein.

Heute bin ich leitende Mitarbeiterin, Mama der Jugendlichen, Ansprechpartnerin, Vertraute, Seelsorgerin, Mentorin und eine Organisatorin der gesamten Jugendarbeit. Das gibt ihnen und natürlich mir viel, zumal ich ja außer der Zeit auch ein großes Herz für die Jugendlichen habe.

Inzwischen sind meine beiden jüngeren Kinder auch ausgezogen und haben geheiratet. Jetzt lebe ich wirklich allein. Das fühlt sich so gut an! Endlich lebe ich nicht mehr fremdbestimmt. Ich treffe stattdessen meine eigenen Entscheidungen und kann über meine Zeit und Interessen selbst verfügen.

Meine Familie hat nach dem Tod meines Mannes gedacht, dass ich nicht lange alleine bleibe. Mittlerweile sind mehr als 13 Jahre vergangen und ich genieße mein Leben als Single. Ich habe einen großen Freundeskreis, engagiere mich gern im Ehrenamt und arbeite zu 50 % in zwei Jobs, die mir viel Freude bereiten.

Aus dem Schock, das Leben allein meistern zu müssen, ist ein erfülltes Leben geworden. Da mein Mann nicht leicht durchs Leben gegangen ist, konnte ich viele Dinge nicht so gestalten, wie ich sie mir gewünscht hätte. Heute kann ich meine Gaben leben, Freundschaften pflegen und meine Freizeit gestalten, wie ich möchte.

Wenn ich allein bin, ist das meistens gewollt. Ich schaffe mir immer mal Freiräume, sonst überrollt mich das pralle Leben.

# 10.
## Miesmacher #8:

# Zweifel, dass Gott
# es gut meint

Ich bin unendlich dankbar,
dass mein Gott kein Problem damit hat,
wenn ich mein Gedanken- und Gefühlschaos
mit aller Macht bei ihm rauslasse. Ich darf das.
Und wie freue ich mich, dass ich
diesen Gott habe, der das alles nimmt –
und dann in mir auch noch
diesen Hoffnungsschimmer
aufblitzen lässt.

# Meinst du es wirklich gut mit mir?

Es gab einen Tag in meinem Leben, da wollte ich Gott den Laufpass geben. Ich war sehr nah dran, ihm ein für alle Mal zu sagen:»Du und ich – getrennte Wege – ab heute.« Das ist noch nicht so lange her, erst wenige Jahre. Es war nicht mein Single-Sein, das mich dieser Entscheidung gegen Gott so nahe gebracht hatte, sondern meine berufliche Situation mit allem, was daran hing. Ich war am Ende. Nach vielen Monaten des Kampfes und Ringens und Fragens und Bittens und Betens wusste ich: Mit diesem Gott will ich nichts mehr zu tun haben.

Ich erlebte vor einigen Jahren tiefe Zweifel. Damals hatte ich mein Leben seit mehr als zehn Jahren mit Haut und Haaren an Gott abgegeben. Meine Berufswahl, meine Arbeitsstellen, der Ort, an dem ich lebe – alles wusste ich von ihm geführt. Und mit einem Mal verstand ich die Welt nicht mehr. Ohne meine Situation konkreter zu beschreiben: Ich konnte diesem Gott nicht mehr vertrauen. Ich fühlte mich hinters Licht geführt, veralbert, enttäuscht. Alles, wirklich alles, was ich jahrelang mit ihm erlebt hatte, musste ich infrage stellen.

Ich hatte Zweifel. Große Zweifel.

Laut Duden sind Zweifel»Bedenken« und eine»schwankende Ungewissheit, ob jemandes Äußerungen zu glauben sind«. Ja, ich war sehr ungewiss, ob ich Gott noch glauben konnte. Ich hatte Bedenken, dass er es gut mit mir meint.

Diese Grundfrage haben wir Menschen schon ganz am Anfang dieser Welt gestellt: Meint es Gott denn auch wirklich gut mit uns?

Im Paradies war alles gut. Adam und Eva waren ein Top-Team. Sie vertrauten ihrem Schöpfer und genossen das sorgenfreie Leben. Sie durften alles, wirklich alles – nur das eine nicht. Von einem einzigen Baum sollten sie nicht essen. Das war für sie auch kein Problem, bis dieses Biest von Schlange kam mit der Frage:»Ja, sollte Gott gesagt haben: Ihr sollt nicht essen von allen Bäumen im Garten?« (1. Mose 3,1; L). Eva verteidigt das noch, kann dann aber doch nicht widerstehen und beißt in einen sattroten Apfel von genau dem Baum, den sie nicht hätten anrühren sollen. Die Schlange hinterfragte in diesem Moment schlicht und einfach das Vertrauen der ersten Menschen in ihren Schöpfer. Nach dem Motto: »Glaubt ihr wirklich, dass er es gut mit euch meint?« Adam und Eva überlegten mit Sicherheit eine Weile, schauten sich an, dachten nach – und kamen zu dem Schluss, dass sie doch mal einen anderen Weg probieren wollten. Und taten das. Sündenfall nennen Theologen das heute – der Tag, an dem die Sünde in die Welt kam. Sünde beschreibt vom Wort her einfach nur das Getrenntsein von Gott. Seit diesem Tag, als Adam und Eva der uneingeschränkten Güte des Schöpfers misstrauten, ist die Sünde in der Welt. Wir Menschen sind von Gott getrennt – und zweifeln. In uns steckt diese Frage, ob Gott es wohl wirklich gut mit uns meint. Und die kommt spätestens dann hoch, wenn Dinge passieren, die uns nicht passen oder die wir nicht verstehen.

So wie bei mir vor ein paar Jahren. Ich verstand die Welt nicht mehr. Alles, was passierte, passte nicht in mein Bild von Gott. Was bisher so einfach war, zeigte sich plötzlich als unendlich schwer. Mein Vertrauen in Gott war erschüttert. Ich stellte unsere Beziehung infrage. Gott tut das nie – aber ich tat es an diesem einen Tag.

Dass ich meinen Schöpfer nicht vollends in die Wüste schickte, lag an den lieben Menschen um mich herum, die mich einfach unter den Armen packten und mitschleiften. Mein Glaube war am Ende – ihrer noch lange nicht, und sie nahmen mich einfach mit. Die Gebete, für die mir die Worte fehlten, sprachen sie. Die Lieder, die ich nicht mehr singen mochte, summten sie für mich. Mir kam in dieser Zeit nur ein Psalm von David sehr nah, zu dem es auch Lieder gibt. Und dieses hier war das einzige Lied, das ich in diesen Wochen singen konnte und wollte – meist tränenreich am Klavier sitzend:

*How long, O Lord, will You forget me.*
*How long, O Lord, will You look the other way.*
*How long, O Lord, must I wrestle with my thoughts.*
*And every day have such sorrow in my heart.*

*Look on me and answer, O God my Father.*
*Bring light to my darkness before they see me fall.*

*But I trust in Your unfailing love.*
*Yes my heart will rejoice.*
*Still I sing of Your unfailing love.*
*You have been good, You will be good to me.*[56]

Dieses Lied hat der kanadische Musiker Brian Doerksen verfasst, auf Basis von Psalm 13, und der liest sich im Original so: »Für den Dirigenten. Ein Psalm Davids. Wie lange noch, Herr, willst du mich vergessen? Etwa für immer? Wie lange noch willst du dich vor mir verbergen? Wie lange noch muss ich unter tiefer Traurigkeit leiden und den ganzen Tag Kummer in meinem Herzen tragen? Wie lange noch darf mein Feind auf mich herabsehen? Schau doch her und antworte mir, Herr, mein Gott! Gib mir neuen Mut und lass meine Augen wieder leuchten, damit ich nicht in den Todesschlaf sinke! Mein Feind soll nicht sagen können: ›Jetzt habe ich ihn endgültig besiegt!‹ Meine Gegner sollen nicht jubeln und sich freuen, wenn ich den Halt verliere. Doch ich will auf deine Güte vertrauen, von ganzem Herzen will ich jubeln über deine Rettung! Mit meinem Lied will ich dem Herrn danken, weil er mir Gutes erwiesen hat« (Psalm 13; NGÜ).

Ich war und bin begeistert, wie die Psalmen meine Fragen in Worte fassen. Und es kann gut sein, dass es dir ähnlich geht. Auch wir Singles fragen uns: Wie lange willst du mich noch vergessen, Herr? Wie lange muss ich noch unter tiefer Traurigkeit leiden? Wie lange noch Kummer in meinem Herzen tragen? »Gib mir doch endlich neuen Mut!«, wollen wir mit David schreien.

Trotzdem lerne ich von den Psalmen so viel. Denn es gibt, glaube ich, nicht einen einzigen, der nicht mit einem Sprüchlein endet wie: »Doch ich will auf deine Güte vertrauen.«
Wow!

David war am Ende. So wie ich. Er hat kein Blatt vor den Mund genommen und seinem Gott gesagt, was er denkt und fühlt. So wie ich. Er war sich am Ende doch der Treue und Güte Gottes bewusst. So wie ich – nicht.

Rückblickend muss ich sagen, dass ich in dieser schwierigen Zeit damals auch echt erschüttert war. Erschüttert und erschrocken darüber, wie *sehr* ich zweifelte. Ich hatte bis dato gedacht, dass mir so was nie passieren könnte – ich, mit meinem festen Glauben und den vielen tollen und im wahrsten Sinne dieses Wortes wunderbaren Erlebnissen, von denen ich immer erzählt habe. Ich wusste, wie Gott mein Leben im Griff hatte. In dieser Zeit hatte ich es zwar nicht vergessen, aber ich stellte alles infrage.

Glaubenszweifel tun weh. Sie gehen meist sehr tief. Das Gefühl von »Gott hat mich vergessen« ist eines, das besonders schmerzt, wenn wir es bisher anders erlebt haben. Vielleicht hast du es aber auch nie anders erlebt und dieses Gefühl bestimmt dein Leben. Oder du sortierst dich irgendwo dazwischen ein: »Gott, ja, der ist schon cool – aber so richtig um mein Leben kümmert er sich ja offensichtlich doch nicht.« Was wir wirklich von Gott verstanden haben, zeigt sich dann, wenn es nicht so läuft, wie wir es gerne hätten.

## Was Glauben heißt

An dieser Stelle möchte ich eine junge Frau zu Wort kommen lassen, die mir für mein Buch folgende Geschichte schickte:

»Ich möchte dir von einer Begebenheit erzählen, die ich in meinem Arbeitsalltag erlebt habe. Ich arbeite mit Kindern im Vorschulalter. An einem Nachmittag war ein 5-jähriger Junge bei mir zur heilpädagogischen Förderung. Wir saßen am Tisch und spielten ein Spiel, als auf einmal der Junge zu mir sagte: ›Weißt du, ich habe jetzt den guten Gott schon so oft gefragt, aber bis jetzt hat er meinen Wunsch noch nicht erfüllt; es hat einfach noch nicht geklappt!‹

Da war mein Interesse geweckt: ›Was soll denn Gott so dringend für dich tun?‹, fragte ich ihn zurück.

›Ich möchte so gerne ein Pokemon werden; ich habe es dem guten Gott schon so oft gesagt, aber er hat meinen Wunsch noch nicht erfüllt!‹

Pokemon ist ein Fantasiewesen aus einem japanischen Videospiel. Bei Pokemon geht es natürlich wie bei den meisten dieser Spiele ums Kämpfen und Stärker-sein und Gewinnen.

Als der Junge mir sein Gebet anvertraute, war ich kurz davor schallend zu lachen, weil ich das so niedlich und amüsant fand! Aber ich merkte, dass es meinem kleinen Gegenüber ganz ernst war; er machte keine Witze. Ich habe mich dann zusammengenommen und habe ihm gesagt, wovon ich in diesem Moment zutiefst überzeugt war: ›Ich glaube, dass Gott es sich ganz genial ausgedacht hat, wie du sein sollst; und so hat er dich gemacht; ich glaube, dass du ihm viel lieber bist als einhundert Pokemons, und ich könnte mir denken, dass sich deshalb nichts verändert hat!‹

Ich spürte, dass meine Antwort die Enttäuschung der Situation für den kleinen Jungen nicht auflöste; das Gespräch war beendet...

Ich habe noch oft über diese Begebenheit nachgedacht, sie Kollegen und Freunden erzählt und mich häufig über die Situation amüsiert. Komisch war nur, dass ich das Gefühl nicht loswurde, dass jedes Mal, wenn ich über den Jungen lächelte, Gott mich anlächelte. Das mag jetzt komisch klingen, aber im übertragenen Sinne war es so; und ich habe Folgendes erkannt: Der kleine Junge kam zu mir in die heilpädagogische Förderung, weil er Entwicklungsprobleme hatte. Ohne jetzt genauer auf seine Diagnose einzugehen, beschreibe ich dir die Auswirkungen seiner Entwicklungsschwierigkeiten: Er erlebte, dass andere schneller rennen, höher hüpfen und geschickter klettern konnten; er erlebte, dass er nicht lange still und konzentriert auf einem Stuhl sitzen konnte und dass ihn seine Wut manchmal so überrollte, dass er minutenlang unter einem Tisch saß, um sich wieder zu beruhigen. Und er erlebte, dass er immer wieder aneckte und reglementiert wurde.

Und jetzt sag mal ehrlich: Aus der Erfahrungswelt eines 5-Jährigen heraus wäre das doch eine umfassende Lösung seiner Probleme: Als Pokemon wäre er schnell und geschickt, ruck, zuck im nächsthöheren Level, etwas Besonderes und dazu noch fröhlich.

Aus meiner Erfahrungswelt als ältere, erwachsene und lebenserfahrenere Person wusste ich, dass das keine Lösung sein konnte, lächelte also und schlug andere Entwicklungsschritte vor. Was aber auch bedeutete, dass die Probleme und Schwierigkeiten des Kindes zunächst nicht aus dem Weg geräumt waren, nicht sofort; da musste zunächst mal ausgehalten und gearbeitet werden. Und manche Dinge würden vielleicht auch nie ganz wegtherapiert, sondern nur gelindert werden können ...

Als mir das alles klar wurde, erkannte ich, dass meine Gedanken und Gebete häufig gar nicht weit vom Pokemon-Gebet entfernt sind. Wie oft präsentiere ich auf Grundlage meiner Erkenntnisse Gott die Lösung meiner Probleme. Und wie oft schaut mich Gott an und sagt: ›Kristina, ich verstehe deine Not und ich verstehe, dass aus deiner Sicht die Lösung so aussieht. Aber ich blicke weiter; ich sehe über dich und dein Verstehen und Erfassen hinaus. Glaubst du mir das, und bist du bereit, weiter mit mir zu gehen, auch wenn sich deine Wünsche nicht eins zu eins erfüllen? Vertraust du mir, und glaubst du mir, dass ich trotzdem Leben in Fülle mit dir vorhabe?‹«

Wie weit bin ich selbst vom »Pokemon-Gebet« entfernt? Wie sehr ist Gott für mich der, der einfach nur meine Wünsche zu erfüllen hat – und basta?

Ich erlebe immer wieder, wie Singles genau das bewegt: Sie zweifeln an Gott, weil sie etwas, das ihnen doch versprochen scheint und was das Normalste auf der Welt sein soll, bisher nicht bekommen haben. Gott ist doch dafür zuständig, dass ich glücklich bin und alles habe, was ich brauche. Und ich brauche einen Partner!

Ähm. Ja. Und nein.

## Was Glaube nicht heißt

Wir Singles haben es manchmal in christlichen Kirchen und Gemeinden echt schwer. Ich erlebe es immer wieder: Das sind Orte, wo unsere Zweifel an Gott und daran, dass er es gut mit uns meint, genährt werden. Die Geschichte von einer Single-Frau Mitte 40 verdeutlicht das sehr gut:

>»Ein Thema, das mich als eher ausgeglichenen Menschen sehr schnell auf die Palme bringen kann: Wenn Pastoren und Leiter mit einer großen Selbstverständlichkeit davon sprechen, dass jeder Christ einen Partner bekommen wird. Früher oder später. Wenn er es nur wirklich glaubt.
>
>Na toll, dann ist mein Glaube wohl bisher nicht groß genug gewesen. Sehr auffällig daran ist, dass es sich bei diesen Predigern meist um Menschen handelt, die selbst mit Anfang oder Mitte zwanzig geheiratet haben und sich selbst vielleicht auch nicht vorstellen können, wie ein anderes Leben sich anfühlt.
>
>Abgesehen davon, dass diese einfache Gleichung in christlichen Kreisen schon allein rechnerisch nicht aufgehen kann wegen der oft ungleichen Verteilung der Geschlechter … Ich empfinde solche Sätze schlicht als frech! Wenig einfühlsam, nicht korrekt und vor allem theologisch nicht haltbar. Wo in der Bibel steht bitte, dass auf jeden Topf ein Deckel passt oder so? In meiner jedenfalls nicht.

Es war im Rahmen einer Taufe im See. Die junge Frau, Anfang zwanzig, war gerade getauft worden, und nun wurde noch für sie gebetet, dass Gott sie segnen möge in ihrem Leben und dass sie doch mit einem Partner glücklich werden möge usw. Da war es wieder! Eine andere Option wird erst gar nicht gesehen – es kann nur in diese Richtung gehen! Und wenn nicht? Dann hat diese Frau womöglich später ein seelsorgerliches Problem ... nicht genug geglaubt ... nicht alles richtig gemacht ...

Noch verantwortungsloser finde ich den seelsorgerlichen Rat, ›jetzt schon im Voraus‹ Gott zu danken für den Partner, den ich einmal haben werde. (Werde ich?) Und wenn ich mich in manchen Situationen gerade nach einem Partner sehne, Gott zu bitten, ›ihn‹ (den es sicher irgendwo schon gibt) gerade heute besonders zu segnen, ihn von mir zu grüßen etc. Sorry, aber das klingt für mich ziemlich skurril! Nicht, dass ich Gott nicht zutrauen würde, mir einen Mann zu schenken, wenn er das gut findet. Aber es ist kein selbstverständliches Recht, auf das ich pochen kann!«

Gott ist kein Wunsch-Erfüller. Er ist nicht der, der uns alles gibt, was wir gerne haben möchten. Ja, er möchte, dass wir fröhlich und glücklich durch diese Welt gehen. Er gibt auch gerne und großzügig. Aber nicht immer allen alles. Ich weiß nicht, warum das so ist. Aber ich weiß, dass wir in einer Welt leben, in der längst nicht mehr alles so ist, wie Gott sich das gedacht hatte. Dass das Matching von Mann und Frau nicht mehr 100 %ig aufgeht, ist ein Symptom des Sündenfalls. Es ist ein Problem unserer Welt. Neben vielen anderen wie Krankheit, Unglück, Katastrophen und weiteren Widrigkeiten. Als Single erlebe ich, wie ich verzichten muss, manch einer nur etwas länger, andere ihr Leben lang. Nach dem Grund dafür zu suchen, ist müßig. Im Kern kenne ich ihn: Es liegt an der gefallenen Welt. An der Antwort auf die Grundfrage von uns Menschen, ob Gott es gut meint mit uns. Wir sagen da leider allzu oft: »Nein, er meint es nicht gut«, und verpassen das Leben, das er uns schenkt.

Und gerade hier sind mir die biblischen Psalmen zu echten Strohhalmen in meinem Meer aus Selbstmitleid und Elend geworden. Diese tiefen Gebete zeigen: Ich darf Gott alles sagen. Er kommt mit  meinen Anschuldigungen klar. Er weiß mit meinem Gefühlsmischmasch aus Wut, Trauer, Ärger, Zorn, Unverständnis und so weiter umzugehen. Er hört sich alles an. Er hört es sich gerne an. Und indem wir das alles vor seinem Angesicht rauslassen, keimt in uns Hoffnung auf, die irgendwie jeder Psalmist in der Bibel bezeugt: Am Ende schreiben sie alle irgendwas von: »... aber ich vertraue dir, Herr«, »Du bist mir dennoch treu« oder »Du rettest mich aus allem Chaos«.

Ich habe es ausprobiert und erlebt: Es funktioniert – wenn man das so sagen will. Ich bin unendlich dankbar, dass mein Gott kein Problem damit hat, wenn ich mein Gedanken- und Gefühlschaos mit aller Macht bei ihm rauslasse. Ich darf das. Und wie dankbar bin ich, dass ich diesen Gott habe, der das alles nimmt – und dann in mir auch noch diesen Hoffnungsschimmer aufblitzen lässt. Wochenlang habe ich aus reinem Gehorsam dieses Lied gesungen und immer geendet mit diesen Versen: »But I trust – in Your unfailing love – Yes my heart will rejoice – Still I sing of Your unfailing love – You have been good, You will be good to me.« Mein Jammern und Klagen habe ich irgendwann dann auch beendet mit Versen, wie David sie gebetet hat: »Doch ich will auf deine Güte vertrauen, von ganzem Herzen will ich jubeln über deine Rettung! Mit meinem Lied will ich dem Herrn danken, weil er mir Gutes erwiesen hat.«

Ich habe in diesen Wochen meines Zweifelns einen besonderen Vers gelernt – und ich bin mir sicher, dass du ihn kennst: »Wir wissen aber, dass denen, die Gott lieben, alle Dinge zum Besten dienen« (Römer 8,28; L). Das ist ein Satz, den ich niemals Leuten in ähnlichen Situationen einfach so zusprechen würde. Ich habe ihn zu hören bekommen. Und ich hätte die Leute, die das zu mir sagten, nur zu gerne an die Wand klatschen können. Das sagt sich so leicht! Dieses »Ach, weißt du, das ist schon alles gut! Es dient dir zum Besten! Alles wird gut, weil Gott doch gut ist!« und so weiter tut dann einfach nur weh. Weil ich es so anders erlebe und empfinde. Ich habe diesen Vers nicht nur gelernt, ich habe ihn durchbuchstabiert. Buchstabe für Buchstabe, Zeichen für Zeichen. Das war hart – Schwerstarbeit! Wie eine Operation an meinem offenen Herzen. Heute kann ich fröhlich sagen: Es hat sich gelohnt. Nochmals erleben muss ich das alles aber nicht. Und mit Menschen in ähnlichen Situationen möchte ich sehr viel behutsamer umgehen, als mir es widerfahren ist.

Ich weiß: Bei vielen Singles operiert Gott am offenen Herzen. Wenn das bei dir noch nicht so ist, empfehle ich dir: Leg dich freiwillig unters Messer. Sei ehrlich mit dir selbst. Und wenn du feststellst, dass nicht alles passt, dann tue das, wozu der US-amerikanische Psychotherapeut Lawrence J. Crabb auffordert:

»Geben Sie sich nicht mit oberflächlichen Lösungen zufrieden. So zu tun, als wären Sie glücklich, wenn Sie es doch gar nicht sind; nicht wahrhaben zu wollen, wie einsam oder ängstlich Sie sind; all die richtigen Dinge tun zu wollen in der Hoffnung, dass Gott Ihnen dafür im Gegenzug gibt, was Sie sich wünschen; Ihre Seele zu erforschen, um sich selbst besser zu verstehen, anstatt von Herzen Gott zu suchen – nichts davon führt zur Freude. Gehen Sie den langen, gewundenen Weg durch quälende Fragen, unerträgliches Leid und niederschmetternde Selbsterkenntnis, weil es in Ihnen den ernsthaften Wunsch weckt, Gott zu kennen. Denn wenn Sie zu ihm kommen und allmählich lernen, ihm als dem guten Gott zu vertrauen, der er zu sein behauptet, und zu glauben, dass er jene, die ihn von Herzen suchen, mit einem klareren Blick auf seine Schönheit belohnt, dann beginnt etwas Wundervolles zu entstehen. Die Probleme, die aus einem Mangel an Glauben resultieren, verblassen. Und jene Probleme, die als unvermeidlicher Teil des Lebens in einer gefallenen Welt weiterhin bestehen, werden zu Gelegenheiten, ihn besser zu kennen und anderen ihr Vertrauen in seine Güte widerzuspiegeln.«[57]

## Gott kennen und lieben

Es gibt einen Spruch vom Baptistenprediger Oswald Chambers, der mich seit Jahren begleitet – und der für mich eine tiefe Wahrheit in sich trägt: »Faith does not always know where it's being led. But it knows and loves the one who is leading.« (Zu Deutsch: »Glaube heißt: Ich weiß nicht immer, wohin ich geführt werde. Aber ich kenne und liebe den, der mich führt.«)

Wer meint, dass Glaube ein Selbstläufer sei, der hat sich geschnitten. Ich bin überzeugt, dass wir Pokemon-Gebete nur dann beten und das Bild von Gott als Wunsch-Erfüller nur dann zeichnen, wenn wir genau das meinen: Dass Glaube so nebenher funktioniert. Dass ich Gott immer nur dann bemühe, wenn ich selbst nicht weiterkomme. Dass ich im Katastrophen-Fall wie alle Menschen dieser Welt furchtbar erschrocken »Oh mein Gott!«, schreie, ohne zu wissen, wer er ist und was ich damit eigentlich meine.

Glaube ist Beziehung. Beziehung zum Schöpfer dieser Welt. Das unterscheidet den christlichen Glauben von allen anderen Religionen dieser Welt. Und Beziehung heißt Arbeit. Beziehung erfordert Zeit und Investition. Wenn du an Gott glaubst, wenn du ihm an irgendeiner Stelle deines Lebens die Hoheit über deine Tage gegeben hast, dann ist es damit nicht getan. Nach dem Motto: »Ich habe dir einmal gesagt, dass ich dich liebe – das muss reichen.« So funktioniert weder eine Ehe noch eine Freundschaft und schon gar nicht unsere Beziehung zu Gott. Das zeigt sich immer dann, wenn es nicht rundläuft.

Ich weiß nicht immer, wohin ich geführt werde. Aber ich kenne und liebe den, der mich führt. Gott kennenlernen können wir nur, wenn wir wirklich mit ihm leben. Indem wir in der Bibel lesen, seinem Liebesbrief an uns. Indem wir uns mit unserer eigenen Geschichte befassen und dem, was wir bereits erlebt haben. Indem wir einander erzählen, wo und wie wir Gott kennenlernen – und wo er uns fehlt und wir ihn nicht verstehen. Indem wir die Geschichten anderer lesen, am besten aus allen Jahrhunderten, und uns Mut machen lassen von dem, wie andere den Schöpfer kennengelernt haben.

Ich gehe so gerne mit Gott spazieren oder wandern und bestaune seine Natur. Manchmal sitze ich aber auch einfach in einem Café und gucke spazieren. Ich schaue mir die Menschen an, die der himmlische Vater so liebt. Ich lese in meinen alten Tagebüchern und staune, was ich vor Jahren alles erlebt und geschrieben habe. Alles das macht mir Mut – gerade dann, wenn es mal wieder nicht so läuft und ich vielleicht sogar mal wieder an Gott zweifle. Ich nehme mir Zeit mit meinem Herrn, um unsere Beziehung auszubauen, das Fundament immer fester zu machen. Wie geht das bei dir am besten? Wie lernst du Gott besser kennen? Und woran erkennst du seine Liebe?

Hier ist die kurze Geschichte eines Single-Mannes, der zum Thema Glaubenszweifel schreibt:

»Ob ich diese je gehabt habe, weiß ich gar nicht so genau. Und wenn, dann liegen sie so lange zurück, dass ich mich nicht mehr daran erinnern kann. Glücklicherweise kann ich behaupten, dass die fehlende Frau momentan fast das einzig ›Negative‹ in meinem Leben ist. Ansonsten bin ich ziemlich zufrieden.

Und da ich der Überzeugung bin, dass alles einen Sinn hat, was mir unser Vater im Himmel passieren lässt, bin ich auch darüber nicht wirklich sauer. Ich glaube, dass ER sie mich noch treffen lässt. In einer Predigt habe ich im letzten Jahr mal den Satz gehört, dass Gott kein Kellner ist, der uns unsere Wünsche zu erfüllen habe. Dies habe ich seitdem beim Beten immer im Hinterkopf. Und oft (nicht immer!) braucht es einfach nur Geduld, um zu verstehen, warum ER uns einen Weg so gehen lässt und nicht anders. Hier hilft dann wieder das oben schon angesprochene positive Denken: Was ist gut in meinem Leben?«

Ja, was ist gut in meinem Leben? Was ist gut in deinem Leben? Mach doch mal eine ABC-Liste deiner Gottesgeschenke. Mach es wie dieser junge Mann und entdecke deine Haben-Seite. Nimm dir dazu 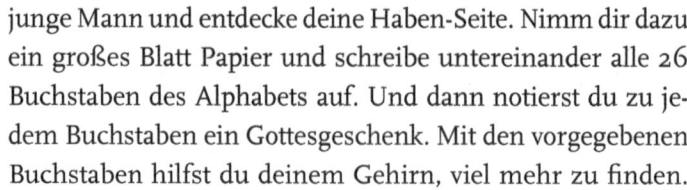 ein großes Blatt Papier und schreibe untereinander alle 26 Buchstaben des Alphabets auf. Und dann notierst du zu jedem Buchstaben ein Gottesgeschenk. Mit den vorgegebenen Buchstaben hilfst du deinem Gehirn, viel mehr zu finden. Diese Liste kannst du immer mal wieder anfertigen. Und aufhängen! Denn wir lernen auch aus unseren Erfahrungen. Vielleicht wird es dir demnächst mal aus großen Zweifeln helfen, wenn du dir deine Liste vor Augen hältst.

## Wie Wahrheit in die Seele fällt

Als ich in Kanada war, habe ich mich oft ein wenig lustig gemacht über die »Devotionalien«, wie ich sie bis heute nenne, die man in jedem christlichen Buchladen kaufen konnte. Mittlerweile bekommen wir so was längst auch bei uns: Kugelschreiber und Radiergummis mit Segensworten, Blöcke, Taschen, Poster, Flaschen und Brettchen mit Bibelsprüchen. Nichts, auf das man nicht fromme Bildchen drucken könnte. Ich habe mich über das alles lange lustig gemacht. Heute habe ich selbst schicke Brettchen und Tassen mit ermutigenden Worten im Schrank und ein überdimensionales Tattoo mit einem Bibelwort an der Wand des Esszimmers. Unter anderem.

Als Coach weiß ich, wie wichtig solche Erinnerungshilfen für mich sind. Wie das Wort schon sagt: Alles das hilft mir, mich zu erinnern. In diesem Fall erinnert es mich an Gott. An die Wahrheit, die ich zwar tief in mir drinnen glaube, an der ich aber manchmal zweifle. An die Liebe, die ich erlebe, und die aber manchmal so fern scheint.

Erinnerungshilfen gab es schon zu Zeiten der Israeliten – Gott selbst hatte die Idee dazu. Das Passah-Fest zum Beispiel gehört bis heute zu den wichtigsten Festen des Judentums. Und es ist eine festliche Erinnerungshilfe: an den Auszug der Israeliten aus Ägypten, an die Befreiung aus der Sklaverei. Alle jüdischen Feste sind Erinnerungshilfen für die Israeliten an das, was Gott getan hat. Unsere christlichen Feste sind im Kern nichts anderes: Ob Weihnachten, Ostern oder Pfingsten – indem wir feiern, was passiert ist, erinnern wir uns.

Auch der Theologe Dietrich Bonhoeffer wusste um die Kraft der Erinnerung: »Aus der Erinnerung und Wiederholung lebt Glaube und Gehorsam. Erinnerung wird zur Kraft der Gegenwart, weil es der lebendige Gott ist, der einst für mich gehandelt hat und mich heute dessen vergewissert.« [58]

Was ist deine perfekte Erinnerungshilfe? Wie kann die Wahrheit Gottes in deine Seele fallen? Ich empfehle dir an dieser Stelle einen Trick aus der Neurowissenschaft. Denn unser Gehirn arbeitet extrem ausgeklügelt, es vergisst nichts. Alles, was wir erfahren und erleben, speichert es ab. Genau diese Fähigkeit können wir uns zunutze machen.

Wenn ich im Januar aus meinem Skiurlaub zurückkomme, dann drucke ich vom schönsten Moment ein Foto aus und klebe es zu Hause an meinen Computer-Bildschirm: Ich stehe mit angeschnallten Skiern mitten am Berg und genieße mit erhobenen Armen die herrliche Aussicht, während Sonnenstrahlen meine Nase kitzeln. Damit nutze ich die Fähigkeit meines Gehirns, unbewusst lernen zu können. Denn mein Gehirn ist ja den ganzen Tag damit beschäftigt, sich Sachen zu merken. Das wenigste bekomme ich bewusst mit. Dieser Moment auf dem Berg, den merkt sich mein Gehirn ganz sicher. Weil das ein wohltuender Moment war, speichert mein Gehirn ihn ab unter: »Das hat mir gutgetan, das will ich wieder erleben.«

Jedes Mal, wenn ich dann das Foto sehe, erinnert sich mein Gehirn an diesen einen wunderbaren und Kraft schenkenden Urlaubsmoment und beschenkt mich mit den gleichen Gefühlen, wie ich sie auf dem Berg hatte. Und wenn ich so am Berg stehe, die Sonne mein Gesicht wärmt und ich das herrliche Bergpanorama sehe, dann geht mein Herz auf und ich weiß: Dieser Schöpfergott ist grandios – der macht wunderschöne Dinge – auch mich! Und er kümmert sich um mich – das weiß ich ganz sicher! Nicht selten ergänze ich so ein Bild dann mit einem Bibelspruch oder einem Wort, das mir guttut. Das ist dann meine ganz persönliche Erinnerungshilfe an Gottes Schönheit und Güte. Jedes Mal, wenn ich dieses Bild ansehe, weiß ich tief in mir: Gott macht wirklich alles gut. Ich liebe ihn – und deshalb dienen mir wirklich alle Dinge zum Besten!

Also denk mal nach, wie deine ganz persönliche Erinnerungshilfe aussehen kann. Vielleicht trinkst du jeden Morgen deinen Kaffee aus einer Tasse, die dich mit einem schönen Verslein anlacht. Oder du hast einen Schlüsselanhänger, den du immer wieder in der Hand hast, wo etwas Besonderes draufsteht. Oder du verteilst in der ganzen Wohnung Postkarten und Post-its mit Worten, die dir guttun. Vielleicht ist es auch der Klingelton deines Mobiltelefons, der dich an Gott erinnert. Du siehst, die Möglichkeiten sind unbegrenzt. Also mach dich doch auf die Suche nach deiner ganz eigenen Erinnerungshilfe. Damit du niemals vergisst, dass Gott es gut mit dir meint – egal, wie dein Leben gerade ausschaut.

## Geistliche Resilienz entwickeln

Erinnerungshilfen unterstützen uns dabei, eine gute Widerstandskraft zu entwickeln. Auch geistlich. Das nennen Experten heute »Resilienz« und meinen damit Anpassungs- und Widerstandsfähigkeit, seelisches Immunsystem oder die Strategie der Stehaufmännchen. Die offizielle Definition von Resilienz lautet so: »Resilienz ist die Fähigkeit von Menschen, Krisen im Lebenszyklus unter Rückgriff auf persönliche und sozial vermittelte Ressourcen zu meistern und als Anlass für persönliche Entwicklung zu nutzen.«[59]

In meinen Worten: Resiliente Menschen wissen, dass Leid, Unglück, Enttäuschungen und andere Widrigkeiten Teil des Lebens sind, die sich weder vermeiden noch spurlos beseitigen lassen. Und deshalb haben sie Strategien entwickelt, mit alledem gut umzugehen und aus einer Krise stärker als zuvor herauszukommen.

Papst Franziskus ist ein Kirchenmann, den ich für seine Geradlinigkeit und Klarheit sehr schätze. Er ist kein Träumer, sondern sieht der Realität unserer Welt ins Auge. Von ihm habe ich neulich ein Zitat gelesen, das ich nur unterstreichen kann: »Glauben zu haben, bedeutet nicht, von Schwierigkeiten verschont zu werden, sondern die Stärke zu haben, diesen zu begegnen und zu wissen: Du bist nicht allein!«

Was brauchen wir also, um Resilienz zu entwickeln – auch geistliche Resilienz? Dass wir widerstandsfähig werden unseren eigenen Zweifeln gegenüber? Dass uns die Widrigkeiten unseres Lebens – auch unseres Single-Lebens – nicht so schnell aus der Bahn werfen? Hier einige Tipps, die du leicht umsetzen kannst.

## Sichere Plätze aufsuchen

»Du bist nicht allein«, ist wohl eine der wertvollsten Botschaften für uns Singles. Denn so oft sprechen unsere Gefühle ja vom Gegenteil: Natürlich bin ich allein! Gott versorgt mich ja nicht mit einem Mann! Es ist so wichtig, dass wir diese Gedanken und Kämpfe zulassen und tapfer ausfechten. Nur so stärken wir unsere Resilienz. Dazu brauchen wir sichere Plätze – Orte, wo wir alles ehrlich rauslassen dürfen, ohne blöde Kommentare oder gut gemeinte Sprüche hören zu müssen. So einen sicheren Platz kannst du bei einem Seelsorger, Coach oder Therapeuten finden. In manchen Fällen ist der Schritt zu professioneller

Unterstützung sehr ratsam. Schonräume kannst du aber auch bei Freunden, in der Familie oder einer Kleingruppe suchen.

Resiliente Menschen zeichnen sich durch ausgeprägte soziale Kompetenz aus. Und die kann man lernen. Im Kapitel über den Miesmacher Einsamkeit und Alleinsein habe ich das umfassend beschrieben und dich ermutigt, selbst aktiv zu werden. Das tue ich an dieser Stelle nochmals, denn: Wir brauchen nichts mit uns selbst auszumachen! Trauen wir Singles uns endlich aus unserer Höhle und machen uns auf den Weg zu anderen – und zwar um unserer selbst willen! Also mach du dich auf die Socken und suche dir deine Schonräume, in denen du unverschämt ehrlich sein kannst. Schon der alte Römer Cicero hat das gewusst: »Anteil nehmende Freundschaft macht das Glück strahlender und das Unglück leichter.« Wir brauchen einander. Und das »Du« lässt sich nicht nur im Ehemann oder der Ehefrau finden.

## Optimismus schärfen

Du erinnerst dich vielleicht an den Anfang dieses Buches. Da sprach ich von einem halb vollen und einem halb leeren Glas. Es ging mir um deine Lebenseinstellung. Die ist für die Entwicklung von Resilienz enorm wichtig. Unsere Grundhaltung ist wie ein Sieb für unsere Wahrnehmung. Wir sehen, was wir sehen wollen. Das ist die Frage: Was siehst du? Auf welche Wiese blickst du? Auf die des Nachbarn oder auf deine? Der Weg zu einer anderen Lebenseinstellung beginnt mit der Begeisterung über das, was du hast. Also schreibe immer mal wieder auf, was dir schon alles so geschenkt ist und was du dir schon erarbeitet hast. Ich vermute, da kommt eine Menge zusammen. So wie Heinz Rühmann mal gesagt hat: »Ein Optimist ist ein Mensch, der alles halb so schlimm oder doppelt so gut findet.«

## Geduld üben

Alles hat seine Zeit. Das anzuerkennen, ist meine schwerste Übung. Ja, wir leben in einer »alles – hier – sofort«-Mentalität. Ich auch. Aber Wachstum braucht Zeit. Veränderung braucht Zeit. Beziehungen brauchen Zeit. Dinge zu akzeptieren, braucht Zeit. Das fällt mir so schwer, aber es lässt sich nicht ändern. Das wenigste geht von heute auf morgen. Aber anfangen kann ich jeden Moment. Und darauf kommt es an. Die Entscheidung, Dinge anzunehmen, wie sie sind, kannst du jetzt treffen. Es liegt an dir.

## Versöhnung zulassen

Genauso liegt es an dir, dich mit deiner Situation zu versöhnen. Da kommt mir ein Gebet in den Sinn, dessen Urheberschaft nicht geklärt ist, dessen Worte mich aber immer wieder begeistern und fordern: »Gott, gib mir die Gelassenheit, Dinge hinzunehmen, die ich nicht ändern kann, den Mut, Dinge zu ändern, die ich ändern kann, und die Weisheit, das eine vom anderen zu unterscheiden.« Der Weg zu einer guten Widerstandskraft führt nur über Versöhnung. Dass ich die Dinge annehme, wie sie sind, akzeptiere, was war und ist, ich mich versöhne, vertrage, verstehe mit meinem Leben. Und: dass ich im Schlechten das Gute erkenne. An dieser Stelle nimm dir gerne nochmals deine Gottesgeschenke-Liste zur Hand und staune, wie viel Gutes du da notiert hast. Was ist in deinem Leben möglich, eben weil du noch ledig und los bist?

## Überdauerndes entdecken

In eigentlich allen Fachbüchern zum Thema Resilienz steht dieses: Visionen und überdauernde Wertvorstellung geben Orientierung, besonders in Umbruchphasen und Krisenzeiten. Wer, wenn nicht wir Christen, könnte sagen, dass alles gut wird? Wer, wenn nicht wir, hätte in Sachen »Visionen und überdauernde Wertvorstellung« so viel zu bieten? Eines meiner Lieblingsbücher ist die »Kleinode göttlicher Verheißungen« von Charles Haddon Spurgeon. Dieser englische Baptistenprediger hat in einem kleinen Büchlein für jeden Tag des Jahres eine Verheißung notiert und erklärt. Und die erlebe ich immer wieder als Wohltat in meinem Alltag! Denn der Gott der Bibel ist es doch, der Verheißung über Verheißung schenkt. In der Bibel stehen so viele Versprechungen, die Gott schon erfüllt hat oder noch erfüllt. Eine davon ist die vom Leben in Fülle – erinnerst du dich? Jesus hat uns das versprochen, uns allen. Und diese wie jede andere Verheißung überdauert jede Zeit und jede Krise meines Lebens. Nicht selten sind sie in meinem Leben die Rettungsanker.

## Reaktionen checken

Beobachte doch mal, wie du mit dir selbst umgehst. Ich kenne Situationen aus meinem Leben, da stehe ich vor dem Spiegel und denke: »Ich bin zu dick!« Oder ich habe ein Essen versalzen und beschimpfe mich selbst mit so was wie: »War ja klar, ich kann halt nicht kochen!« Oder wenn mir etwas runtergefallen ist, quäle ich mich selbst mit einem Spruch wie: »Du dumme Nuss!«

Du ahnst es vielleicht – nichts davon hilft. Ich habe die Wahl, immer auch anders zu reagieren. Mein Steckenpferd auf diesem Gebiet ist der Humor. Vor dem Spiegel sage ich dann lieber: »Schluss mit dem Winterspeck – es lebe die Frühlingsrolle!« Wenn ich das Essen versalzen habe, kommt ein: »Hmmmmm, ich bin wohl verliebt?!« Und wenn mir etwas runtergefallen ist, sage ich schlicht und ergreifend: »Ups, mir ist da was runtergefallen.«

Merkst du den Unterschied? Nicht selten denken wir von uns selbst schon so schlecht. Gerne hören wir dann von anderen, dass es nicht so ist. Aber warum gehen wir mit uns selbst so um?

## Meine Beziehung zu mir selbst

Mein allerletzter Tipp ist: Tritt auch mit dir selbst in Beziehung. Gib Acht, wie du mit dir umgehst. Das beginnt mit dem Denken und geht weiter beim Sprechen. Du trägst eine Verantwortung für dich. Und die solltest du wahrnehmen und mit dir selbst zutiefst liebevoll umgehen. Mir hat mal jemand gesagt, dass alles andere Gotteslästerung wäre. Weil ich ja ein Geschöpf Gottes bin, das Gott mit dem Stempel »Sehr gut« versehen hat. Wie käme ich also dazu, was anderes zu behaupten?

# Der letzte Ausweg

Zweifel sind nichts Schlimmes. Ich möchte behaupten, dass sie zu unserem Leben und auch zu unserem Glaubensleben dazugehören. Denn ohne Zweifel würde ich viele Dinge nicht hinterfragen. Dies zu tun, ist für mich aber wichtig – mindestens auf dem Weg zu meiner eigenen Meinung.

Nun ist es im Glauben so, dass wir selbst glauben müssen, dass wir selbst unsere Erfahrungen machen müssen. Je nach Persönlichkeit, Prägung und Erfahrung zweifeln wir mehr oder weniger. Wenn dein Zweifel dich näher zu Gott führt, dann ist er sehr hilfreich. Wenn er dich aber von ihm wegzieht und deine Gebete halbherzig macht, weil Gott es ja eh nicht gut meint – dann hast du ein Problem. Dann wird dein Glauben mehr Leiden sein als Freude. Und das wäre so schade!

Im Glauben ist es wie in der Wissenschaft: Wir gehen von einer Prämisse aus. Von der, dass Gott es immer gut mit uns meint. Wir nehmen das an. Die Bibel lehrt es uns. Ich selbst bin davon zutiefst überzeugt.

Und trotzdem geschehen Dinge – in meinem Leben oder in der Weltgeschichte –, die verstehe ich nicht. Aber muss ich Gott verstehen? Ich denke nicht. Seine Gedanken wären auch zu hoch für mich, vermute ich.

Bei diesen Gedankenspielen komme ich um ein Zitat des Physikers und Nobelpreisträgers Albert Einstein nicht herum. Dieser renommierte Wissenschaftler sagte einmal: »Ich möchte die Gedanken von Gott kennen. Alles andere sind nur Details.« Ich vermute, dass Einstein klar war: Er wird die Gedanken von Gott niemals kennen. Mit diesem Ausspruch erkennt er an, dass Gottes Gedanken größer sind – und besser.

Zweifel hängen bei uns heute oft mit nicht gesichertem Wissen zusammen. Ich kann diese Sache mit Gott ja nicht beweisen … Das macht uns unsicher. Ich verstehe das! Mir geht es ja nicht anders. Die Bibel sagt eben was anderes – und meine Erfahrung auch. Glauben heißt: Gott vertrauen, in einer Beziehung mit ihm leben.

Wenn ich jetzt einen Mann kennenlernen würde, ihn vielleicht heiraten würde – das wäre der Start einer Beziehung. Ich würde niemals alles von ihm von vornherein wissen. Es würde Jahre dauern, bis ich viel von ihm weiß. Und bis ans Lebensende würde ich niemals alles von ihm wissen. So ist das doch auch mit Gott: Ich lasse mich auf ihn ein und lerne ihn kennen. Das braucht Zeit. Manche Krise wird kommen. Der eine oder andere Weg wird mich durch Wüsten führen. Die Wüste ist ein wunderbarer Ort, den Schöpfer besser kennenzulernen. Aber auch am Ende meines Lebens werde ich nicht alles von ihm kennen oder verstanden haben. Trotzdem bleiben die Beziehung und das Vertrauen in ihn. Das steht an erster Stelle. Immer.

## Wieder Single – und in der Wüste unterwegs

Mein Name: *John*
Mein Jahrgang – *tatsächlich: 1964*
Mein Jahrgang – *gefühlt: 1964*
Hier lebe ich: *Mardorf, Region Hannover*
Hier bin ich am liebsten: *Steinhuder Meer, Dänemark*
Mein Job: *Qualitätsmanager, IT-Fachmann*
Wenn ich gerade nicht arbeite, findest du mich: *beim Segeln, Wandern, Fahrradfahren oder Fußballspielen*

Meine Ehe scheiterte nach vier Jahren, weil ich nicht den Mut hatte, die wichtigen Dinge anzusprechen. Die Verletzungen waren auf beiden Seiten sehr groß. Das ist ein großes Problem bei uns Männern und wohl auch bei Frauen, dass wir nicht ehrlich über Missstände sprechen. Es ist im Zusammenleben so wichtig, dem anderen die eigenen Gefühle mitzuteilen. Zu reden. Dies habe ich nicht getan, auch weil ich Angst hatte, meine Frau zu verletzen.

Ich hatte ein Haus gebaut und viel gearbeitet, ich habe das Kind versorgt, auch nachts habe ich unsere Tochter gefüttert. Das ist aber nicht das, was Ehepaare brauchen. Zumindest nicht nur. Ich musste lernen, dass meine Frau nicht nur Anerkennung braucht. Sie will in den Arm genommen werden. Es braucht Momente, in denen die Probleme Probleme sein dürfen und wir uns ganz auf uns und unsere Liebe konzentrieren. Das habe ich nicht gewusst.

Erst als ich mich in die Therapie gewagt habe, sind mir diese Dinge klar geworden. Ich habe dort gelernt, über meine Ehe zu sprechen, darüber, was mir gefehlt hat. Die Therapeutin sagte damals zu mir, dass – wenn ich an Gott glaube – es dann nur einen Weg gibt und der stehe in der Mitte des »Vaterunser«: »Vergib mir, so wie auch ich vergebe ...« Und ich dachte: »Mist! Da muss ich wohl oder übel dran.«

Kurze Zeit später stand ich an einem sommerlichen Freitagnachmittag auf meinem Balkon im dritten Stock und dachte, ich könnte jetzt einfach springen und alles wäre vorbei. Aber was würde ich damit meiner Tochter antun und meinen Freunden, die auf mich zählen? Und was würde mein Gott dazu sagen?

Ich ging zurück in mein Wohnzimmer, denn der Blick in die Tiefe war doch ziemlich unheimlich. Mir war bewusst, dass ich jetzt sprichwörtlich in die Wüste gehen musste, wie damals das Volk Israel. Ich ging also innerlich los – meine heilsame Leidenszeit begann.

Ich klagte Gott an, ich klagte Jesus an, ich klagte meine Exfrau an und mich selbst auch. Das war so schmerzhaft.

Mein Weg durch die Wüste war anstrengend, ich tappte auch immer wieder in die gleichen Näpfe und ging ähnlich falsche Wege wie in den Jahren zuvor.

Zuzugeben, dass auch ich Fehler gemacht hatte und zu entdecken, dass mich mein Gott dennoch liebt – das brachte ich in meinem Herzen nicht zusammen. Ich war aufgerufen, meiner Frau zu vergeben, die mir alles genommen hatte – meine Tochter, mein Haus, meine Leidenschaft. Eigentlich alles, was ich wert war. Und mir selbst für das, was ich alles nicht getan hatte.

Aber vergeben – wie geht das?

Ich stellte Fragen. Aber von Gott kam keine Antwort. Da saß ich nun in meinem Elend. Was sollte ich tun? Ich wusste es nicht.

Bis ich nach Wochen des Schweigens endlich eine Stimme in meinem Herzen hörte, die zu mir sagte: »Geh hin zu Jesus und gib ihm deine Mülltüten. Bitte ihn, dass er sie dir abnimmt.«

Für mich war es immer schwer, andere um Hilfe zu bitten. Aber ich wusste, dass es jetzt keine Alternativroute gab. Ich brauchte ein paar Tage, weil mir noch nicht klar war, wie ich es ihm sagen sollte. Und: Mir war klar, dass wenn Gott mir vergeben würde, ich auch vergeben musste. Nämlich meiner Exfrau. Und mir selbst.

Schließlich wagte ich den Schritt in Gottes Arme. Und ich fühlte mich auf einmal um 30 Kilo leichter. Es ging mir wieder so gut! Meine Angst war weg. Aber – das wurde mir auch klar – ich war erst ein kleines Stück in meiner Wüste gelaufen. Der Weg ging weiter.

Von da an saß ich auf meinem hohen Ross – denn ich hatte ja vergeben. Dass ich hier auf einem Holzweg war, bemerkte ich erst einige Jahre später. Ich war im Internet von Single-Portal zu Single-Portal gehüpft und habe viele Frauen kennengelernt, aber es kam nie zu einer Beziehung. Ich hatte noch so viele Probleme mit mir selbst, obwohl ich ja so ein toller Hecht war, denn ich hatte ja vergeben. Die meisten Frauen, die ich kennengelernt habe, waren selbst mit sich nicht im Reinen. Jede wollte glücklich sein, konnte es aber nicht, weil viel zu viel in ihrem Leben ungeklärt war. So wie bei mir. Und dann kann eine Beziehung nicht funktionieren. Ich versuchte es trotzdem, scheiterte aber immer wieder.

Es dauerte wieder einige Jahre, bis ein weiterer wichtiger Teil meiner Wüstentour anstand: der Aufenthalt in einer Klinik. Die Diagnose Burn-out führte mich dorthin, und ich lernte wichtige Fakten über mich selbst: Dass ich nicht Nein sagen kann, immer gelobt werden muss, ich permanent um Anerkennung kämpfe und nie gut genug bin. Das alles zu verstehen, war nicht so einfach. Ich hatte ja immer anderen geholfen, aber eben nie Dinge für mich getan. Jemanden um Hilfe zu bitten, ist für mich so schwer, denn ich kann ja alles selbst. Ich lernte in dieser Klinik, Nein zu sagen. Ich lernte, Hilfe anzunehmen – von Menschen und von Gott. Ich lernte mich selbst kennen – so, wie ich bin und auch sein darf: ehrlich, spontan, direkt und aufrichtig. Und ich lernte, was Vergebung heißt: Dass Gott mir vergibt und mich frei macht, mir selbst und anderen zu vergeben. Jeden Tag aufs Neue. Mit diesem Bewusstsein stand ich dann auch vor der Tür meiner Exfrau und bat um Vergebung. Sie hat meine Entschuldigung angenommen und wir pflegen seitdem ein freundschaftliches Verhältnis.

Mein Leben als Single ist jetzt strukturiert und funktioniert gut. Das Einzige, was mir fehlt, ist die Wärme und Geborgenheit und auch der Sex mit einer Frau. Da ich mir meinen Sex nicht bei einer Prostituierten holen möchte, bleibt mir nur die Enthaltsamkeit. Das ist nicht leicht, oft hilft da nur die Ablenkung durch Wandern, Segeln, Fußballspielen oder Fahrradfahren.

Das Wichtigste aber ist: Ich bin jetzt mit mir im Reinen, und ich bin so, wie ich bin. Ich habe die Wüste durchquert und hoffe, die Dinge für mich richtig zu sehen. Ich bin gerne Single und habe keine Angst, allein zu leben oder einsam zu sein. Ja, ich möchte gerne wieder eine Partnerin haben. Aber lieber warte ich, als dass ich mich um jeden Preis auf etwas einlasse. Ich lasse mir Zeit und vertraue auf meinen Gott.

# II.

# Gott sei Dank!

Wenn mich nur das Glück
dieser Welt dankbar macht, ist es
schnell vorbei mit dem fröhlichen Leben.
Oft haben wir nicht das Gefühl, dass wir
Danke sagen möchten oder sollten. Weil die Umstände nicht danach scheinen.
Die Kunst ist, trotzdem Danke zu sagen –
und dem Herrn dieser Welt damit
unser Vertrauen auszusprechen.

# Der Schlüssel zum Glück: Dankbarkeit

Im 14. Jahrhundert lebte Johannes Tauler, ein deutscher Theologe und Ordensmann. Er gehörte zum Dominikaner-Orden und betete wohl lange Jahre, dass Gott ihm den Weg zur Perfektion zeigen möge. Eines Tages, während er betete, hörte er eine leise Stimme, die ihm sagte, er solle aus der Kirche hinausgehen, dort würde er seinen Lehrer treffen. Sofort stand er auf und ging auf die Straße. Dort stand ein Bettler, barfuß, verletzt und blutig. Tauler grüßte den Bettler freundlich und sagte:»Guten Morgen, mein Bruder. Möge Gott dir einen guten Tag und ein glückliches Leben schenken.« Der Bettler antwortete:»Mein lieber Herr, ich kann mich nicht daran erinnern, dass ich jemals einen schlechten Tag gehabt hätte!« Erstaunt fragte ihn Tauler, wie so etwas möglich sei, wo doch Trauer und Schmerz Teil eines jeden Menschenlebens seien. Darauf sagte der Bettler:»Sie haben mir einen guten Tag gewünscht, und ich antwortete, dass ich noch nie einen schlechten Tag hatte. Wissen Sie, ich danke Gott jeden Tag, egal, ob mein Bauch voll ist oder leer. Wenn ich abgestoßen und verachtet werde, lobe ich dennoch meinen Herrn. Ich vertraue Gott einfach, dass er es absolut gut mit mir meint. Darum gibt es für mich keinen schlechten Tag. Sie haben mir außerdem ein glückliches Leben gewünscht. Nun, ich bestehe darauf, dass ich immer glücklich bin. Etwas anderes zu sagen, wäre unwahr, denn meine Erfahrung hat mir gezeigt, dass alles, was Gott in meinem Leben tut, gut ist. Alles, was ich im Leben empfange, empfange ich aus der liebenden Hand Gottes. Sei es Reichtum oder Armut, sei es bitter oder süß – ich empfange beides aus seiner gebenden Hand. Ich habe erkannt, dass der Wille Gottes für mein Leben die Liebe Gottes ist, und weil ich seine Gnade täglich empfange, will ich genau das, was er für mich will. Darum bin ich immer glücklich.«

Wow!

Das Glück des Bettlers war offensichtlich davon bestimmt, dass er an die Liebe Gottes glaubte und sich entschlossen hatte, immer und für alle Dinge Danke zu sagen. Diese Geschichte, die der Ordensmann Johannes Tauler wohl erlebt hat, beschreibt eindrücklich den Schlüssel zu unserem Glück: Dankbarkeit. Und das ist es auch, was sich unser Schöpfer von uns wüscht, was Gottes Wille für dein und mein Leben ist. Egal, wie unser Leben ausschaut. Und egal, in welchem Beziehungsstatus wir uns befinden. An dieser Stelle sage ich auch dieses noch einmal: Es liegt an dir. Es ist deine Entscheidung, ob du dankbar bist oder nicht. Es wird immer Gründe geben, weshalb du undankbar sein könntest. Genauso wird es immer Gründe geben, weshalb du dankbar sein könntest. Entscheide dich für Letzteres. Damit wirst du nicht nur den Willen Gottes für dein Leben erfüllen. So wirst du auch das Glück finden.

»Dankt Gott in jeder Lebenslage! Das will Gott von euch als Menschen, die mit Jesus Christus verbunden sind«, schreibt Paulus an die Thessalonicher (1. Thessalonicher 5,18; NGÜ). Das ist nur einer von zahlreichen Versen in der Bibel, die uns zur Dankbarkeit aufrufen. Wir haben die Freiheit, dankbar zu sein oder nicht. Vergiss aber nicht: Deine Entscheidung hat Konsequenzen. Wenn du dich entscheidest, undankbar zu sein, wirst du bitter und zornig – und ein unangenehmer Zeitgenosse. Dankbarkeit hingegen öffnet dein Herz, sie macht dich fröhlich und zuversichtlich.

In unserem Wortschatz wird eines recht deutlich. Die Worte »denken« und »danken« lassen einen wunderbaren sprachlichen Zusammenhang erkennen. So ist das auch im Englischen: »think« (dt. denken) und »thank« (dt. danken) klingen ähnlich. Tatsächlich hängen denken und danken zusammen. Unsere Gedanken sind maßgeblich mit verantwortlich für das, was wir tun, fühlen und sogar wie wir aussehen. Wir sind verantwortlich für das, was wir denken. Und für die Konsequenzen. Wenn wir eine dankbare Grundeinstellung haben, wenn wir dankbar denken, dann macht sich das in unserem Leben bemerkbar. Andersherum eben auch.

# Nicht die Glücklichen sind dankbar ...

Du wirst jetzt vielleicht die Frage stellen, wie du bitte angesichts des vielen Leides in der Welt und möglicherweise auch in deinem Leben Gott Danke sagen sollst. Und bei so vielen Miesmachern im Single-Leben sollte man schon mal fragen, wie uns ein fröhliches »Gott sei Dank« in jeder Lebenslage über die Lippen kommen kann. Wie kann ich von Herzen Danke sagen, wenn ich enttäuscht und verärgert am Bahnsteig stehe?

Diese Fragen sind berechtigt. Unser logisches Denken schreit manches Mal laut auf. Zu Recht! Mir hilft an dieser Stelle eine Legende, die ich schon einige Male gehört habe, auch wenn sie etwas hart ist.

Ein Einsiedler namens Johannes, der schon viel über die Rätsel im Leben der Menschen nachgedacht hatte, hatte einen Traum. Eine Stimme rief ihn: »Steh auf, Johannes, nimm deinen Stab, ich will dir die Wege Gottes zeigen!« Ein unbekannter Mann trat zu ihm und sagte: »Ich werde dich begleiten, denn alleine kommst du nicht zurecht.«

Am ersten Abend kamen sie an ein Haus. Der Hauswirt versorgte sie aufs Beste, denn er hatte einen Freudentag. Sein Feind hatte sich mit ihm versöhnt und ihm einen goldenen Becher geschenkt. Am Morgen beim Abschied sah der Einsiedler, wie sein Begleiter den goldenen Becher heimlich in sein Bündel schob und mitnahm. Der Einsiedler wurde böse, aber er erhielt die Antwort: »Schweig, so sind die Wege Gottes!«

Am zweiten Tag waren sie Gäste bei einem Mann, der schrecklich fluchte und ein Geizhals war. Ehe sie am Morgen wieder gingen, schenkte der Begleiter dem Hauswirt den goldenen Becher. »Wieso das?«, entfuhr es dem Einsiedler. Der andere legte den Finger auf den Mund: »Schweig, so sind die Wege Gottes!«

Am nächsten Tag übernachteten sie bei einer armen Familie und waren sehr herzlich aufgenommen. »Gott segne euch!«, rief der Begleiter. Aber beim Weggehen ergriff er ein brennendes Holz und zündete ihm heimlich die Hütte an. Der Einsiedler wollte ihm in die Arme fallen. »Schweig, so sind die Wege Gottes!«, war die Antwort.

Am vierten Tag logierten sie bei einem Mann, der nur einen einzigen, sehr freundlichen Sohn hatte. »Ich kann euch nicht begleiten«, sagte der Vater zu seinen Gästen beim Abschied, »aber mein Sohn wird euch den Weg zeigen, vor allem den Steg über die Schlucht.« Der Junge ging voraus. Als sie bis zur Mitte des Steges gekommen waren, packte der Unbekannte den Jungen und schleuderte ihn in die Tiefe. Der Einsiedler war geschockt. »Das sollen die Wege Gottes sein? Du bist ein Lügner!«, rief er entsetzt.

Da verwandelte sich der Begleiter in einen Engel und sagte: »Höre, Johannes! Der goldene Becher war vergiftet, der Geizhals wird sich daraus den Tod trinken. Der arme Mann wird unter der Asche seines Hauses einen Schatz finden, mit dem ihm aus aller Not geholfen ist. Das Kind, das ich in den Strom schleuderte, wäre ein Mörder geworden. Du konntest die Weisheit der Wege Gottes nicht finden. Nun hast du ein Stück davon gesehen. Sei in Zukunft vorsichtig mit deinen Urteilen.«

Das ist eine für mich sehr herausfordernde Geschichte. Sie macht deutlich, dass Gottes Wege oft anders sind und ja, auch besser: »›Denn meine Gedanken sind nicht eure Gedanken, und eure Wege sind nicht meine Wege‹, spricht der Herr, ›sondern so viel der Himmel höher ist als die Erde, so sind auch meine Wege höher als eure Wege und meine Gedanken als eure Gedanken‹« (Jesaja 55,8-9; L). Aber ich empfinde das auch als ganz schön hart. Jedes Mal, wenn mir diese Legende über den Weg gelaufen ist, habe ich mich gefragt, was das bedeuten soll – was mir diese Geschichte wirklich sagen will. Ob Gott wirklich so ist. Die einzige sinnvolle und wirklich gute Erläuterung lieferte mir Hans Peter Royer, bis zu seinem tödlichen Bergunfall im Sommer 2013 Leiter des Tauernhofs, einer Bibelschule in Österreich. Hans Peter ist einer meiner geistlichen Lehrer. Von ihm habe ich eine Menge gelernt. Das Wichtigste war: Dass ich ehrlich mit mir und meinem Herrn sein darf. Er hat diese

Legende von dem Einsiedler Johannes einmal in eine Predigt ein-gebaut[60] und anschließend die biblische Geschichte von Josef und seinen Brüdern erzählt. Diese Jungs waren zu zwölft. Josef war der Lieblingssohn, weshalb die anderen elf ihn nicht so leiden konnten. Sie waren neidisch und eifersüchtig. Also nutzten sie eine günstige Gelegenheit und verkauften Josef. Dem Vater erzählten sie, er sei von einem wilden Tier gefressen worden. In Wahrheit landete Josef in Ägypten und beißt sich als Sklave eines Beamten am Hofe des Pharaos durch.

Nach 20 Jahren sehen die Brüder Josef wieder. In ihrer Heimat herrscht eine große Dürre, also ziehen sie nach Ägypten, wo es noch etwas zu essen gibt. Josef steigt zwischenzeitlich zu einem der mäch-tigsten Männer des Landes auf. Erst beim zweiten Treffen mit seinen Brüdern gibt er sich zu erkennen. Die Brüder erschrecken natürlich sehr. Um sie zu beruhigen, sagt Josef: »›Tretet doch her zu mir!‹ Und sie traten herzu. Und er sprach: ›Ich bin Josef, euer Bruder, den ihr nach Ägypten verkauft habt. Und nun bekümmert euch nicht und denkt nicht, dass ich darum zürne, dass ihr mich hierher verkauft habt; denn um eures Lebens willen hat mich Gott vor euch herge-sandt. Denn es sind nun zwei Jahre, dass Hungersnot im Lande ist, und sind noch fünf Jahre, dass weder Pflügen noch Ernten sein wird. Aber Gott hat mich vor euch hergesandt, dass er euch übrig lasse auf Erden und euer Leben erhalte zu einer großen Errettung. Und nun, ihr habt mich nicht hergesandt, sondern Gott; der hat mich dem Pharao zum Vater gesetzt und zum Herrn über sein ganzes Haus und zum Herrscher über ganz Ägyptenland‹« (1. Mose 45,4-8 – L).

Diese Geschichte und auch die Legende vom Einsiedler Johannes verdeutlichen: Wir verstehen die Wege Gottes oft nicht. Das heißt aber noch lange nicht, dass sie nicht gut sind. Gut für uns. Sogar dann, wenn wir es vergeigt haben, kann Gott Gutes draus machen. So wie in der Geschichte von Josef und seinen Brüdern. Einige Kapitel später nämlich heißt es: »Ihr gedachtet es böse mit mir zu machen, aber Gott gedachte es gut zu machen« (1. Mose 50,20 – L).

Meine Dankbarkeit hängt nicht an meinen Umständen. Sie hängt an meiner Entscheidung. Nämlich an genau der Entscheidung, zu glauben, dass Gott es gut meint. Gut mit mir und gut mit dieser Welt. Das Leben von Josef und seinen Brüdern zeigt: Gott kann aus jeder Situation – sei die Absicht noch so böse – etwas Gutes machen. Gott kann sie sogar zur Rettung nutzen!

Jetzt kommt ein großes ABER. Denn allzu oft passiert Folgendes: Menschen sind wütend, ärgern sich, trauern und leiden – und wir haben nichts Besseres zu tun, als ihnen ins Gesicht zu sagen: »Schweig, so sind die Wege Gottes!« Diesen Satz verstecken wir gerne hinter frommen Floskeln. Die Antwort des Gegenübers lautet dann: »Das sollen die Wege Gottes sein? Du bist ein Lügner!« Hier steckt eine Wahrheit drin, die wir niemals vergessen dürfen: Es liegt an uns. An jedem von uns. Wir sollten sehr vorsichtig sein, über das Leben und die Umstände anderer zu urteilen. Jeder muss diese Wahrheit selbst entdecken. Wir können als Freunde und Geschwister manches Mal Hebammen sein – aber die Geburt muss jeder selbst durchmachen. Die Wahrheit muss bei jedem Menschen selbst in die Seele fallen. Und Dankbarkeit muss jeder selbst entdecken und lernen.

## ... die Dankbaren sind glücklich!

Wenn mich nur das Glück dieser Welt dankbar macht, ist es schnell vorbei mit dem fröhlichen Leben. Oft ist uns nicht zur Dankbarkeit zumute. Weil die Umstände nicht danach scheinen. Die Kunst ist, trotzdem Danke zu sagen – und dem Herrn dieser Welt damit unser Vertrauen auszusprechen.

Ist Freude dein Lebensstil? Das heißt ja nicht, dass du stets lachend durch die Gegend läufst. Aber der Grundton deines Lebens erklingt dann in Dur statt in Moll. Dir mag nicht immer zum Danke-Sagen zumute sein. Und trotzdem sagst du immer wieder von Herzen Danke, weil du immer einen Grund dafür siehst. Das ist dann manchmal mehr Gehorsam als Gefühl, in deinem Leben wird aber genau das den entscheidenden Unterschied machen.

Die Psychologie hat schon längst bestätigt, dass dankbare Menschen besser dran sind. Dankbarkeit wirkt sich positiv auf unser Wohlbefinden aus. Eine Studie zweier US-Amerikaner aus dem Jahr 2002 hat mein Aufsehen erregt, denn der Titel ist so wunderbar: »Counting Blessings Versus Burdens: An Experimental Investigation of Gratitude and Subjective Well-Being in Daily Life«[61] (zu Deutsch: »Segnungen oder Belastungen zählen: Eine Untersuchung zu Dankbarkeit und Wohlbefinden im Alltag«). Dankbare Menschen sind glücklicher, optimistischer, hilfsbereiter und einfühlsamer, sagt diese Studie. Außerdem können sie sich mehr auf die schönen Dinge und Ereignisse des Lebens konzentrieren. Damit fühlen sie sich glücklicher. Negative Gefühle treten automatisch in den Hintergrund. Wut, Ärger, Trauer und alle anderen Miesmacher verlieren ihr bedrohliches Grau, weil die Sonne so hell scheint. Dankbarkeit ist der Schlüssel zum Glück. Diese Studien belegen, was Gott schon längst gesagt hat.

Am Anfang dieses Buches habe ich geschrieben, dass es hier um deine Lebenseinstellung geht. Die vielen Miesmacher des Single-Lebens habe ich enttarnt, und ich habe dir Übungen angeboten, wie du sie in Mutmacher verwandeln kannst. Nicht auf einmal, aber Schritt für Schritt, mit ein bisschen Geduld und viel Arbeit. So ist das im Leben: Wir müssen schon auch was tun!

Wie kannst du Dankbarkeit zu deiner Lebenseinstellung machen? Die Antwort lautet einfach: Sag Danke. Bedanke dich im Miteinander des Alltags. Ob bei der Frau im Supermarkt, die an der Kasse sitzt; beim Nachbarn, der dir die Tür aufhält; beim Postboten, der die Briefe einwirft. Meine schönste »Ich sage Danke«-Erfahrung hatte ich im vergangenen Jahr an Weihnachten. Ich bin am 25.12. nach Berlin geflogen und hatte kleine Schokoladen-Grüße dabei – für die Menschen, die es an diesem Feiertag möglich machen, dass ich reisen kann. Ich finde das nicht selbstverständlich. Ich habe frei und kann entspannte Tage mit der Familie genießen – während andere ihre Schichten schieben und vermutlich auf ihre Liebsten verzichten. Für mich selbst war es ein tolles Erlebnis, den Leuten am Check-in-Schalter, den Flugbegleiterinnen, den Polizisten und Busfahrern ein herzliches Dankeschön in die Hand zu geben. Die Reaktionen waren überrascht – und immer strahlte mir ein Lächeln ins Gesicht. Das habe ich dann nur zu gerne erwidert.

Du siehst, Danke sagen kann man üben. Im geistlichen Sinn ist das eine ganz tolle Trainingsangelegenheit. Ich habe mir angewöhnt, jedes, wirklich jedes Gebet mit einem Danke an Gott zu beginnen und abzuschließen. Das macht was mit mir! Diese Art zu beten, lenkt meinen Blick und mein Denken dann automatisch auf meine Habenseite. »Danken schützt vor Wanken, Loben zieht nach oben.« Probiere das mal aus! Wenn du dich niedergeschlagen fühlst, du traurig oder unzufrieden bist: Danke Gott und sing ein Loblied. Ersetze doch einfach immer häufiger das »Oh mein Gott« durch »Gott sei Dank«.

Das kannst du gut auch mit einem Dankbarkeits-Tagebuch trainieren. Setz dich jeden Abend vor dem Schlafengehen kurz hin und notiere drei oder fünf Dinge, für die du an diesem Tag dankbar bist. Ich bin mir sicher, dass dir mit der Zeit immer mehr Gründe einfallen, Danke zu sagen.

Mach die Dankbarkeit zur Basis deines Lebens. Du wirst schnell merken, was für einen wohltuenden Unterschied das macht. Wenn du am Bahnsteig stehst und merkst, dass dein Zug nicht kommt oder du ihn verpasst hast oder er sehr viel verspätet ist – dann danke Gott für die Möglichkeiten, die du jetzt hast. Indem du dankst, entdeckst du diese. Wenn sich mal wieder ein Miesmacher des Lebens auf deiner Couch breitmacht – dann danke Gott, dass du ihn nach einem kurzen Plausch gleich wieder wegschicken darfst.

Ein freudiges »Gott sei Dank« sollten wir einfach immer auf den Lippen haben. Ich merke, dass mich Dankbarkeit auch immer wieder sehr entspannt. Ich muss mich nicht nur aufregen über das, was nicht glattläuft, was anders kommt. Ich darf die Dinge nehmen, wie sie kommen. Indem ich danke, spreche ich meinem Schöpfer mein Vertrauen aus. Der brasilianische Erzbischof Dom Helder Camara hat das einmal auf den Punkt gebracht. Diese Worte hängen als Erinnerungshilfe bei mir in der Wohnung: »Sag Ja zu den Überraschungen, die deine Pläne durchkreuzen, deine Träume zunichtemachen, deinem Tag eine ganz andere Richtung geben – ja vielleicht deinem Leben. Sie sind nicht Zufall. Lass dem himmlischen Vater die Freiheit, deine Tage zu bestimmen.«

In diesem Sinne: Gott sei Dank!

## »Zwei sind besser dran als einer«

Unsere Namen: *P u K*
Unser Jahrgang – tatsächlich: *1957–1959*
Unser Jahrgang – gefühlt: *Ü50*
Hier leben wir: *Bayern – Franken – Pampa*
Hier sind wir am liebsten: *zu Hause. Derzeit noch »hier unten« – künftig in der herrlichen oberen Heimat*
Unsere Jobs: *Im Büro bzw. Amt*
Wenn wir gerade nicht arbeiten, findest du uns: *beim Nähen, Lesen, »Werkeln« in Haus und Hof, gemeinsam Besuche machen und empfangen.*

»Aber Mutter, warum zieht ihr nicht gemeinsam in das gelbe Haus?«
Genau das war die Antwort Gottes auf unser siebenjähriges Gebet! Seit dem Tod meines Mannes hatten wir – zwei Freundinnen und Glaubensschwestern und von allen nur kurz P u K genannt – Gott konstant befragt und bestürmt, was mit meinem ganzen Anwesen mit Wald, Wiesen und Bach geschehen soll. Ein Rohbau, außen schon gelb verputzt, innen jedoch noch vollkommen »roh«, stand auf dem Grundstück schon bereit – als künftiger Altensitz für P und ihren Mann. Gott hatte jedoch einen anderen Plan, als er ihn unerwartet mit 51 Jahren in die obere Heimat berief.
Und nun?
P wohnte alleine in der »Pampa«; ihre Kinder waren schon ausgezogen und mittlerweile verheiratet.
K lebte alleine und hatte sich genau drei Monate vor dem Tod von Ps Mann eine Eigentumswohnung gekauft – zwölf km entfernt.
Und jetzt, sieben Jahre später, kam die Antwort: eine Ü50-WG !
Wir wussten genau: Jetzt wird's ernst! Einige Glaubensgeschwister, die uns wichtig waren und uns gut kannten, baten wir um ihre Meinung. Die einhellige Antwort war jedes Mal: »Das haben wir uns schon immer gefragt, warum ihr, die ihr gemeinsam schon so viele Höhen und Tiefen durchlebt habt und so viel miteinander unternehmt, nicht

auch zusammenzieht.« Zu diesem Zeitpunkt kannten wir uns bereits zwölf Jahre.

»Okay!«, dachten wir uns. Die Antwort stand also fest.

Nun also zur Tat schreiten und völlig ungeahnte und zum Teil Nerven aufreibende und Kräfte zehrende Herausforderungen meistern. Gott hat uns über die Maßen beschenkt gemäß seiner Verheißung, an die wir uns von Anfang an geklammert hatten: »Wenn der HERR nicht das Haus baut, dann arbeiten umsonst, die daran bauen« (Psalm 127,1; L).

Von komplizierten Notarterminen über die Unterstützung bei der Finanzierung bis zu einem gläubigen Bauleiter und wohlwollenden Bauarbeitern haben wir Gottes Hilfe immer wieder erfahren dürfen. Danke, Herr!

Eineinhalb Jahre dauerte es, bis wir einziehen konnten.

Seither begleitet uns eine weitere Verheißung unseres Gottes: »Aber die beiden Jünger hielten ihn zurück. ›Bleib doch bei uns!‹, baten sie. ›Es ist schon fast Abend, der Tag geht zu Ende.‹ Da begleitete er sie hinein und blieb bei ihnen« (Lukas 24,29; NGÜ).

Mittlerweile haben wir uns eingelebt, erfreuen uns an der Gemeinschaft miteinander, halten fröhliche Hauskreise in unserem Wohnzimmer ab und können seit der Fertigstellung unseres Gästezimmers auch liebe Besucher beherbergen.

Unser Fazit ist sehr eindeutig: »Zwei haben es besser als einer allein, denn zusammen können sie mehr erreichen. Stürzt einer von ihnen, dann hilft der andere ihm wieder auf die Beine« (Prediger 4,9-10a; HfA).

Rückblickend erkennen wir deutlich und immer wieder mit großer Dankbarkeit die klare Führung Gottes und seine Maßarbeit in unseren Biografien. So unterschiedlich, wie wir sind – bodenständiges Landei und zugereiste Akademikerin – so deutlich hat sich jetzt in unserem Haushalt und bei unserem gemeinsamen Dienst für den Herrn die Aufgabenverteilung herauskristallisiert. Wir staunen immer wieder über Gottes Weisheit in dieser gelungenen Ergänzung. Und wir danken Gott für diese geniale Idee unserer WG!

# Epilog

Ich bin mir sicher, dass du schon mal etwas von Antoine de Saint-Exupéry gehört oder gelesen hast. Er war ein französischer Schriftsteller und Pilot, geboren 1900. Er sah sich selbst wohl als nebenher schreibenden Berufspiloten. Fliegen war seine Leidenschaft, aber Schreiben war es offensichtlich auch. De Saint-Exupérys Werk »Der kleine Prinz« ist eines der erfolgreichsten Bücher überhaupt und gehört zur Weltliteratur. De Saint-Exupéry ist seinen Träumen gefolgt, seine Pilotenausbildung zum Beispiel hat er selbst finanziert. Und er hat sich immer wieder aufgerappelt. Zweimal ist er mit seinem Flugzeug abgestürzt, zweimal hat er sich erholt und ist wieder gestartet. Nur beim letzten Absturz blieb er verschollen, das war 1944.

Viele Texte von Antoine de Saint-Exupéry werden an ganz unterschiedlichen Stellen zitiert. Weil sie so schön sind. Aber sie sind auch herausfordernd. Denn auch Antoine de Saint-Exupéry ist jemand, der uns sanft, aber deutlich in den Hintern tritt. So wie in diesem Gebet:

## Die kleinen Schritte

*Ich bitte dich nicht um Wunder und Visionen, Herr,*
*sondern um die Kraft für den Alltag.*
*Lehre mich die Kunst der kleinen Schritte.*

*Schenke mir das Fingerspitzengefühl,*
*um herauszufinden, was erstrangig und was zweitrangig ist.*

*Lass mich erkennen, dass Träume nicht weiterhelfen,*
*weder über die Vergangenheit noch über die Zukunft.*

*Hilf mir, das Nächste so gut wie möglich zu tun*
*und die jetzige Stunde als die wichtigste zu erkennen.*

*Bewahre mich vor dem naiven Glauben,*
*es müsste im Leben immer alles glattgehen.*
*Schenke mir die nüchterne Erkenntnis,*
*dass Schwierigkeiten, Niederlagen, Misserfolge, Rückschläge*
*eine selbstverständliche Zugabe zum Leben sind,*
*durch die wir wachsen und reifen.*

*Erinnere mich daran,*
*dass das Herz oft gegen den Verstand streikt.*
*Schick mir im rechten Augenblick jemand,*
*der den Mut hat, mir die Wahrheit zu sagen.*

*Ich weiß, dass sich viele Probleme nur langsam lösen.*
*Gib, dass ich warten kann.*

*Verleihe mir die nötige Fantasie,*
*im rechten Augenblick ein Päckchen Güte,*
*mit oder ohne Worte an der richtigen Stelle abzugeben.*

*Bewahre mich vor der Angst,*
*ich könnte das Leben versäumen.*
*Gib mir nicht, was ich mir wünsche,*
*sondern das, was ich brauche.*
*Lehre mich die Kunst der kleinen Schritte.*[62]

Das ist es doch oft, was wir brauchen: Geduld für die kleinen Schritte. Und den Mut, überhaupt vorwärtszugehen. Wenigstens – oder mindestens – in kleinen Schritten.

Der Weg zum Leben führt offensichtlich über Stock und Stein. Auseinandersetzungen, Konflikte und Probleme – mit uns selbst, mit anderen, mit Gott – fliegen uns um die Ohren und es knallt ganz gehörig.

So ist das Leben.

Glückliches Leben ist da, wo wir aus den Miesmachern viele Mutmacher kreieren. Das geht nur in kleinen Schritten. Das Schrittmaß ist bei jedem von uns so unterschiedlich. Gut so, denn wir sind unterschiedlich. Wunderbar einzigartig. Einzelstücke eben.

An manchen Stellen müssen wir erst einmal laufen lernen. Oder das Laufen auf diesem bestimmten Terrain lernen.

»Anstrengung ist die Gemüsebeilage zum Glück.« Du willst glücklich sein? Dann sei glücklich. Mach dich auf den Weg. Auf deinen Weg. Schritt für Schritt. Jede Schweißperle auf diesem Weg lohnt sich!

Ich wünsche dir in deinem Leben die Gelassenheit, die Antoine de Saint-Exupéry in die Worte dieses Gebets gekleidet hat. Sprich sie ihm doch einfach nach: Lehre mich die Kunst der kleinen Schritte. Fürchte dich auf dem Weg nicht vor den Kollisionen in deinem Leben. Lass deine Wünsche auf die Realität prallen. Gib deine Träume und Ziele mutig in die Hand deines Schöpfers. Gehe erwartungsvoll in die Zukunft. Tu das um deiner selbst willen. Aus Liebe zu dir. Schritt für Schritt. Und entdecke dein Leben als Einzelstück. Spüre den himmlischen Glanz in deinem Herzen. Feiere das Solo deines Lebens. Und sei glücklich.

# Über die Autorin

»Ich liebe es, Menschen an den Meilensteinen ihres Lebens zu begleiten!«

Tina Tschage

Geboren: *1982*
Geboren in: *Berlin*
Jetzt zu Hause in: *München*
arbeitet: *freiberuflich in eigener Kommunikations-Agentur mit den drei Bereichen PR & Redaktion, Coaching & Training, freie Reden & Zeremonien;*
davor: *Redaktionsleitung Bibel TV, Hamburg; Redaktion ZDF-Morgenmagazin, Berlin; Ausbildung zur Redakteurin bei Bibel TV und [tru:] young television, Hamburg; Gründung Frankfurt CityChurch, Frankfurt am Main; Theologiestudium an der University of Gloucestershire, England, an der Freien Theologischen Hochschule in Gießen und am Capernwray Harbour Bible Centre, British Columbia, Kanada*

# Miesmacher zu Mutmachern!

»Anstrengung ist die Gemüsebeilage zum Glück«, sprach der griechischer Feldherr Xenophon vor vielen Hundert Jahren.

Ich weiß nicht, wie wir heutzutage auf die Idee kommen, alles müsste immer leicht und von selbst laufen. Ein bisschen was müssen wir schon tun. Das deftige Schnitzel des Lebens gibt's nicht ohne gesundes Grünzeug – da hatte unsere Oma schon recht und Xenophon auch.

Also gib dir jetzt einen Tritt und mach dich auf die Socken. Ich begleite dich gerne. Ressourcenorientiert, einfühlsam und kompetent. Damit du das Solo deines Lebens genießt – und zwar glücklich. Mich kannst du auch buchen für Predigten, Vorträge und Seminare. Und sogar in den Urlaub kannst du mit mir fahren.

Hier findest du mein Angebot an dich – und dazu noch weitere Informationen und Geschichten zu diesem Buch:

Website:      www.solo-leben.de
facebook:     www.facebook.de/sololebenundzwargluecklich

Teile deine Mutmacher mit anderen!
Poste deine Mutmacher-Geschichten auf www.solo-leben.de und lass
sie zum Segen werden für viele andere!

# Literaturliste

Hilfreiche Lektüre für Einzelstücke und andere, die im Leben nicht nur warten wollen:

## Das Single-Thema beackern:

- Anselm Grün OSB. Münsterschwarzacher Kleinschriften 58: Ehelos – des Lebens wegen. Münsterschwarzach: Vier-Türme-Verlag.
- Astrid Eichler. Es muss was Anderes geben. Lebensperspektiven für Singles. Witten: SCM R. Brockhaus. 5., erweiterte Aufl. 2014.
- Lawrence Crabb. Wenn Gott unsere Wünsche nicht erfüllt. Gießen: Brunnen-Verlag. 1. Aufl. 2003.
- Gary Chapman. Die fünf Sprachen der Liebe für Singles. Marburg: Francke. 1. Aufl. 2005.
- Eva Maria Zurhorst. Liebe dich selbst und es ist egal, wen du heiratest. München: Goldmann Arkana. 8. Aufl. 2009.

## Für die segensreiche Weiterentwicklung deiner Persönlichkeit:

- Dominik Klenk (Hrsg.). Riskiere dein Herz. Gießen: Brunnen Verlag. 1. Aufl. 2008.
- Gerlinde R. Fritsch. Der Gefühls- und Bedürfnisnavigator. Paderborn: Junfermann. 2. Auf. 2012.
- Gordon McDonald. Ordne dein Leben. Asslar: Gerth Medien. 1. Aufl. 2009.

- John Eldredge mit Brent Curtis. Ganz leise wirbst du um mein Herz. Gießen: Brunnen Verlag. 5. Aufl. 2007.
- Lawrence J. Crabb. Verstehe, wer du bist. Basel: Brunnen Verlag. 1. Aufl. 2009.
- Maja Storch. Das Geheimnis kluger Entscheidungen. München: Piper Verlag. 6. Aufl. 2013.
- Maja Storch. Machen Sie doch, was Sie wollen. Bern: Verlag Hans Huber. 4. Nachdruck 2012.
- Monika Gruhl. Resilienz. Die Strategie der Stehauf-Menschen. Freiburg: Kreuz Verlag. 1. Aufl. 2014.
- Nick Vujicic. Personal Trainer für ein unverschämt gutes Leben. Gießen: Brunnen Verlag. 3. Aufl. 2014.
- Thomas Härry. Das Geheimnis deiner Stärke. Witten: SCM R. Brockhaus. 6. Aufl. 2013.
- Viktor E. Frankl. Der Mensch vor der Frage nach dem Sinn. München: Piper Verlag. 1. Aufl. 1985.
- Werner Tiki Küstenmacher. Limbi. Der Weg zum Glück führt durchs Gehirn. Frankfurt: Campus Verlag. 1. Aufl. 2014.

## Inspirationen für dein Leben in Gemeinschaft:

- Astrid Eichler, Irene & Thomas Widmer. Es gibt was Anderes. Gemeinschaftliches Leben für Singles und Familien. Witten: SCM R. Brockhaus. 2. Aufl. 2013.
- Dietrich Bonhoeffer. Gemeinsames Leben. Gütersloh: Gütersloher Verlagshaus. 31. Aufl. 2006.
- Jean Vanier. In Gemeinschaft leben. Freiburg: Herder Verlag. 1. Aufl. 1993.
- Lawrence Crabb. Connecting. Gießen: Brunnen Verlag. 2. Aufl. 2007.
- Lawrence Crabb. Orte der Geborgenheit und Heilung. Xanten: GloryWorld-Medien. 1. Aufl. 2011.

## Von und mit anderen lernen:

- Nick Vujicic. Mein Leben ohne Limits. Gießen: Brunnen Verlag. 10. Aufl. 2013.
- Samuel Koch. Zwei Leben. Asslar: adeo Verlag. 4. Aufl. 2012.
- Viktor E. Frankl. ...trotzdem Ja zum Leben sagen. Ein Psychologe erlebt das Konzentrationslager. München: Kösel Verlag. 7. Aufl. 2009.
- Astrid Eichler. Gott hat gewonnen. Witten: R. Brockhaus, Edition Aufatmen. 2. Taschenbuchaufl. 2010

## Let's talk about Sex!

- Christina Rammler. Egosex. Was Porno mit uns macht. Holzgerlingen: SCM Hänssler. 1. Aufl. 2015.
- Christopher West. Theologie des Leibes für Anfänger: Einführung in die sexuelle Revolution von Papst Johannes Paul II. Kisslegg: fe-medien. 2. Aufl. 2006.
- Ute Buth. Frau sein. Sexualität mit Leib und Seele. Holzgerlingen: SCM Hänssler. 1. Aufl. 2012.

# Endnoten

1 August 2014, 27.03.2015, http://de.statista.com/themen/60/single/
2 a.a.O.
3 www.emwag.net
4 Samuel Koch. Zwei Leben. Asslar: adeo Verlag, 4. Aufl. Mai 2012.
5 Relevant-Magazine, 14.02.2015, http://www.relevantmagazine.com/life/relationships/im-single-stop-pitying-me-valentines-day.
6 Vgl. Antonio Damasio. Descartes' Irrtum: Fühlen, Denken und das menschliche Gehirn. Berlin: List Taschenbuch, 7. Aufl. 2012.
7 Astrid Eichler. »Scham und Single-Sein«. Aufatmen 1/2015, Witten: Bundes-Verlag, S. 57.
8 Gerlinde R. Fritsch. Der Gefühls- und Bedürfnisnavigator. Paderborn: Junfermann , 2. Aufl. 2012, S. 39 f.
9 Vgl. Maja Storch. Machen Sie doch, was Sie wollen. Bern: Verlag Hans Huber, 4. Nachdruck 2012.
10 Hannelore und Hans Peter Royer, Der Liebesbrief des Vaters, Holzgerlingen, 5. Auflage SCM Hänssler 2014.
11 Ebd. S. 26.
12 Ebd. S. 26.
13 Ebd. S. 23.
14 Ebd. S. 23.
15 Ebd. S. 25.
16 Ebd. S. 25.
17 Ebd. S. 33.
18 Ebd. S. 28.
19 Ebd. S. 29.
20 Studie »Die ganze Wahrheit über Schönheit« von Dove, Mai 2010. Weltweite Umfrage unter 6407 Frauen im Alter zwischen 18 und 64 Jahren zum Thema Schönheit und Selbstbewusstsein in 20 Ländern. 13.03.2015, http://www.dove.de/de/Unsere-Mission/Studie-Die-ganze-Wahrheit-uber-Schonheit/default.aspx
21 Astrid Eichler. Es muss was Anderes geben. Witten: SCM R.Brockhaus, 4. Aufl. 2010, S. 13.
22 vgl. N. Baumert. Sorgen des Seelsorgers. Würzburg: Echter Verlag, 1. Aufl. 2007.
23 vgl. ebd. S. 95.

[24] Antonius, ein Einsiedler im 3./4. Jahrhundert (vermutlich 251-356 n. Chr.; er zog unter dem Eindruck des Evangeliums vom reichen Jüngling – vgl. Mt 19 – in die Wüste).

[25] Pachomius, der Begründer des Klosterlebens 3./4. Jh. (keine gesicherte Jahreszahl; er setzte an die Stelle des ungeregelten Einsiedlerlebens das geregelte Leben in Gemeinschaft und gründete erste kleine Gemeinschaften, die predigten und Kranken dienten).

[26] Das Neue Testament erklärt und ausgelegt von John F. Waalvoord und Roy B. Zuck, Band 5. Holzgerlingen: Hänssler Verlag, 3. Aufl. 2000, S. 20.

[27] Braun, Joachim; Kettler, Ulrich; Becker, Ingo. Selbsthilfe und Selbsthilfeunterstützung in der Bundesrepublik Deutschland. Stuttgart: Kohlhammer, 1997, Seite 7.

[28] Viktor E. Frankl. ... trotzdem Ja zum Leben sagen. Ein Psychologe erlebt das Konzentrationslager. München: Kösel Verlag, Neuausgabe 2009, 5. Aufl. 2013.

[29] John Piper. Sehnsucht nach Gott. Friedberg: 3L Verlag, 1. Aufl. 2005, S. 322.

[30] Viktor E. Frankl. Ärztliche Seelsorge. München: Deutscher Taschenbuch Verlag, 1. Aufl. 2007.

[31] Viktor E. Frankl. Der Mensch vor der Frage nach dem Sinn. München: Piper Verlag, 26. Aufl. 2014, S. 44 f.

[32] a. a. O. S. 49.

[33] a. a. O. S. 158.

[34] Astrid Eichler. Gott hat gewonnen. Witten: R. Brockhaus, Edition Aufatmen, 2. Taschenbuchaufl. 2010, S. 134 f.

[35] www.emwag.net

[36] Astrid Eichler, Thomas und Irene Widmer-Huber. Es gibt was Anderes: Gemeinschaftliches Leben für Singles und Familien. Witten: SCM R. Brockhaus, 2. Aufl. 2013.

[37] Ute Buth. Frau sein. Sexualität mit Leib und Seele. Holzgerlingen: SCM Hänssler, 1. Aufl. 2012.

[38] In Anlehnung an eine Gegend in den Südstaaten der USA, wo ein konservativer Protestantismus integraler Bestandteil der Kultur ist.

[39] Christopher West. Theologie des Leibes für Anfänger. Kisslegg: fe-medien, 2. Aufl. 2006, S. 15 f.

[40] a. a. O. S. 16.

[41] Anselm Grün OSB, Gerhard Riedl. Münsterschwarzacher Kleinschriften 76: Mystik und Eros. Münsterschwarzach: Vier-Türme-Verlag, 1. Aufl. 1993, S. 7.

[42] a. a. O. S. 65.

[43] a. a. O. S. 74 f.

[44] a. a. O. S. 95.

[45] a. a. O. S. 87.

46    a. a. O. S. 87.
47    Christina Rammler. Egosex. Was Porno mit uns macht. Holzgerlingen:
      SCM Hänssler. 1. Aufl., 2015.
48    Markus Schäller. Porneia in Korinth, Muldenhammer: jota publikationen.
      1. Aufl., 2006.
49    Siehe http://www.familienwerkstatt.ch
50    Anselm Grün OSB. Münsterschwarzacher Kleinschriften 58: Ehelos – des
      Lebens wegen. Münsterschwarzach: Vier-Türme-Verlag, 1. Aufl. 1989, S. 31
51    Siehe http://www.liebe-ist-lernbar.ch
52    Grün, Riedl. Münsterschwarzacher Kleinschriften 76: Mystik und
      Eros. S. 87.
53    Frankl. Der Mensch vor der Frage nach dem Sinn. S. 100.
54    Samuel Koch. Zwei Leben. Asslar: adeo Verlag, 4. Aufl. Mai 2012.
55    Nick Vujicic. Personal Trainer für ein unverschämt gutes Leben. Gießen:
      Brunnen Verlag, 3. Aufl. 2014.
56    Text und Melodie: Brian Doerksen, Karen Mitchinson, Steve Mitchinson
      und Daphne Rademaker, 2002 Integrity's Hosanna! Music, Asslar: Gerth
      Medien Musikverlag.
57    Lawrence J. Crabb. Verstehe, wer du bist. Basel: Brunnen Verlag, 1. Aufl.
      2009, S. 125 f.
58    Dietrich Bonhoeffer. Predigten, Auslegungen, Meditationen. Bd. 2: 1935-
      1945, Kaisers Taschenbuch 159, Gütersloh: Gütersloher Verlagshaus, 1998,
      S. 86.
59    Monika Gruhl. Resilienz. Die Strategie der Stehauf-Menschen. Freiburg:
      Kreuz Verlag, 1. Aufl. 2014, S. 15.
60    Predigt von Hans Peter Royer auf dem Missio-Camp 2013: »Dankbarkeit –
      der Schlüssel zum Leben als Christ«. 5. 01. 15, http://bitflow.dyndns.org/
      german/HansPeterRoyer/Missio_Camp_2013_Teil_3_Erlebt_Dankbarkeit_
      Der_Schluessel_Zum_Leben_Als_Christ_20130804_64.mp3.
61    »Journal of Personality and Social Psychology«. Copyright 2003 by the
      American Psychological Association, Inc., 2003, Vol. 84, No. 2, S. 377–389.
62    Antoine de Saint-Exupéry. Wind, Sand und Sterne. Dessau: Rauch, 1941,
      zitiert in: Ernst Lautenbach, Trost für Kranke. Lebensweisheiten aus ärztli-
      cher Sicht. Münster: ATE, 1. Aufl. 2003, S. 98.

Lina A. Jamra

# Nicht wunschlos, aber glücklich
Lass deinem Singleleben Flügel wachsen

Paperback, 14 x 21,5 cm, 272 S.
Nr. 226.594, ISBN 978-3-417-26594-1

Lina Jamra lädt alle Single-Ladys zum Flug ins Glück ein, unabhängig davon, ob der Traummann noch kommt oder nicht. Denn sie weiß: Das Leben aus dem Vollen, das Gott uns zugedacht hat, ist so viel mehr als das. Gottes Plan für unser Leben geht weit darüber hinaus!

Astrid Eichler

# Es muss was Anderes geben
Lebensperspektiven für Singles

Gebunden, 13,5 x 20,5 cm, 128 S.
Nr. 226.573, ISBN 978-3-417-26573-6

Die ehemalige Pfarrerin und Seelsorgerin Astrid Eichler zeigt, dass das Single-Dasein nicht zu einem Leben in Einsamkeit verurteilt, sondern dass es Perspektiven für ein erfülltes Leben gibt. Das Standardwerk für Singles, aus dem EmwAg e. V. entstanden ist – jetzt mit zwei neuen Kapiteln!

*Bitte fragen Sie in Ihrer Buchhandlung nach diesen Büchern!*
*Oder schreiben Sie an: SCM Verlag, D-71087 Holzgerlingen;*
*E-Mail: info@scm-verlag.de; Internet: www.scm-verlag.de*